PSYCHOLOGIE DU LANGAGE

 *PSYCHOLOGIE ET SCIENCES HUMAINES*

Jean Costermans

psychologie du langage

PIERRE MARDAGA, EDITEUR
2, GALERIE DES PRINCES, BRUXELLES

© Pierre Mardaga, éditeur
37, rue de la Province, 4020 Liège
2, Galerie des Princes, 1000 Bruxelles
D. 1980-0024-13

La psycholinguistique, hier et aujourd'hui

En l'état actuel de nos connaissances, c'est une entreprise ambitieuse et peut-être téméraire de vouloir comprendre quelles sont les opérations mentales qui nous permettent d'engendrer des énoncés verbaux et d'interpréter ceux qu'on nous adresse. Tel est pourtant l'objet des recherches que depuis un quart de siècle on a pris l'habitude de réunir sous le vocable de *psycholinguistique*, et pour lesquelles on tend à réutiliser maintenant le terme plus classique de *psychologie du langage*.

Ce qu'on dénomme ainsi n'englobe généralement pas, disons-le tout de suite, les processus sensoriels et moteurs impliqués dans la communication verbale, c'est-à-dire les étages de la phonation et de l'audition, qui font proprement l'objet de la phonétique expérimentale dans son triple volet articulatoire, acoustique et perceptif; ce livre n'en traitera donc pas. Ce qui est en cause ici, ce sont les processus centraux (les processus cognitifs, comme on aime à dire aujourd'hui, mais nous aurons à revenir sur ce terme) qui régissent l'élaboration et la compréhension de l'énoncé. On s'interrogera sur la façon dont le sujet manie les structures sémantiques de la langue, sur l'utilisation qu'il fait de ses formes lexicales et de ses formes syntaxiques, ainsi que sur les variables extralinguistiques, particulièrement les variables situationnelles ou « pragmatiques », dont ces opérations mentales sont tributaires.

Ainsi définie, la psychologie du langage ne couvre pas toutes les orientations de la psychologie expérimentale dans lesquelles le langage tient une place. Il en est de très importantes. En psychologie de la personnalité, on sait l'intérêt que l'on accorde, depuis fort longtemps, à l'étude des associations verbales et à l'analyse du discours, à telle enseigne que des techniques quelquefois très sophistiquées ont vu le jour à cet effet, depuis le « différentiateur sémantique » (Osgood, Suci et Tannenbaum, 1957) jusqu'aux diverses méthodes d'analyse du contenu (voir Bardin, 1977, pour une synthèse critique à ce sujet); mais il s'agit évidemment de savoir ce que l'individu révèle ainsi de lui-même, et telle n'est pas la question qui fera l'objet de cet exposé. En psychologie sociale, on a mené de nombreux travaux sur la « communication verbale » qui sont essentiellement des travaux sur la communication, et qui ont d'ailleurs généralement leur contre-partie dans le champ de la communication « non verbale ». Il existe, par ailleurs, dans la psychologie expérimentale classique, un important courant de recherches connu sous le terme d' « apprentissage verbal » (*verbal learning*); en dépit de quelques hypothèses récentes d'une portée indéniable (par exemple Craik et Lockhart, 1972), ce sont là des investigations qui portent avant tout sur les lois de l'apprentissage en général, et finalement assez peu sur ce qu'il peut y avoir là de spécifiquement verbal (le matériel verbal utilisé est d'ailleurs souvent composé d'items élémentaires présentés hors contexte, voire d'items « sans signification »).

Bien entendu, en écartant ces questions du champ de notre exposé, nous n'en voulons nullement minimiser l'intérêt; il se trouve, simplement, que l'examen des processus d'engendrement et d'interprétation des énoncés suffiront amplement à meubler les pages de ce volume. Nous ne tenterons d'ailleurs pas d'en faire intégralement le tour, car les problèmes envisagés peuvent être approfondis dans diverses directions, entre lesquelles il nous faudra faire un choix. On peut concevoir une psychologie *générale* du langage, s'intéressant aux processus d'élaboration et d'interprétation de l'énoncé tels qu'ils fonctionnent normalement chez l'homme adulte, mais aussi une psychologie *génétique* du langage, étudiant le développement de ces processus et leur évolution en fonction de l'âge, ou encore, une psychologie *différentielle* et une *psychopathologie* du langage, s'attachant aux différences individuelles dans les processus de production et de compréhension et aux dysfonctionnements qui peuvent venir les perturber. Il est certain que toutes ces questions s'éclairent mutuellement dans une large mesure; cependant, nous veillerons à nous en tenir, dans cet exposé, à la psychologie *générale* du langage. Nous ne suivrons donc pas l'exemple de quelques auteurs récents (Glucksberg et Danks, 1974; Fodor, Bever et Garrett, 1974; Cairns et Cairns, 1976) qui groupent un certain nombre de questions génétiques dans un chapitre final forcément un peu rapide; pour prendre connaissance de ces problèmes, le lecteur pourra se référer notamment aux ouvrages de Richelle (1971), d'Oléron (1972), de Rondal (1978) parus dans la présente collection, ou encore à ceux de Bates (1976), Greenfield et Smith (1976), Miller (1979).

Nous nous imposerons également quelques limites dans le temps : nous ne remonterons guère au-delà des années cinquante.

Une psycholinguistique avant la lettre

Ce n'est certes pas d'aujourd'hui que l'on cherche à connaître les opérations mentales qui permettent à l'individu d'engendrer et de comprendre les mots, les phrases, les discours ou les textes, mais le problème était passé quelque peu dans l'ombre durant la première moitié du siècle. Ainsi que le montre Blumenthal (1970) dans un livre sur l'histoire de la psycholinguistique, l'étude des processus mentaux impliqués dans le comportement verbal figura parmi les préoccupations les plus importantes de la psychologie scientifique naissante, à la fin du 19e siècle. Wilhelm Wundt publia sur ces questions des pages nombreuses, qu'il est étonnant de relire. Les fondements théoriques d'une psychologie du langage étaient posés dès 1880, notamment dans le premier volume de la *Logik*, traitant de «logique universelle et théorie cognitive» (un vocabulaire bien dans le vent aujourd'hui et que nos plus récents psycholinguistes ne désavoueraient pas), et le deuxième livre de la *Völkerpsychologie*, intitulé «Die Sprache» (1900), y est tout entier consacré.

Malheureusement, comme on sait, la psychologie associationniste de cette époque allait assez rapidement se trouver dans une impasse, à cause principalement de la méfiance suscitée par le recours à la description verbale de données introspectives (moins chez Wundt que chez ceux qui le suivirent). Les difficultés inhérentes à l'observation introspective sont bien connues: le fait qu'elle n'atteint, dans les processus mentaux, que ce qui apparaît clairement à la conscience; qu'il est généralement difficile, voire impossible, de l'expliciter au travers d'une description verbale univoque; que, l'introspection et la description verbale étant elles-mêmes des processus mentaux, il n'est guère possible de se prémunir contre le danger que leur mise en œuvre ne vienne modifier les processus qui en font l'objet. On préféra donc s'en tenir à l'étude du «comportement», c'est-à-dire des réactions motrices et glandulaires manifestées par l'organisme en réponse à des stimulations correctement repérables. Les opérations mentales en général, et celles impliquées dans le langage par voie de conséquence, furent comme «mises entre parenthèses», au bénéfice d'autres centres d'intérêt comme les mécanismes sensoriels, les activités motrices, l'acquisition de liaisons sensori-motrices par la voie du conditionnement.

La renaissance de la psychologie du langage dans sa forme contemporaine date très exactement de 1952, et est le fruit de la volonté concertée d'un groupe de psychologues et de linguistes américains; de ce moment date le vocable *psycholinguistique*, forgé à cette occasion pour souligner les espoirs que l'on mettait dans cette collaboration. En octobre 1952, en effet, le Social Science Research Council érigea un «Committee on Linguistics and Psychology»; les membres en étaient les psychologues Charles E. Osgood (président), John B. Carroll, George A. Miller, et l'année suivante James J. Jenkins, et les linguistes

Floyd G. Lounsbury, Thomas A. Sebeok, et en 1953 Joseph H. Greenberg. Le Comité organisa en 1953 un séminaire à l'université d'Indiana, afin de confronter trois approches différentes du langage, fondées respectivement sur la linguistique, sur la psychologie de l'apprentissage, et sur la théorie de l'information et de la communication. Il en sortit un rapport, édité par Osgood et Sebeok sous le titre : « Psycholinguistics; a survey of theory and research problems » (1954).

Trente années bien remplies

Ainsi remise sur les rails, la psychologie du langage devenue « psycholinguistique » allait connaître une histoire quelque peu mouvementée, étant marquée par divers événements scientifiques qui constituèrent autant de remises en question. Nous pouvons les évoquer brièvement, en anticipant sur des questions que nous aurons amplement l'occasion de développer plus loin.

Dans les années cinquante, la psycholinguistique allait se développer dans la ligne du rapport d'Osgood et Sebeok, et assez largement autour des concepts de la théorie de la communication (Shannon et Weaver, 1949), qui connaissait alors une vogue considérable en psychologie expérimentale. La langue est considérée comme un « code » permettant de générer des « messages », et le comportement verbal comme une activité d'« encodage » et de « décodage ». On se préoccupe de savoir dans quelle mesure le comportement verbal obéit aux règles devant assurer l'univocité, l'économie et la sécurité de la communication verbale, telles que la théorie mathématique de la communication permet de les formuler. Comme nous l'avons suggéré ailleurs (Costermans, 1978), ces recherches ont fait entrevoir comment les nécessités d'une communication efficace, dans les conditions où elle se pratique habituellement, se répercutent sur l'organisation des énoncés, et par là sur la structure de la langue elle-même, et comment ces impératifs fonctionnels, dans la mesure où ils ne sont jamais parfaitement réalisés dans un environnement culturel en évolution, contribuent au changement linguistique. Quant à la façon dont ces opérations d'encodage sont organisées, on la conçoit généralement dans le cadre des théories de l'apprentissage, et spécialement du conditionnement instrumental; dans « Verbal behavior » (1957), B.F. Skinner développait une vision théorique en cours d'élaboration depuis de nombreuses années, à telle enseigne qu'on en trouve déjà un exposé relativement structuré dans l'ouvrage classique de G.A. Miller, « Language and Communication » (1951, trad. franç. 1956), dont le contenu est parfaitement représentatif de cette période.

Les années soixante ont été marquées par l'attention que les psycholinguistes ont accordée à la grammaire générative et transformationnelle proposée par Noam Chomsky (en 1957 dans « Syntactic Structures », puis plus amplement dans « Aspects of the theory of syntax », 1965, trad. franç. 1971), et d'ailleurs aux conceptions chomskyennes en général (on peut lire à ce sujet l'ouvrage concis de Lyons, « Chomsky », trad. franç. 1970). Chomsky fut sans doute le premier linguiste à proposer les principes d'une grammaire générale qui ait une forme générative, c'est-à-dire qui ait la forme d'un ensemble fini de règles nécessaires et suffisantes pour générer l'ensemble infini des phrases grammaticales d'une langue, et elles seules. Subjugués, de nombreux psycholinguistes se fixèrent comme objectif de vérifier dans quelle mesure les règles proposées correspondaient à des opérations mentales effectivement mises en œuvre par le sujet dans la production et la compréhension des phrases. On trouvera une synthèse critique de cette orientation dans Fodor, Bever et Garrett (1974).

L'influence de Chomsky sur la psycholinguistique de cette époque fut d'autant plus profonde qu'au-delà de ces apports sur le plan très technique des opérations syntaxiques, que nous aurons l'occasion d'examiner plus avant, il a ranimé quelques vieux débats que l'on pourrait qualifier de méta-théoriques. Ainsi, en ce qui concerne le rôle de l'inné et de l'acquis dans le développement du langage, Chomsky (1959) s'employa à réfuter point par point les thèses de Skinner (1957), présentées comme radicalement empiristes en la matière. D'autre part, à travers l'intérêt qu'il a attaché aux *universaux* du langage, c'est-à-dire à ces propriétés générales que présenteraient nécessairement toutes les langues, Chomsky a renouvelé la problématique des relations entre le langage et la pensée, en rejoignant de la sorte certains courants du 17e et du 18e siècles (Chomsky, 1966; trad. franç. 1969). Ce sont là, bien entendu, des débats qu'il est impossible de clore en raison de leur généralité même et de l'incompatibilité, voire de l'ambiguïté, des concepts utilisés par les uns et les autres (voir à ce propos l'échange de vues entre Chomsky et Piaget, 1979).

Quoi qu'il en soit, les années soixante furent une période de grande collaboration entre linguistes et psychologues du langage, dont les tâches apparaissaient comme complémentaires : au linguiste de rendre compte de l'ensemble des phrases *possibles* dans une langue, en formulant un ensemble de règles qui, en tant qu'utilisables par le sujet, fondent sa *compétence linguistique*; au psycholinguiste de s'occuper de la façon dont cette compétence est utilisée pour se manifester sous la forme d'un ensemble de phrases *effectivement prononcées*, constituant la *performance linguistique*. Mais cette complémentarité s'accompagne d'une certaine subordination de la psychologie du langage vis-à-vis de la linguistique, et même vis-à-vis d'une théorie linguistique particulière, puisque la tâche principale était d'examiner si le modèle de la langue proposé par Chomsky était validable comme modèle du locuteur, ou tout au moins si ce modèle de la langue pouvait être le noyau d'un modèle du locuteur intégrant par ailleurs un certain nombre d'autres paramètres plus proprement comportementaux.

Si la grammaire transformationnelle a renouvelé la problèmatique de la psycholinguistique, ce n'est paradoxalement pas parce que les hypothèses que l'on vient d'énoncer auraient été vérifiées; c'est plutôt pour avoir suggéré qu'il pouvait y avoir d'autres niveaux d'analyse que celui des contiguités directement observables dans la structure linéaire de l'énoncé, et pour avoir rendu possibles toutes les recherches ultérieures dans cette ligne. En effet, en dépit de premiers résultats apparemment très favorables à l'hypothèse transformationnelle (voir notamment Miller, 1962; trad. franç. in Mehler et Noizet, 1974), il se trouve qu'au fil des années, tant les linguistes que les psychologues du langage accumulèrent des observations dont la grammaire transformationnelle avait des difficultés à rendre compte. Dès lors, les psycholinguistes prirent leurs distances par rapport à cette théorie linguistique, et par la même occasion par rapport à toute théorie linguistique particulière, se rappelant que la linguistique est, comme la psychologie, une discipline encore balbutiante et traversée de courants divers. C'est à ce moment que le terme de « psycholinguistique » céda du terrain au profit de « psychologie du langage ». On s'avisa qu'on avait peut-être attaché une importance trop exclusive aux structures syntaxiques. Ainsi, les années soixante-dix virent s'élaborer une psycholinguistique « de troisième génération », caractérisée par un retour à l'étude des variables sémantiques et pragmatiques qui sont en jeu dans l'organisation de la phrase et du discours. La synthèse de Clark et Clark (1976) nous paraît constituer une excellente introduction à la psychologie du langage conçue dans cette perspective.

Linguistique, psychologie cognitive et intelligence artificielle

Le lecteur aura deviné qu'au fil des années, les rapports entre la psycholinguistique, la linguistique et la psychologie auront subi quelques mouvements. La psycholinguistique des années cinquante s'était développée dans le contexte de la psychologie générale du comportement et spécialement de la psychologie de l'apprentissage; mais durant la décennie suivante, elle était devenue plus proche de la linguistique que de la psychologie. Les thèses de l'époque en ce qui concerne les racines biologiques du langage, plutôt innéistes faute d'apercevoir d'autres formes d'apprentissage que le conditionnement skinnérien tenu pour inapproprié en la matière, contribuèrent à présenter le langage comme une fonction spécifique, ayant ses lois et son développement propres. Aujourd'hui, par son objet autant que par sa démarche, la psychologie du langage se développe chaque jour davantage dans le cadre plus large de la psychologie dite cognitive (ou, si on préfère, de ce que les Anglo-Saxons appellent « information-processing psychology »), qu'elle a d'ailleurs fortement contribué à promouvoir et dont elle constitue assurément l'une des branches maîtresses.

La psychologie cognitive, au sens où nous l'entendrons ici, peut être définie comme une étude expérimentale des processus complexes, qu'ils soient ou non accessibles à la conscience, par lesquels le système nerveux assure la « gestion » du comportement. Moins que le comportement lui-même (au sens behavioriste du terme), mais néanmoins à partir de son observation, la psychologie cognitive s'intéresse donc aux opérations mentales dont le comportement constitue le résultat manifeste. C'est retourner à ce qui avait été « mis entre parenthèses », diriger sa curiosité vers ce qui se passe à l'intérieur de la « boîte noire », renouer, d'une certaine façon, avec les préoccupations (mais non avec les méthodes) de la première psychologie scientifique. Or, la psychologie cognitive étant elle-même assez largement influencée, au moins dans son vocabulaire et dans ses hypothèses, par les travaux en matière d'intelligence artificielle, il est devenu courant de parler des processus mentaux comme de *programmes de traitement d'information*, — sortes de « schèmes cognitifs », ou encore de « plans » (selon le terme proposé en 1960 par Miller, Galanter et Pribram), qui organisent le comportement en fonction des situations dans lesquelles l'individu se trouve, compte tenu des données disponibles dans la mémoire. Dans ce contexte, on peut reformuler, une fois de plus, l'objet de la psychologie du langage; elle se chargera d'étudier *les programmes qui permettent d'engendrer des énoncés verbaux au départ de structures cognitives non verbales* (bien que fonction sans doute des structures verbales possibles), et, inversément, *d'interpréter des énoncés verbaux en termes de structures cognitives*.

Insérée dans la psychologie cognitive par son objet, la psychologie du langage l'est aussi par ses méthodes. C'est que, d'un côté comme de l'autre, les opérations mentales auxquelles on s'intéresse ne sont malheureusement pas observables. Elles ne le sont même pas par introspection, car les réserves que nous avons rappelées à cet égard restent évidemment de mise. Dans ces conditions, la seule démarche qui puisse nous mener au-delà d'un stérile empilement de faits consiste à recourir à la méthode des modèles. C'est là, naturellement, une démarche commune dans toutes les disciplines relevant des sciences expérimentales, puisqu'il s'agit, partant d'un ensemble d'observations, d'élaborer un système d'axiomes aussi économique et aussi cohérent que possible, dont ces observations puissent être déduites, et de le revoir sans cesse à la lumière d'observations nouvelles. Il s'agit donc, partant du comportement verbal manifeste qui, seul, est du domaine de l'observable, de savoir comment nous pouvons représenter l'organisation des processus mentaux qui rendent ce comportement possible. Il reste que les difficultés inhérentes à une telle démarche doivent être clairement rappelées: la possibilité de concevoir plusieurs modèles concomitants également satisfaisants au regard des faits; le caractère nécessairement provisoire d'un modèle que des faits nouveaux peuvent toujours venir infirmer; la difficulté de récolter des observations suffisamment précises pour faire le départ entre des prédictions voisines. Ceci revient à dire que, confronté aux données dont on dispose, et dans le meilleur des cas, un modèle fait figure de condition suffisante mais non de condition nécessaire; qu'un modèle qui est contredit par les données doit être rejeté comme faux, alors qu'un modèle qui n'est pas contredit ne peut être tenu pour vrai; et que la connaissance ne progresse finalement que par élimination de conjectures erronées. Il importe donc que l'on distingue, dans les pages qui suivent, ce qui relève de l'observation expérimentale de ce qui relève de l'interprétation et qui, au mieux, n'a d'autre statut que celui que l'on vient de définir.

La même prudence s'impose, a fortiori, en ce qui concerne les travaux relevant des études sur l'intelligence artificielle; les spécialistes de ce domaine nous proposent des modèles qui sont quelquefois d'excellentes sources d'hypothèses, mais qui ne sont pas davantage, du moins au départ. Il reste que la parenté entre les recherches qu'ils poursuivent et celles qui relèvent de la psycholinguistique et plus largement de la psychologie cognitive mérite d'être soulignée.

Comprendre et parler

Nous avons dit que la psychologie du langage portait sur les processus mentaux qui nous permettent d'engendrer et d'interpréter les énoncés verbaux, et l'on serait donc amené à croire que ce livre devrait comporter deux parties qui correspondraient à ce double objet. C'est de cette manière que s'articulent, effectivement, certains manuels, et certains chercheurs insistent, à juste titre, sur les différences qu'il peut y avoir entre les processus de production et de compréhension (par exemple Straight, 1976). Ce n'est cependant pas une règle générale, et nous ne la suivrons pas pour notre part.

Qu'est-ce, en effet, que produire un énoncé ? On peut avancer, sans prendre de grands risques, que c'est, d'une façon ou d'une autre (nous tenterons précisément de voir de quelle façon), procéder à un ensemble de *sélections* dans le répertoire des possibilités qu'offre la langue, et à un ensemble de sélections qui sont *interdépendantes*. En toute première approximation, la langue peut être considérée, en ce qui concerne sa *structure*, comme un répertoire d'unités (le lecteur profane pensera éventuellement au répertoire des mots, mais nous aurons à en dire davantage sur la nature de ces unités), et un ensemble de règles gouvernant les diverses manières de combiner ces unités et formant une syntaxe; si donc le locuteur sélectionne plus d'une unité, la sélection de chaque unité sera fonction des autres, de manière à respecter les possibilités combinatoires. Mais pour être utilisables pour un individu, ces unités et ces règles doivent être emmagasinées dans sa mémoire, sous la forme de données et de programmes; elles doivent, en outre, être mobilisables dans des conditions déterminées, c'est-à-dire correspondre à des *fonctions*. Comme un énoncé ne mobilise jamais toutes les possibilités de la langue, mais seulement certaines d'entre elles, il est bien évident que produire un énoncé consiste à sélectionner certaines de ces possibilités plutôt que d'autres. C'est exactement ce qu'il faut entendre par le terme *traitement d'information*. Mais ceci est également vrai de l'interlocuteur, qui, lui aussi, dispose de l'ensemble des possibilités de la langue, et dont la tâche consiste à retrouver, parmi ces possibilités, celles qui sont effectivement utilisées dans l'énoncé qu'il doit interpréter; il aura à identifier de la sorte, non seulement les unités sélectionnées par le locuteur, mais aussi les règles combinatoires qu'il a utilisées. La production et l'interprétation de l'énoncé verbal apparaissent ainsi comme des processus qui sont fondamentalement de même nature dans leur phase cognitive, et qui y présentent une sorte de symétrie en miroir. C'est la raison pour laquelle il nous paraîtrait peu économique, dans l'état actuel de nos connaissances, de traiter de la production et de la compréhension dans des parties différentes de cet ouvrage. Bien entendu, cette symétrie n'est pas parfaite, et nous ne manquerons pas de souligner les différences les plus marquantes. Par exemple, c'est assurément le locuteur qui, dans la communication verbale, détient l'initiative, puisqu'il «invente» l'énoncé, et, comme on le verra plus loin, il le fait à travers un ensemble de supputations quant aux connaissances préalables de son interlocuteur. Celui-ci veillera à ce que les opérations de sélection qu'il réalise reproduisent celles du locuteur, mais il se livre, de son côté, à une activité de conjecture assez différente, puisqu'il tente de prévoir et de reconstituer l'énoncé à partir d'un certain nombre d'«échantillons».

Ce que ce livre veut être

L'exposé qui va suivre se veut une introduction à la psychologie du langage telle qu'elle est élaborée durant ces dernières années, c'est-à-dire dans le contexte de la psychologie cognitive bien davantage que dans le cadre de la grammaire transformationnelle, voire de la théorie de la communication. Il ne nous paraît toutefois pas que les orientations actuelles soient compréhensibles dans l'ignorance complète de ce qui a précédé; aussi, nous aurons soin de faire une place à ce qui peut être utilement retenu des travaux des années cinquante et des années soixante. C'est une des raisons pour lesquelles l'exposé sera articulé en trois parties. La première concernera les processus en œuvre dans la sélection lexicale; et, s'il est vrai que de très intéressantes recherches se font aujourd'hui sur l'organisation subjective du lexique et sur les processus d'accession aux items lexicaux — ce qui nous permettra d'en venir rapidement aux travaux les plus récents — , c'est également un thème sur lequel les recherches des années cinquante, inspirées de la théorie de la communication, ont apporté des données qui restent intéressantes. La deuxième partie concernera la phrase, et traitera de ce fait plus particulièrement de questions liées à la syntaxe; là aussi, les recherches actuelles ne peuvent se comprendre sans remonter aux travaux des années soixante inspirées par la grammaire générative et transformationnelle. La troisième partie concernera l'organisation du discours, c'est-à-dire d'énoncés intégrant une multiplicité de phrases; elle sera plus brève que les deux autres, puisqu'il s'agit là de questions relativement nouvelles.

Le mot, la phrase, le discours: c'est une manière parmi beaucoup d'autres d'organiser le champ de la psycholinguistique. Elle est commode, dans la mesure où il s'agit là de trois niveaux de complexité croissante, mais cela n'est pas certain si l'on considère les processus qu'ils mettent en œuvre. Plus important est le fait qu'elle épouse grosso modo la façon dont les questions se sont historiquement amenées les unes les autres, puisqu'il a fallu qu'on se persuade qu'un mot ne pouvait être complètement investigué sans la phrase dont il fait partie, ni la phrase en dehors de l'activité discursive dans laquelle elle s'insère; nous tenons en effet beaucoup à ce que le lecteur aperçoive par quels cheminements, et pour combler quelles lacunes, une hypothèse nouvelle a été envisagée à un moment donné, et nous craindrions, en énonçant d'emblée les thèses les plus récentes, qu'il n'en saisisse nullement la portée. Ceci dit, il faut noter cependant qu'en examinant successivement la production et la compréhension du mot, de la phrase et du discours, nous ne prétendons pas affirmer que ces trois niveaux d'organisation de l'énoncé correspondent à des processus entièrement différents.

Le souci de ne jeter l'opprobre sur aucune période de la psycholinguistique paraîtra peut-être à certains comme une particularité de cet ouvrage, tant il est vrai qu'on a vu des partisans de la syntaxe transformationnelle, allergiques à toute allusion aux lois de l'apprentissage ou à la théorie de la communication, contestés à leur tour avec virulence au nom du primat de la sémantique. Nous nous efforcerons cependant d'intégrer ces divers travaux dans un cadre aussi cohérent que possible, au risque de négliger quelques recherches dans des directions peu fréquentées, et même s'il faut pour cela « récupérer » quelques travaux anciens et les insérer dans un contexte différent de celui qui les avait inspirés. De toutes manières, il ne s'agit pas ici d'un traité, et nous ne tenterons donc pas de faire le relevé des données expérimentales connues à ce jour et des diverses interprétations qui en ont été proposées; plus modestement, nous tenterons d'introduire le lecteur, supposé profane, à la problématique et à la démarche de la psychologie du langage. Les recherches expérimentales dont il est fait état ne sont citées qu'à titre d'exemples et d'illustrations; nous aurons soin, naturellement, d'y inclure un certain nombre de travaux considérés aujourd'hui comme classiques, mais chaque fois que ce sera possible, nous sélectionnerons des résultats (quelquefois inédits) obtenus en utilisant la langue française.

Si nous avons ainsi fait porter notre effort sur la synthèse plutôt que sur la compilation, il s'agit d'une synthèse certes provisoire. Elle est de surcroît partielle, s'attardant sur tels problèmes que l'auteur a eu l'occasion de fréquenter davantage, et marquée par quelques tendances imparfaitement justifiables qui constitueraient en quelque sorte son équation personnelle : un faible pour les modèles componentiels en matière lexicale, une réticence à l'égard des conceptions transformationnalistes en matière syntaxique, une attention particulière accordée aux variables sémantiques même au sein de la syntaxe, ou encore, la tentation d'insister sur les processus de production plus encore que sur les processus de compréhension, pourtant plus aisés à mettre en œuvre dans des situations expérimentales.

En dépit de tout cela, l'exposé veut rester intelligible au non spécialiste, et ne présuppose d'autres connaissances que celles qui font partie d'une culture générale en sciences humaines. Nous nous trouvons au carrefour de la psychologie cognitive, de la linguistique et des travaux sur l'intelligence artificielle, mais nous ne rappellerons, en ces diverses matières, que les notions strictement indispensables (l'ouvrage de Bronckart, 1977, paru dans cette collection, fait une part plus large aux théories linguistiques).

Remerciements

Cet ouvrage n'aurait jamais été mené à bonne fin si les problèmes qui y sont abordés n'avaient, durant des années, éveillé l'intérêt de mes étudiants à l'université de Louvain, futurs psychologues ou logopèdes pour la plupart, mais aussi linguistes ou professeurs de langues, voire sociologues ou journalistes, et même informaticiens. Parmi eux, je suis particulièrement redevable à ceux qui ont pris une part active à la recherche, à l'occasion d'un mémoire de fin d'études ou d'une thèse de doctorat; je leur dois une grande part des données inédites dont il est fait mention dans ce volume.

Ma reconnaissance la plus vive va aussi à mes collaborateurs du Laboratoire de Psychologie expérimentale et de Psycholinguistique, et spécialement à Michel Hupet et à Guy Lories; ils ont accepté de lire le manuscrit, et leurs observations m'ont assurément permis de réduire le nombre de ses lacunes. Bien entendu, c'est à moi seul qu'il faut imputer la responsabilité de celles qui demeurent.

Je remercie enfin les éditeurs qui m'ont autorisé à prélever certaines données expérimentales sous la forme de tableaux ou de figures : la Johns Hopkins University Press pour la figure 3; McGraw-Hill Book Cy pour la figure 23; les Editions Armand Colin pour la figure 26; l'American Psychological Association et le Prof. C. Clifton pour la figure 29; Academic Press (Londres) pour la figure 36; W.H. Freeman & Cy pour les figures 38 et 39; Psychologie française pour la figure 37; The Quarterly Journal of experimental Psychology et le Prof. G.H. Bower pour le texte « Circle Island » et les figures 40, 41 et 42; The Quarterly Journal of experimental Psychology et le Dr M. Hupet pour le tableau XII; et enfin, les Editions Gallimard pour l'utilisation qui a pu être faite de certains passages des « Exercices de Style » de Raymond Queneau.

Chapitre I
Les associations verbales

Nous avons montré, dans les pages qui précèdent, que l'élaboration d'un énoncé verbal, comme aussi son interprétation, peuvent être conçues comme des ensembles de sélections interdépendantes, faites parmi les possibilités offertes par la langue utilisée et disponibles en mémoire. Si donc nous nous trouvons en présence d'un énoncé, la question est double : quelles sont, dans cet énoncé, les unités verbales qui ont fait l'objet d'une sélection par celui qui l'a produit, et quelles sont les règles combinatoires qu'il a utilisées pour agencer les sélections les unes par rapport aux autres ?

Pour aborder une telle question, nous devons envisager de *segmenter* l'énoncé, et ce n'est pas chose facile, si l'on considère qu'un même énoncé peut toujours être segmenté de plusieurs façons très différentes. On peut, par exemple, considérer qu'un énoncé est une succession particulière de voyelles et consonnes, c'est-à-dire de *phonèmes*, mais aussi, que c'est une succession de *phrases*. Dans le premier cas, l'unité de base se présente sous la forme d'un segment très réduit, issu d'un répertoire qui n'excède pas quelques dizaines d'unités, et l'énoncé va requérir un nombre relativement grand de sélections relativement simples ; mais les unités de cette sorte, étant dépourvues de sens, ne sont pas véritablement des signes linguistiques. Dans le second cas, au contraire, l'unité de base consiste en un segment déjà relativement complexe, et le nombre de phrases d'un énoncé sera généralement beaucoup moins élevé que le nombre de ses phonèmes ; mais, comme il ne peut y avoir de répertoire de phrases pour la simple raison que le nombre de phrases possibles est infini, la phrase ne peut pas convenir comme unité de sélection.

A mi-chemin, l'énoncé peut être considéré comme une suite de *mots*, entendant par mot toute séquence de phonèmes séparée par des espaces dans la langue écrite. Mais c'est là un critère peu digne de confiance, car l'usage de l'espace résulte d'une multitude de circonstances: que l'on compare *quoique* et *bien que*, *cependant* et *pendant ce temps*, *aujourd'hui* et *au jour de l'An*. On trouvera un critère plus adéquat si l'on considère que l'énoncé se compose d'une ou plusieurs unités *indivises*, en ce sens qu'il n'est pas loisible au locuteur d'y insérer d'autres unités, ou encore, que ces unités sont à déplacer comme un tout quand l'énoncé donne lieu à des paraphrases. De telles unités, que nous appellerons *unités lexicales* ou *lexèmes*, correspondent souvent à des mots, mais il n'est pas rare qu'elles soient constituées de plus d'un segment dans la langue écrite. Par exemple:
Pierre sera certainement tout à fait d'accord

peut devenir:
Pierre, certainement, sera tout à fait d'accord
Pierre sera certainement d'accord tout à fait

mais *tout à fait* et *d'accord* se comportent d'une manière indivise. On peut dresser une liste des unités qui, dans une langue, répondent à ces critères dans tous les énoncés. Si nous les notons dans leurs formes non fléchies, nous obtenons le *lexique*.

Si donc la production (et l'interprétation) d'un énoncé comporte une combinaison de sélections, on a quelques raisons de penser qu'à tout le moins un certain nombre de ces sélections portent sur des unités lexicales, et ce sont ces opérations que nous examinerons d'abord. Nous remettrons à plus tard le problème de savoir comment ces sélections sont rendues interdépendantes, car c'est une longue histoire (chapitre V et suivants). Nous examinerons d'abord, par mesure de commodité, le processus qui consisterait à faire une seule sélection lexicale, sachant qu'il y a quelque arbitraire à le considérer ainsi en dehors du contexte dans lequel il se place normalement et dans lequel nous aurons plus tard à le réinsérer.

L'étude du processus de sélection lexicale nous sera une occasion d'évoquer divers courants de recherche, anciens ou récents, sur les structures subjectives du lexique et les processus de récupération des items lexicaux en mémoire. La question principale qu'il nous faudra avoir à l'esprit durant les chapitres qui suivent est en effet la suivante: étant entendu que le lexique se compose de plusieurs milliers d'unités, comment est-il possible que le sujet sélectionne, dans des délais généralement brefs, les unités lexicales qui lui sont nécessaires dans le cours de son énoncé? Il est possible de trouver rapidement un mot dans un dictionnaire, mais c'est parce que les mots n'y figurent pas dans un total désordre: ils y sont disposés selon l'ordre alphabétique, et nous nous servons de cette «clé» quand nous y cherchons un élément. De même, il paraît indispensable que les items lexicaux, tels qu'ils sont stockés en mémoire, présentent certaines propriétés d'organisation (d'une nature sans doute très différente), et que ces propriétés d'organisation soient utilisées par le sujet dans ses opérations de sélection.

Les épreuves classiques d'association verbale

Parmi les travaux les plus anciens et les plus classiques que les psychologues aient consacré au langage, figurent assurément les expériences sur l'association verbale. Elles remontent aux débuts de la psychologie scientifique, qui se voulait, comme on sait, une psychologie des «contenus de conscience». Cette psychologie est connue, à juste titre, comme une psychologie «associationniste», car il s'agissait principalement de décrire les «liaisons» entre ces contenus de conscience, le postulat de base étant que tout contenu de conscience complexe peut être décrit comme une combinaison de contenus élémentaires (ou plus élémentaires) pouvant exister en dehors de cette combinaison et associés par le jeu de certaines lois de contiguïté spatio-temporelle.

Ces expériences ont été poursuivies pendant la période behavioriste, car il était facile de les inscrire dans le schéma stimulus-réponse. Généralement, en effet, une expérience d'association verbale consiste à présenter un mot, dit *inducteur*, et à récolter un ou plusieurs mots, dits *induits*, que le sujet donne en réponse à ce mot inducteur, consécutivement à une consigne du type: «Donnez-moi, le plus rapidement possible, le premier mot qui vous viendra en tête quand vous aurez entendu (ou lu) le mot que je vais vous présenter».

Après avoir récolté un certain nombre d'observations, il est possible de dresser une liste des mots induits donnés en réponse à un inducteur avec leurs fréquences respectives. On a établi de telles listes, présentées comme «normes associatives», pour diverses langues (voir Cramer, 1968). Il apparaît immédiatement, en effet, que les réponses ne sont aucunement aléatoires, et qu'un mot présente généralement des liaisons privilégiées avec un petit nombre d'autres mots. Voici, par exemple, des réponses recueillies auprès d'un groupe de 150 étudiants (ne sont reprises ici que celles dont la fréquence dépasse 5):

arbre	: feuille 61, fruit 14, forêt 13, jardin 7, branche 6
pneu	: voiture 57, auto 28, roue 22, clou 7, caoutchouc 6
chien	: chat 73, niche 14, animal 10, laisse 8
serrure	: clef 112, porte 24
table	: chaise 111, manger 8
clou	: marteau 100, mur 6
vase	: fleur 110
nid	: oiseau 119
homme	: femme 128

Dans une culture donnée et à un moment donné, les associations verbales présentent souvent une stabilité remarquable, tant intra-individuelle qu'inter-individuelle, stabilité qui tend d'ailleurs à être d'autant plus grande que les associations sont plus stéréotypées.

Le plus souvent, une liaison A-B coexiste avec des liaisons A-C, A-D, etc.; mais ces liaisons auront normalement des «forces» inégales. On s'est donc soucié de quantifier la «force» d'une association verbale, soit par la fréquence de cette association, soit par son temps de latence, soit, si plusieurs induits sont demandés, par le rang qu'elle occupe dans la succession des réponses. Ces divers indices présentent généralement une haute corrélation.

Les expériences sur les associations verbales concernent à peu près toujours, notons-le, des associations entre des unités lexicales, et elles suggèrent une réponse à la question qui nous occupe présentement, qui est de savoir comment le locuteur a accès aux unités lexicales en mémoire. Cette réponse est la suivante: si les unités lexicales sont liées les unes aux autres en fonction de leur contiguïté spatio-temporelle dans l'expérience antérieure du sujet (ou d'ailleurs pour toute autre raison), *elles sont accessibles les unes à partir des autres*; toute unité lexicale, une fois recouvrée, donne accès, ou facilite l'accès, à d'autres unités lexicales auxquelles elle est liée à divers degrés.

L'expérience suivante (Costermans et de la Vallée Poussin, 1977) illustre ce mécanisme de facilitation. Les sujets devaient nommer le plus rapidement possible 50 objets familiers, présentés au moyen de diapositives: on s'intéresse donc au temps nécessaire pour récupérer un item lexical en mémoire. En fait, les 50 mots à trouver formaient 25 paires de mots fortement associés (arbre-feuille, serrure-clef, table-chaise, etc.). A un groupe de sujets les deux mots de chaque paire étaient demandés l'un après l'autre; par exemple, on projetait la diapositive représentant une table, et quand le sujet avait répondu, on lui montrait celle représentant une chaise, et ainsi de suite. Pour un autre groupe de sujets, toutes les diapositives étaient mélangées de telle manière que toutes les paires soient rompues. Il est apparu que pour le second mot de chaque paire, le temps nécessaire était plus court dans le premier cas (800 msec comparativement à 1 sec environ): un mot comme «chaise» est donc plus rapidement accessible si le sujet vient d'utiliser un mot comme «table» qui lui est lié. Il est donc bien vrai qu'une unité lexicale facilite l'accès à d'autres unités lexicales; mais ce n'est qu'une réponse partielle à notre question, car il faudra expliquer comment une unité lexicale peut être récupérée à partir d'une image; à cet effet, il faudra envisager les liaisons des unités lexicales avec d'autres entités, non lexicales.

Les réseaux associatifs

Laissons provisoirement ce dernier point, et concentrons notre attention sur l'organisation subjective du lexique telle que les travaux sur les associations verbales nous la dépeignent.

Tout d'abord, puisque de nombreuses liaisons coexistent, on peut tenter de dépasser les listes associatives, qui procèdent paire par paire, pour en venir à une représentation globale de l'ensemble de ces liaisons, ou tout au moins de l'ensemble des liaisons reliant un certain nombre d'unités. On débouche ainsi sur la notion de *réseau associatif*; dans sa forme la plus simple, on peut représenter un tel réseau par un *graphe*, dans lequel les unités sont figurées par des *nœuds* et les liaisons par des *arcs*. De tels réseaux peuvent être obtenus de diverses manières, et nous en donnerons ici quelques illustrations.

Une manière économique de s'y prendre consiste à demander à des sujets de fournir, en réponse à un inducteur, une série d'associations en chaîne, comme on le fait dans les épreuves dites de disponibilité. On considère que, si l'inducteur A provoque naturellement une réponse B, cette réponse B induit à son tour une réponse C, et ainsi de suite. On relève alors, pour chaque paire de mots (ou du moins pour les plus fréquemment donnés) la fréquence relative avec laquelle ces deux mots ont été cités l'un après l'autre. On peut alors repérer les liaisons les plus marquantes et représenter ces liaisons au moyen d'un graphe. Par exemple, dans un travail resté inédit (voir toutefois Costermans, 1979, pour une étude génétique), nous avons demandé à 180 sujets adultes (90 hommes et 90 femmes) de citer les 15 premiers noms qui leur viennent en tête désignant des « parties du corps ». On a retenu les 40 les plus fréquents, et pour chaque paire de ces 40 noms, on a calculé le taux de contiguïté, c'est-à-dire le nombre de fois où ces deux noms étaient cités l'un après l'autre (sans tenir compte de l'ordre), divisé par le nombre de fois où l'un des deux au moins était cité par le sujet. Le graphe de la figure 1 représente les principales liaisons; à noter que la longueur des arcs n'est pas ici fonction de la « force » de ces liaisons. On a de la sorte une représentation qui fait apparaître, non seulement que certaines régions du corps sont plus détaillées que d'autres, mais qu'il existe tout un réseau de relations constitutives de sous-ensembles intégrés, notamment les organes localisés dans la tête et spécialement la bouche, les membres supérieurs, les membres inférieurs, les principaux organes internes du tronc. Entre ces sous-ensembles intégrés les liaisons sont considérablement plus minces: on observe, il est vrai, de nombreuses liaisons entre les segments et articulations des membres inférieurs et supérieurs, et une double liaison entre la tête et les membres supérieurs par la série *cou-épaules-bras* et par la série parallèle *tête-tronc-bras*; mais les grandes parties du tronc ne présentent guère de liaisons avec le reste, pas plus que les organes internes.

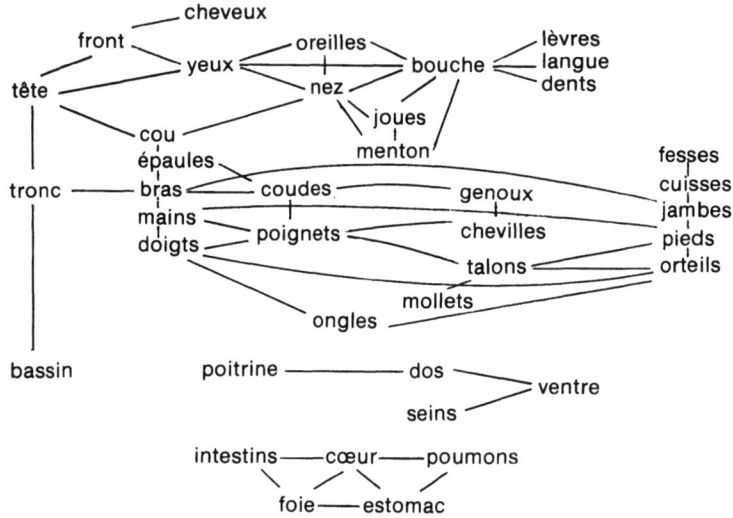

Figure 1. Graphe représentant les principales liaisons associatives entre parties du corps, telles qu'elles sont obtenues par une épreuve de disponibilité.

Une autre illustration du phénomène de facilitation au sein de réseaux associatifs peut être tirée des nombreuses expériences sur le groupement dans le rappel libre (par exemple Bower, 1970; Wood, 1972; Matthews, 1973). Lorsqu'on fait apprendre à des sujets une liste de mots présentés dans un ordre aléatoire, et qu'on leur demande, après un délai déterminé, de citer les mots dont ils se souviennent, on observe que les mots « de même famille » tendent à être rappelés les uns à la suite des autres, ce qui suggère bien que le fait de récupérer un mot facilite la récupération d'autres mots qui lui sont apparentés.

Nous avons fait une expérience de ce type sur 20 verbes français désignant des « activités de la vie quotidienne ». Ces verbes étaient présentés à 75 étudiants, paire par paire (ce qui faisait 190 paires différentes). La consigne était double: d'une part, il fallait, pour chaque paire, évaluer sur une échelle à 5 points dans quelle mesure les deux verbes désignaient des activités « de même type »; d'autre part, il fallait essayer de retenir les verbes en vue d'un rappel ultérieur. La première tâche était partiellement une tâche prétexte destinée à assurer que les sujets avaient attentivement examiné chaque item; mais il est important de noter que chaque verbe y était présenté 19 fois, dans toutes les positions possibles (en combinaison avec chacun des 19 autres verbes). En dépit de cela, on observe lors du rappel, deux heures plus tard, un certain nombre de groupements caractéristiques.

Si l'on relève la fréquence de contiguité de chaque paire, et que l'on retient les scores les plus élevés (> 10), on obtient le graphe de la figure 2. Nous laisserons au lecteur le soin d'interpréter l'organisation générale qui s'en dégage. Il nous paraît plus important de signaler que les paires qui ont été jugées comme appartenant davantage «au même type» lors de l'épreuve d'apprentissage sont aussi celles qui tendent à se retrouver ensemble dans l'épreuve de rappel (r = − .617, t = 10,7). Il est par ailleurs possible de dégager, pour chacun des verbes, un indice exprimant dans quelle mesure ce verbe présente avec certains autres des liaisons privilégiées: il suffit de prendre les fréquences de contiguité de ce verbe par rapport aux 19 autres et d'en calculer l'écart-type; on observe alors que ce sont les verbes qui présentent les liaisons les plus différenciées qui sont aussi les plus fréquemment rappelés (r = .73).

Il faut noter que la méthode des graphes a ceci d'avantageux qu'elle ne suppose pas que les associations soient transitives. Si nous avons une association A-B et une association B-C, on aura le graphe:

A———B———C

qui n'implique pas qu'il y ait une association A-C. Si en effet une telle association existait également, le graphe serait:

A———B
 \\ /
  \\/
   C

C'est là une propriété intéressante, car une telle transitivité ne peut être tenue pour générale (par exemple on peut avoir *canari-oiseau* et *oiseau-avion* sans avoir *canari-avion*).

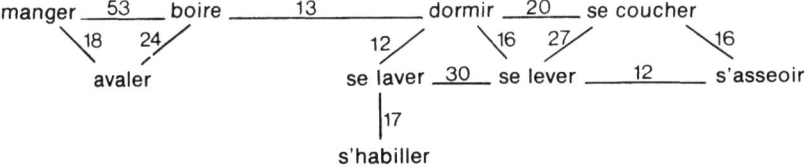

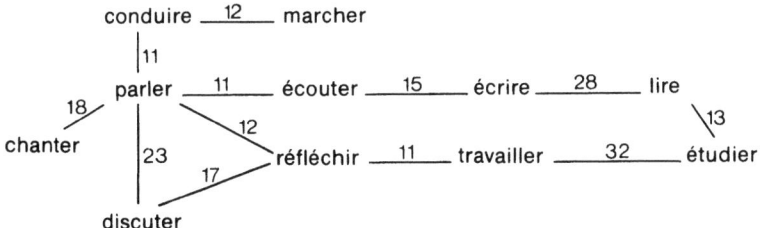

Figure 2. Graphe représentant les principales liaisons dans une épreuve de rappel libre. Les nombres indiquent les scores bruts de contiguité (n = 75).

On peut se demander aussi dans quelle mesure les associations sont réversibles, c'est-à-dire dans quelle mesure une liaison A-B implique une liaison B-A de force équivalente. Apparemment, il n'en est rien. Mais nous rencontrons ici un problème plus fondamental, relatif à la validité de la fréquence (comme aussi du temps de latence et du rang) comme quantification de la force d'une association. Il est possible que la fréquence observée pour une association A-B ne dépende pas uniquement de la force de cette association, mais aussi de l'existence d'associations A-C, A-D ... concurrentes; ainsi, une association unique A-B se manifesterait chez tous les sujets, tandis que cette même association A-B, de même force, mais existant concurremment avec une association A-C qui aurait également cette même force, n'apparaîtrait que chez la moitié des sujets. Il est donc possible que l'asymétrie entre A-B et B-A soit due à un effet de ce type; si A est au centre d'un moins grand nombre de liaisons que B, l'association pourra être plus fréquente dans le sens A-B.

A cet égard, l'approche de Deese (1965) présente un intérêt particulier. Il postule que la liaison A-B ne dépend pas de la fréquence (ou de la vitesse) avec laquelle A induit B (et qui peut être différente de la fréquence ou de la vitesse avec laquelle B induit A), mais de la mesure dans laquelle A et B sont liés aux mêmes items tiers (comme le proposent aussi Jenkins et Cofer, 1963). Les mots A et B seront donc tous deux présentés comme inducteurs. On dressera la liste des induits récoltés en réponse à A et à B, respectivement (en supposant que le premier induit est toujours une réponse échoïque à l'inducteur et que la réponse manifeste est en fait la seconde réponse du sujet), et on établira le degré de parenté entre A et B en calculant la proportion d'induits communs. Par exemple, si A et B sont présentés à 50 sujets, nous pouvons avoir les réponses suivantes (où les fréquences entre parenthèses sont les répétitions implicites de l'inducteur):

A : (A50)   B30   C20
B :   A20   (B50)   D20   E10

On trouvera facilement la proportion de réponses communes en prenant dans chaque colonne le nombre le plus petit, en sommant ces nombres, et en divisant par 100 (soit 50 sujets × 2):

$$\text{taux d'intersection A-B} = \frac{20 + 30}{100} = 0{,}50.$$

Notons que si l'on ne postulait pas que la première réponse induite consiste en une répétition implicite de l'inducteur, on pourrait obtenir des résultats aberrants. Mettons qu'à l'inducteur *homme*, les 50 sujets d'une expérience répondent unanimement par *femme*, et qu'à l'inducteur *femme* ils répondent tous par *homme* : il n'y a pas ici d'induits communs, ce qui donnerait une liaison nulle, qui ne traduit manifestement pas la réalité. Mais si nous faisons le calcul comme indiqué plus haut, nous avons:

homme : (homme 50)   femme 50
femme : homme 50   (femme 50)

ce qui correspond au taux maximum de :

$$\frac{50 + 50}{100} = 1.$$

Si maintenant nous avons toute une famille d'inducteurs, nous pouvons calculer une telle intersection pour chaque paire, étant entendu que, cette fois, l'intersection A-B est nécessairement égale à l'intersection B-A. Les principales intersections obtenues permettent alors de construire un graphe. Telle n'est cependant pas la méthode utilisée par Deese. La matrice des intersections est traitée par l'analyse factorielle. Cette procédure a ceci d'intéressant, qu'elle permet de localiser chaque item étudié dans un espace à k dimensions, et de telle sorte que deux items seront localisés d'autant plus près l'un de l'autre qu'ils auront donné une plus grande proportion d'induits communs. Les distances entre items sont donc respectées. C'est une

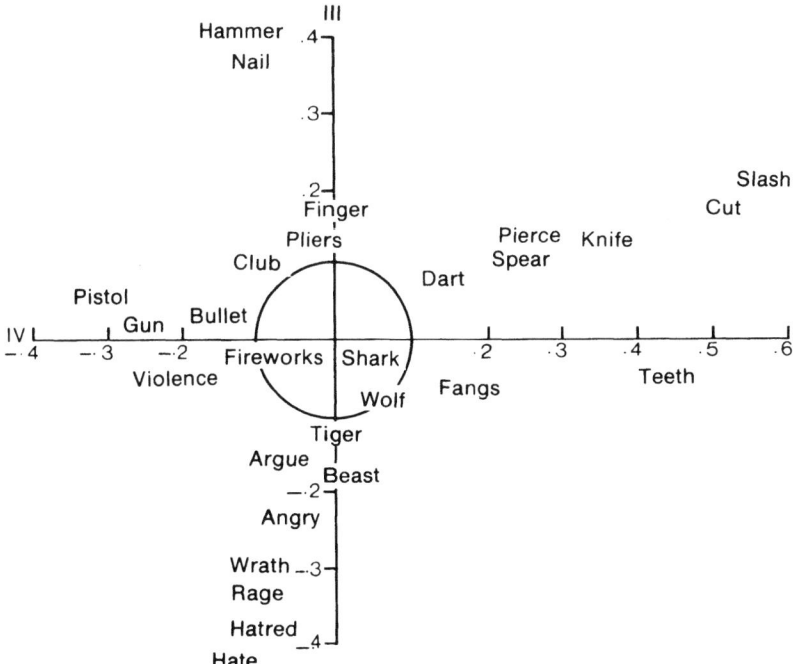

Figure 3. Localisation d'un ensemble de mots ayant une connotation d'agressivité, dans le plan formé par les dimensions III et IV obtenues par analyse factorielle. (Tiré de Deese J. The structure of associations in language and thought. The Johns Hopkins University Press, 1965.)

chose qu'il n'est généralement pas possible de réaliser dans un graphe, parce que l'écrasement sur un plan de ce qui forme en fait une structure dans l'espace ne permet pas de respecter simultanément l'ensemble des distances. La figure 3 donne une illustration du résultat obtenu pour un ensemble de mots « ayant une connotation d'agressivité » (Deese, 1965; repris aussi comme exemple dans Deese, 1971); cette figure donne la localisation des mots les uns par rapport aux autres dans le seul plan formé par les dimensions III et IV, étant entendu qu'une série d'autres plans peuvent être construits.

Les liaisons étiquetées

Les psychologues travaillant dans la perspective des théories behavioristes de l'apprentissage considéraient qu'une association était d'autant plus forte qu'elle avait été plus fréquemment renforcée : la force d'une association était donc le paramètre le plus important. En fait, on se défend difficilement de l'impression que les associations, qu'elles soient ou non de même force, se distinguent par le *type* de relation qui s'établit entre l'inducteur et l'induit. A vrai dire, on n'a jamais cessé de tenter de classer les associations dans des catégories. La plupart des tentatives classiques sont cependant décevantes, car elles utilisent un nombre restreint de catégories, avec, le plus souvent, une classe de « divers » abondamment fournie.

Quelques-unes des distinctions ainsi introduites restent néanmoins d'actualité, comme on le verra plus loin. Ainsi en va-t-il, tout spécialement, de la distinction entre les relations de superordination et les relations d'hyponymie, qui joue un rôle central dans certains modèles récents. Dans la relation de superordination, l'inducteur induit un terme qui désigne une classe plus large, comme dans *chien - animal*; dans l'hyponymie, on a la relation inverse, comme dans *chien - bouledogue*. (A ne pas confondre avec une relation de tout à partie, comme dans *chien - queue*). De telles liaisons peuvent assurément se représenter dans un graphe; mais elles se prêtent aussi à une représentation ensembliste, comme l'a proposé Meyer (1970) et comme l'illustre la figure 4.

Une autre dichotomie qui a donné lieu à pas mal de recherches est celle qui classe les associations en paradigmatiques et syntagmatiques. Dans les travaux anglo-saxons, cette distinction coïncide généralement avec la distinction entre associations homogènes et associations hétérogènes (Brown et Berko, 1960; Erwin, 1961). Une association est homogène si les deux termes appartiennent à la même classe grammaticale; elle est hétérogène dans le cas contraire. En fait, cette superposition ne paraît pas fondée. Conformément à la définition de Jenkins (in Osgood et Sebeok, 1954), deux mots présentent une liaison paradigmatique dans la mesure où ils sont substituables l'un à l'autre dans un même contexte, et une liaison syntagmati-

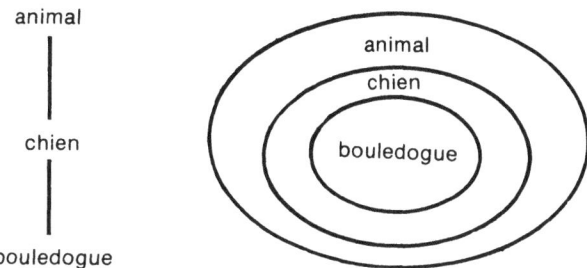

Figure 4. Relations de superordination et d'hyponymie, représentées sous forme de graphe (à gauche) et sous forme ensembliste (à droite).

que dans la mesure où ils sont combinables dans un même énoncé. Ainsi, *chien* et *chat* paraissent, en tout cas à première vue, être en liaison paradigmatique, eu égard aux nombreux énoncés dans lesquels ils sont aisément substituables; par exemple:

J'ai donné à manger au chien
J'ai donné à manger au chat

En revanche, *chien* et *niche*, bien qu'appartenant à la même catégorie grammaticale, seraient en liaison syntagmatique, étant aisément combinables; par exemple:

Le chien dort dans sa niche

En fait, il n'est pas toujours facile d'en décider, et on voit bien qu'on a affaire ici à un axe continu plutôt qu'à une opposition discrète: une paire associative peut être plus ou moins nettement paradigmatique ou syntagmatique. Nous avons récemment mis au point une procédure empirique permettant de localiser une paire sur cet axe. On demande à un groupe de sujets d'utiliser les deux mots dans une même proposition. On a une liaison paradigmatique lorsque les deux mots sont liés dans cette proposition, soit par une coordination, soit par une relation attributive, soit par une structure comparative; on a une relation syntagmatique dans tous les autres cas. Ainsi par exemple, pour *chien* et *chat*, les trois premières propositions qui suivent indiquent une relation paradigmatique, les autres une relation syntagmatique:

P. J'ai donné à manger au chien et au chat
   Un chien n'est pas un chat
   Paul préfère les chiens aux chats
S. Le chien a mordu le chat
   Le chien a dérobé la nourriture du chat

Pour chaque paire, on dénombre la fréquence des propositions P et des propositions S, et l'application du χ^2 à ces fréquences (l'hypothèse nulle étant qu'elles sont égales) fournit un niveau de signification entre 0 et 1 qui permet de localiser la paire sur l'axe paradigmatique-syntagmatique. Voici, à titre d'exemples, quelques scores ainsi calculés, pour des paires nettement paradigmatiques, puis nettement syntagmatiques, en passant par des paires ambivalentes à divers degrés :

    P. navire-bateau 1.00
       avocat-défenseur 1.00
       revolver-arme 1.00
       pipe-cigarette 1.00
       violon-guitare 1.00
       chasse-pêche 1.00

    P. nuit-journée .80
       dent-bec .55
       plante-fleur .15
       terre-mer .00
       vendeur-commis .60
    S. wagon-automobile .78

    S. prairie-bétail 1.00
       ouvrier-usine 1.00
       mariage-cortège 1.00
       chèvre-sabot 1.00
       navire-sillage 1.00
       peintre-pinceau 1.00

Comme l'a montré le linguiste Jakobson (1956, 1963), le pôle paradigmatique est en relation avec la métaphore, et le pôle syntagmatique avec la métonymie. Aussi, la plupart des recherches, visant à relever les proportions respectives d'associations paradigmatiques et syntagmatques chez les sujets, ont eu en vue l'étude des différences interindividuelles (Beauvois et Ghiglione, 1970), ou encore, de l'évolution en fonction de l'âge (Noizet et Pichevin, 1966).

Le développement récent des recherches sur les structures cognitives a profondément modifié le contexte dans lequel on aborde les associations verbales. On a renoncé à vouloir faire entrer toutes les associations dans un petit nombre de classes, et on a développé des modèles où les liaisons appartiennent à des types très diversifiés. Plusieurs de ces modèles parmi les plus connus ont été élaborés d'abord par des spécialistes de l'intelligence artificielle, ou par des psychologues en collaboration avec ces derniers (Quillian, 1967, 1969; Anderson et Bower, 1973; Schank, 1972; Rumelhart, Lindsay et Norman, 1972; Kintsch, 1974; Minsky, 1975; voir Denhière, 1976, pour une synthèse en français). Il s'agit là de modèles qui traitent de l'organisation générale des connaissances en mémoire et qui, à ce titre, débordent largement les questions qui nous occupent présentement. Nous n'en retiendrons ici que ce qui peut éclairer la nature des liaisons entre items lexicaux.

La plupart de ces modèles postulent, au départ, que les données en mémoire ont une *structure propositionnelle*. Le terme de proposition n'est pas entendu ici au sens de la linguistique, mais au sens de la logique, et en particulier de la logique de Frege (1892). Dans cette acception (sur laquelle nous reviendrons plus longuement), la proposition est à concevoir comme composée d'un *prédicat* accompagné d'un ou plusieurs *arguments*. Par exemple, dans le modèle de Rumelhart et al. (1972), une donnée verbalisable sous la forme :

Le rocher écrasa le refuge

sera représentée en mémoire comme une proposition ayant un prédicat et trois arguments (comme un « quadruplet », par conséquent, à la place du « couple associatif » classique) :

ECRASER (rocher, refuge, passé)

proposition qui peut aussi se représenter sous la forme d'un graphe orienté :

$$\text{rocher} \longleftarrow \text{ECRASER} \longrightarrow \text{refuge}$$
$$\downarrow$$
$$\text{passé}$$

Mais les relations liant les arguments au prédicat sont de divers types. Le plus souvent, les classes utilisées sont peu nombreuses (de l'ordre d'une dizaine), et correspondent assez à la nomenclature des « cas » dégagée par le linguiste Fillmore (1968), dont les travaux nous retiendront un bon moment lorsque nous traiterons de la structure de la phrase (chapitre IX). Ainsi, les relations impliquées dans la proposition figurée ci-dessus seraient la force F, l'objet 0 et le temps T. On doit donc écrire :

ECRASER (F: rocher, O: refuge, T: passé)

ce qui correspond cette fois à un graphe non seulement orienté mais aussi étiqueté :

$$\text{rocher} \xleftarrow{F} \text{ECRASER} \xrightarrow{0} \text{refuge}$$
$$\downarrow T$$
$$\text{passé}$$

Dans cette perspective, les items lexicaux entrent comme prédicats ou arguments dans un certain nombre de propositions stockées en mémoire. Ils présentent de ce fait des liaisons étiquetées avec d'autres items lexicaux entrant dans ces mêmes propositions. Ainsi, on peut avoir la proposition

ANIMAL (chien)

verbalisable sous la forme « le chien est un animal », à l'origine d'une liaison associative entre l'argument *chien* et le prédicat *animal*. Elle sera d'un type différent de la liaison entre *chien* et *niche*, qui pourrait être fondée sur une proposition

DORMIR (chien, niche)

et constituer ainsi une relation entre ses deux arguments. Dans ces conditions, il faut considérer toute liaison associative comme médiate par nature, et l'on peut imaginer qu'il existe à peu près autant de types de liaisons que de paires associatives, par exemple :

$$\begin{array}{l} \text{chien} \xrightarrow{\text{ETRE-UN}} \text{animal} \\ \text{chien} \xrightarrow{\text{DORMIR}} \text{niche} \\ \text{arbre} \xrightarrow{\text{DANS}} \text{forêt} \\ \text{marteau} \xrightarrow{\text{ENFONCER}} \text{clou} \\ \text{etc.} \end{array}$$

Il est à noter que les critères utilisés, hier comme aujourd'hui, pour caractériser les liaisons sont généralement de nature sémantique, bien que l'on puisse concevoir que des liaisons soient fondées sur des ressemblances phonémiques (par exemple *table - sable*). La plupart des auteurs récents font d'ailleurs la distinction entre l'ensemble des « concepts » que relient des relations sémantiques, et l'ensemble des dénominations lexicales que relient des similarités phonémiques, en postulant qu'il existe entre les éléments de ces deux ensembles des relations qui ne sont d'ailleurs pas nécessairement biunivoques (par exemple Collins et Loftus, 1975).

Les organisations hiérarchiques

Le modèle de Quillian (1967, 1969) est un de ceux qui ont suscité le plus de recherches en psychologie expérimentale. Etant un modèle en réseau, il postule une structure sémantique faite de nœuds et d'arcs. Les nœuds sont des « concepts », et ces concepts ne correspondent pas nécessairement à des unités lexicales simples ; par exemple « voiture » correspond à un concept (et aussi à une unité lexicale), mais « l'ancienne voiture de mon voisin » correspond à un autre concept, de même que « conduire une voiture », ou « ce qu'il y a lieu de faire quand le feu de circulation passe au rouge ». Les arcs sont généralement bidirectionnels, et ils sont affectés de nombres indiquant leur « critérialité », c'est-à-dire dans quelle mesure la liaison est importante pour la signification du concept. Cette importance peut être différente selon la direction ; par exemple, il peut être très important pour la définition de « canari » que ce soit un oiseau, mais moins important pour la définition d'« oiseau » que l'une des espèces soit celle des canaris. Au départ d'un concept, on trouve donc un certain nombre d'arcs qui mènent à d'autres concepts, d'où partent de nouveaux arcs menant à d'autres concepts encore, et ainsi de suite. Dans cette perspective, la signification d'un concept est décrite par l'ensemble du réseau tel qu'il se ramifie à partir du nœud qui représente ce concept.

Les arcs sont, bien entendu, étiquetés, appartenant à un certain nombre de types, parmi lesquels les liaisons de superordination/hyponymie occupent une place particulière. En effet, toute donnée élémentaire est supposée codée en mémoire sous la forme d'une « unité » qui représente le concept d'un objet ou d'un événement, et

d'une « propriété » qui consiste en un prédicat dont cette unité est un argument: nous retrouvons ici une structure propositionnelle. Chaque unité sera donc définie par une ou plusieurs propriétés ou prédicats. Or, le premier arc partant d'une unité pointe toujours vers une catégorie superordonnante, et les arcs suivants pointent vers des propriétés qui la spécifient. Par exemple, le canari pourra être défini comme « un oiseau jaune qui peut chanter », soit un arc vers un concept superordonnant « oiseau » et deux propriétés spécifiantes :
    OISEAU (canari)
    JAUNE (canari)
    *CHANTER (canari)
(où le signe * indique qu'il s'agit d'une possibilité). Bien entendu, « oiseau », « jaune » et « *chanter », qui fonctionnent comme des propriétés dans la définition de « canari », sont eux-mêmes des concepts, à définir à leur tour par des propriétés, sur le même schéma. Ainsi pour « oiseau », on pourra avoir:
    ANIMAL (oiseau)
    *VOLER (oiseau)
    AVOIR DES PLUMES (oiseau), etc.
Et on pourra faire de même pour « animal » :
    ETRE VIVANT (animal)
    AVOIR UNE PEAU (animal)
    *SE MOUVOIR (animal), etc.
Ceci permet de dégager une propriété fondamentale des structures sémantiques ainsi décrites, qui est d'être *hiérarchisées*. Le réseau que nous venons de décrire peut en effet être représenté par la figure 5, où les arcs verticaux pointent vers des superordonnants et les arcs horizontaux vers des spécifiants.

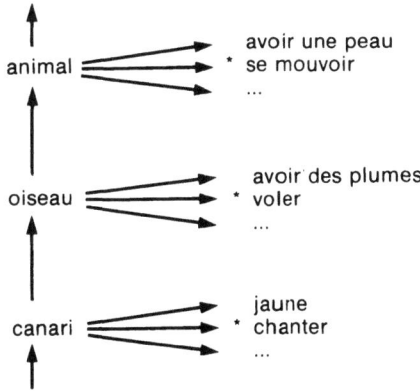

Figure 5. Fragment d'un réseau hiérarchisé.

Conçues de la sorte, les structures sémantiques présentent la propriété d'être particulièrement économiques pour autant que les propriétés spécifiantes soient attachées *le plus haut possible* dans la structure. En effet, si le sujet stocke en mémoire la proposition :
*SE MOUVOIR (animal)
il est dispensé de stocker cette propriété au niveau des catégories hyponymiques; dès lors qu'il a stocké qu'un oiseau est un animal, et qu'un animal peut se mouvoir, il peut en inférer qu'un oiseau peut se mouvoir. Mais dans ces conditions, les structures sémantiques ne sont entièrement utilisables que par le recours à des *processus d'inférence*. Si, par exemple, on demande à un sujet de vérifier la véracité de la proposition « un canari peut voler », il ne trouvera pas cette information comme telle en mémoire, et il faudra qu'il fasse une opération du type : « un canari est un oiseau; un oiseau peut voler; donc un canari peut voler ». Un tel processus peut prendre un temps plus long que pour vérifier « un canari est jaune », donnée qui est censée être stockée comme telle. Et il faudra plus de temps encore pour établir qu'« un canari a une peau », puisque le processus d'inférence sera plus complexe : « un canari est un oiseau; un oiseau est un animal; un animal a une peau; donc un canari a une peau ».

Parmi les premiers travaux inspirés du modèle de Quillian figurent précisément les expériences de Collins et Quillian (1969) visant à vérifier de telles prédictions de temps. Les sujets avaient à se prononcer le plus rapidement possible sur la véracité des phrases suivantes (en anglais), dont les trois premières énoncent des relations de superordination de plus en plus médiates, et les trois autres des propriétés spécifiantes également de plus en plus médiates (qu'on se reporte à la figure 5) :
Un canari est un canari
Un canari est un oiseau
Un canari est un animal
Un canari peut chanter
Un canari peut voler
Un canari a une peau

ainsi que, naturellement, d'un ensemble de phrases fausses (du type : « un canari est un poisson »). Comme le montre la figure 6, les temps obtenus confirment entièrement les prévisions.

Cependant, le modèle de Quillian a suscité beaucoup d'autres recherches, nettement moins concluantes, et n'a pas tardé à être contesté par plusieurs auteurs. Une première difficulté consiste à admettre la structure strictement hiérarchique que postule le modèle. Rips, Shoben et Smith (1973) ont observé (sur un matériel verbal anglais) qu'il fallait moins de temps à leurs sujets pour vérifier une proposition comme « un chien est un animal » que pour « un chien est un mammifère », alors qu'on a en principe une hiérarchie chien - mammifère - animal, et il en va de même pour les 11 autres noms

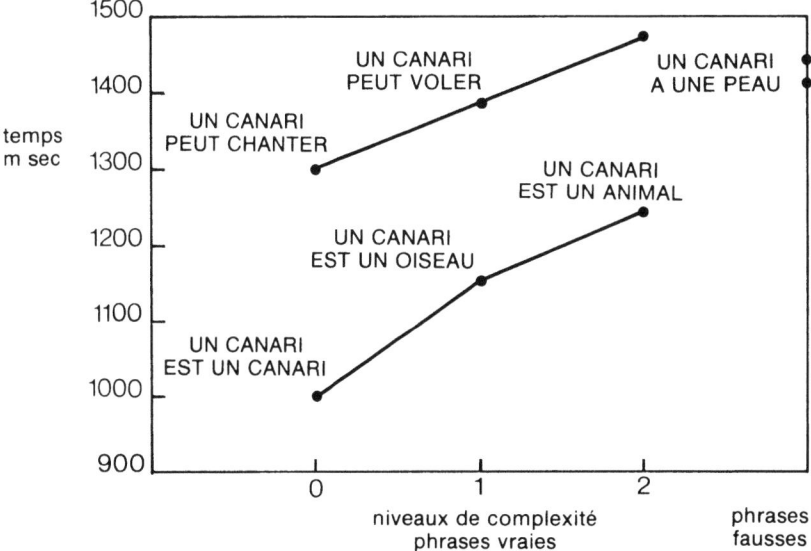

Figure 6. Temps de vérification pour différentes phrases (modifié d'après Collins et Quillian, 1969).

d'espèces utilisés dans l'expérience, à la seule exception de « vache »; mais, par ailleurs, les prédictions du modèle hiérarchique sont confirmées lorsqu'il s'agit de noms d'oiseaux. Les temps ainsi récoltés sont en relation avec les fréquences que l'on obtient lorsqu'on présente ces noms d'espèces et qu'on demande aux sujets de citer un superordonnant; ainsi, en réponse à *sparrow* (moineau), le superordonnant *bird* est plus fréquent qu'*animal*, mais en réponse à *collie*, on a fréquemment *dog*, puis *animal*, mais moins fréquemment *mammal* qui est pourtant sémantiquement intermédiaire (Loftus et Scheff, 1971).

De telles variations s'observent également en sens inverse, lorsqu'on présente un superordonnant et qu'on demande à des sujets de citer des hyponymes. Divers travaux (Loftus et Scheff, 1971; Rosch, 1975a; Loftus, 1976) montrent que certains hyponymes sont beaucoup plus fréquemment cités que d'autres. En vérité, ce sont là des observations très classiques, telles qu'il en existe aussi en langue française. Par exemple, on trouve dans Gougenheim et al. (1956) des listes de termes, énumérés dans l'ordre des fréquences noncroissantes, fournis par des sujets en réponse à des consignes du type: « Ecrivez les 20 noms communs qui vous semblent les plus utiles à savoir et qui se rapportent à « vêtements », ou encore, à « la maison », aux « moyens de transport », etc. On nous fournit même des normes différentes selon le sexe, l'âge et la région géographique. La liste des hyponymes donnés en réponse à « vêtements » commence ainsi :

chemise 472	robe 382	bas 217
veste 442	chaussettes 376	gants 214
tablier 433	jupe 344	béret 205
manteau 413	combinaison 324	imperméable 202
gilet 408	pantalon 266	blouse 198
culotte 389	cravate 254	chapeau 198

Mais il ne s'agit apparemment pas d'une simple affaire de fréquences. Si l'expérimentateur donne lui-même une série d'hyponymes au sujet, et qu'il lui demande d'évaluer, sur une échelle, dans quelle mesure chaque hyponyme appartient à la classe superordonnante, on obtient également des évaluations très inégales; ainsi, dans une expérience de Rosch (1975a), *apple* et *banana* sont jugés comme étant des fruits beaucoup plus résolument que *nut* ou *olive*, de même que *chair*, *sofa*, *couch* ou *table* sont des éléments de mobilier (*furniture*) beaucoup plus nettement que *vase* ou *telephone*. Il y a donc des fruits qui sont davantage des fruits que d'autres, des oiseaux qui sont davantage des oiseaux que d'autres, les divers hyponymes présentant ainsi des degrés inégaux de « typicalité » ou de « prototypie » (Rosch et Lloyd, 1978). Comme l'a montré Wilkins (1971), ceci se répercute à nouveau sur le temps mis pour vérifier des relations d'inclusion, une proposition comme « une pomme est un fruit » étant plus rapidement vérifiée qu'« une olive est un fruit ».

Par ailleurs, et sur un autre plan encore, Conrad (1972) a demandé aux sujets de donner des propriétés se rapportant à plusieurs niveaux, comme *canari*, *oiseau*, *animal*. On observe que ces propriétés se disposent grosso modo comme le prévoit le modèle de Quillian, mais qu'elles sont données avec des fréquences très inégales. Si on mesure ensuite le temps de vérification de ces propriétés, on observe qu'il dépend davantage de cette fréquence que de la distance à franchir dans la structure hiérarchique.

D'autres difficultés surgissent quand on examine de près le postulat d'économie. Ce sont des difficultés d'ordre théorique. Il est certes économique pour le stockage d'attacher les propriétés au nœud le plus élevé possible dans la hiérarchie, mais, si une telle propriété a été, pour une raison ou une autre, attachée plus bas, il est peu vraisemblable qu'elle soit « effacée » et il est plausible qu'elle soit alors stockée à plusieurs niveaux. Mais ceci rejoint une question plus fondamentale. Plus le stockage est économique, plus complexe sera l'exploitation du système, puisqu'il y aura moins de propriétés liées directement à chaque nœud et qu'une activité inférentielle plus grande sera donc nécessaire. Ceci est sans doute intéressant quand on travaille sur des ordinateurs, où la place en mémoire est précieuse et où les inférences peuvent se faire à très grande vitesse; mais il est vraisemblable que la situation se présente inversement en ce qui concerne les processus mentaux chez l'homme, qui dispose d'une mémoire dont les limites sont restées insondables à ce jour, mais chez qui les processus de traitement de l'information sont relativement beaucoup plus lents. Il y a donc lieu de s'attendre à ce qu'un compromis se réalise entre l'économie dans le stockage et l'accessibilité des informations ainsi conservées.

Cette abondance de problèmes a mené Collins et Loftus (1975) à proposer une version remaniée du modèle de Quillian, sous le nom de « spreading-activation theory of semantic processing ». Le modèle postule, notamment, que le réseau est organisé sur la base de la similarité sémantique entre les concepts : « plus nombreuses sont les propriétés que deux concepts ont en commun, plus nombreux seront les arcs reliant ces nœuds à l'intermédiaire de ces propriétés et plus étroitement les concepts seront liés ». Quand un concept est activé, cette activation se ramifie dans le réseau environnant avec une intensité décroissante. On postule aussi que les arcs sont de longueur variable, ou, ce qui revient au même, qu'ils demandent des temps variables pour être parcourus ; la distance, et donc le temps, ne dépend dès lors plus uniquement du nombre de nœuds à franchir. Enfin, on renonce à l'idée que le stockage doive être parfaitement économique. Les auteurs pensent ainsi rendre compte des résultats que nous venons de mentionner ; mais le problème est maintenant de savoir, comme le remarque Rosch (1975b), si le modèle n'est pas devenu tellement plastique qu'il ne peut plus être réfuté.

Quoi qu'il en advienne, on ne peut nier, au terme de ce chapitre, que les items lexicaux soient stockés en mémoire sous une forme hautement organisée. Composés d'un concept et d'une dénomination (ou, si l'on préfère, d'un *signifié* et d'un *signifiant*), ils présentent des liaisons sur un double plan : sémantique et phonémique, — étant entendu que les épreuves d'association verbale démontrent abondamment la prééminence des liaisons sémantiques, en tout cas chez l'adulte.

Dans ces conditions, il ne paraît pas niable non plus que la récupération d'un item lexical facilite (ou accélère) celle d'autres items qui lui sont liés. Mais, apparemment, la sélection des items lexicaux dans l'élaboration du discours ne dépend pas exclusivement des autres items lexicaux déjà sélectionnés, — à supposer d'ailleurs qu'il y en ait ; elle est fonction aussi de données non verbales fournies par la situation dans laquelle le sujet se trouve, et dont il prend connaissance par la voie de l'activité perceptive. Il ne semble donc pas que nous ayons fait le tour de la question. D'autres faits sont à considérer, qui nous amèneront à réinterpréter ceux qui précèdent dans le cadre d'une conception plus large.

Chapitre II
Perception et dénomination

Il nous faut examiner maintenant comment un item lexical est sélectionné, non plus à partir d'autres items lexicaux déjà rendus accessibles, mais à partir d'une situation non verbale. Notre point de départ ne résidera donc plus dans les épreuves d'association, mais dans les épreuves dites de *dénomination verbale*. Typiquement, on présente au sujet un objet (ou l'image d'un objet), et on lui demande de nommer cet objet le plus rapidement possible. On s'intéresse au temps qui lui est nécessaire, et, le cas échéant, aux confusions qui se produisent. Plusieurs de ces expériences remontent aux années cinquante, et ce nous sera une occasion d'évoquer les travaux de cette période; mais quand on examine leurs résultats dans le contexte d'aujourd'hui, ils se révèlent riches d'enseignements quant aux opérations mentales qui se placent dans l'intervalle entre l'apparition du stimulus et celle de la réponse verbale: ils nous amèneront, en effet, à postuler l'existence d'unités infra-lexicales.

Le temps de dénomination et l'étendue du répertoire

On sait de longue date (depuis les travaux de Merkel, 1885) que lorsque le sujet doit faire un choix parmi diverses réponses, verbales ou non, dont une seule est appropriée à la situation qu'on lui présente, le temps qui lui est nécessaire croît avec l'étendue du répertoire dans lequel il lui faut sélectionner. Merkel avait construit un dispositif qui lui permettait de présenter 10 stimuli visuels, qui étaient d'ailleurs des stimuli verbaux puisqu'il s'agissait des cinq premiers chiffres arabes et des cinq premiers chiffres romains; à ces stimuli correspondaient 10 touches de réponse, une pour chaque doigt. Le sujet avait à identifier le stimulus et à presser le plus rapidement possible la touche correspondante. Dans certaines conditions, le sujet savait à l'avance quel stimulus lui serait présenté (et donc quelle réponse il aurait à fournir); dans d'autres, on lui en désignait deux parmi lesquels les stimuli seraient choisis au hasard, puis trois, et ainsi de suite jusqu'à dix. Merkel observa que le temps de latence augmente avec l'étendue du répertoire, et cela, suivant une courbe à accélération négative. Plus tard Blank (1934) suggéra qu'il pouvait s'agir d'une relation logarithmique, ce qui signifie que le temps monte arithmétiquement cependant que le nombre d'éventualités monte de façon géométrique; par exemple, l'augmentation du temps est la même si l'on passe de 1 à 2, de 2 à 4, de 4 à 8 possibilités.

Hick (1952), Hyman (1953) et beaucoup d'autres ensuite ont confirmé ces observations, par des expériences qui sont souvent d'authentiques épreuves de dénomination verbale, car il s'agit souvent de répondre en énonçant le nom d'une couleur, le numéro d'une lampe qui s'allume, etc., c'est-à-dire de sélectionner un item lexical, — avec cette particularité qu'il s'agit d'une sélection, non dans le vocabulaire global d'une langue, mais dans un sous-ensemble lexical préalablement délimité et dont on fait varier systématiquement l'étendue. Dans sa version la plus simple, la relation peut se formuler comme suit:

$$T = a + b \log N$$

où N est le nombre de possibilités, a le temps nécessaire lorsque $N = 1$, et b le temps supplémentaire requis chaque fois que log N augmente d'une unité. La valeur a correspond au cas où le stimulus et la réponse sont connus d'avance, et ce temps (qui est souvent de l'ordre de 200 msec) dépend essentiellement de l'incertitude temporelle, c'est-à-dire de l'incertitude où le sujet se trouve quant au moment où le stimulus va apparaître. La valeur de b, qui nous intéresse davantage, dépend essentiellement de la familiarité du sujet avec les combinaisons stimulus-réponse, familiarité qui est elle-même fonction de l'expérience antérieure: plus b est grand, plus le temps est sensible à l'étendue du répertoire. Ainsi, dans de bonnes conditions de familiarité, il faut ajouter un temps de l'ordre de 250 msec chaque fois que l'étendue N est multipliée par deux; mais on a observé des cas-limites d'associations S-R surapprises (comme par exemple de nommer des chiffres arabes présentés par écrit) où b s'avère proche de zéro, c'est-à-dire où le temps ne varie plus guère avec N.

Qu'est-ce que la loi de Hick-Hyman nous suggère quant aux processus en jeu dans la sélection lexicale? Voyons comment on peut concevoir que le sujet procède. Le plus simple serait que chacun des stimuli déclenche une réponse qui lui est spécifique, en vertu d'associations S-R acquises par des conditionnements antérieurs. C'est un point de vue que défendaient naturellement les connexionnistes, et il est effectivement concevable qu'une réponse verbale soit, dans certaines conditions, une réponse de type «réflexe», au même titre que n'importe quelle autre réponse motrice (que l'on songe à «merci», «pardon», «aïe!» ou autres interjections répétitives que nous n'énumérerons pas). Dans cette hypothèse, le temps de latence ne doit pas dépendre de l'étendue du répertoire, ce qui correspond aux cas où $b = 0$, et nous avons dit que de tels cas se produisent. Mais ce n'est pas, et de loin, la règle générale. Il nous faut rendre compte de cette observation, somme toute étonnante, que le temps qu'il faut au sujet pour fournir une réponse déterminée n'est pas constant, mais dépend du nombre de réponses différentes que l'examinateur est susceptible de lui demander à ce moment (et qu'il ne lui demande pas): on se défend difficilement de l'idée que le répertoire constitue un univers de référence dans les opérations de sélection.

On a donc élaboré d'autres modèles (pour une synthèse, voir Smith, 1968), qui ont ceci de commun qu'ils fractionnent le processus de sélection sous la forme d'une séquence de «pas» élémentaires; l'augmentation du temps avec N sera attribuée à une augmentation du nombre de ces pas. Dans cette perspective, il importe de distinguer entre deux groupes de modèles très différents. Le premier représente la séquence de pas comme un *balayage sériel* du répertoire; on veut dire par là que les diverses réponses seraient passées en revue, dans un ordre aléatoire ou non, mais naturellement indépendant de la réponse cherchée, étant entendu que ce balayage pourrait prendre fin dès la sélection de la réponse adéquate (*self-terminating scanning process*). Comme il faudra, en moyenne, balayer environ la moitié des éventualités avant de rencontrer la réponse appropriée, un tel modèle prédit entre le temps et N une relation linéaire et non pas logarithmique, ce qui n'est pas compatible avec la loi de Hick-Hyman.

Un autre groupe de modèles séquentiels met en œuvre un processus de *triage hiérarchique* (*hierarchical sorting process*). On postule une série de pas dont chacun, au lieu d'écarter un seul item, pourrait en écarter toute une famille. Le principe en est le suivant. Le premier pas consiste à faire un choix entre deux sous-ensembles de réponses, discriminées sur base d'un critère donné, et aboutit à écarter un de ces sous-ensembles pour ne retenir que l'autre; le deuxième pas procède de même parmi les éventualités restant en lice, et ainsi de suite, jusqu'à n'avoir plus qu'une seule réponse possible. Par exemple, si $N = 8$, on pourrait y discriminer deux classes de 4 réponses chacune, et sélectionner une de ces deux classes; le deuxième pas sélectionnerait 2 réponses parmi les 4 restantes, et un troisième pas suffirait pour sélectionner une réponse parmi ces dernières. Comme le montre la figure 7, un processus de ce genre peut être organisé de telle sorte que le nombre de pas (que nous désignerons par k), et donc le temps total T, soient une fonction logarithmique de N; dans

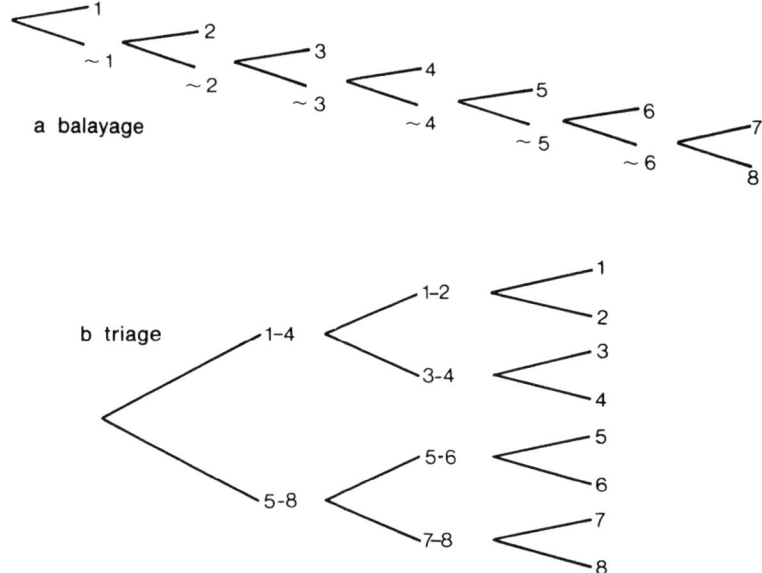

Figure 7. Illustration des processus de balayage sériel et de triage hiérarchique.

notre exemple, doubler N aboutit effectivement à n'ajouter qu'un seul pas. Il n'est pas indispensable, à première vue, que ces pas soient binaires (c'est-à-dire qu'il s'agisse toujours d'une sélection entre deux sous-ensembles), mais c'est néanmoins une position que l'on défendra si l'on pousse la logique du modèle jusqu'au bout. Si en effet les pas étaient, mettons, quaternaires, la question se poserait à nouveau de savoir si entre ces quatre éventualités (ou sous-ensembles) le choix se fait par balayage ou par triage, et la loi de Hick-Hyman nous amènerait évidemment à nous prononcer en faveur de la seconde hypothèse.

Comme nous l'avons dit, ce sont là des observations faites dans une épreuve de dénomination assez contraignante, et l'on peut se demander si la question se pose de la même manière quand il s'agit de sélectionner dans le lexique global de la langue. En fait, vu l'étendue de ce lexique, un balayage ne paraît même pas concevable dans ce cas, — à moins, naturellement, que le locuteur (ou l'interprète) n'ait à passer en revue qu'une portion limitée du lexique. Mais ceci signifierait qu'une grande partie du lexique aurait été préalablement écartée, ce qui nous renvoie à un processus de triage. Il semble donc que, d'une façon ou d'une autre, un certain triage soit inévitable, conformément à ce que suggère par ailleurs la loi de Hyman.

Si donc le triage hiérarchisé apparaît, pour les raisons que nous venons de dire et d'autres que nous exposerons plus loin, comme une procédure gouvernant la sélection des items lexicaux, nous devons en tirer dès maintenant une conséquence de la plus haute importance. La mise en œuvre d'un tel processus implique, en effet, que le sujet dispose d'une série de *critères* qui lui permettent de différencier les items. Supposons, à titre de comparaison, qu'il faille chercher dans un paquet de cartes à jouer, le roi de cœur. Si les cartes sont mélangées au hasard, il n'y a d'autre moyen que de les passer en revue, une à une, jusqu'à tomber sur la carte que l'on cherche : c'est un balayage. Il faudra retourner à cet effet environ 52/2 cartes en moyenne. Mais si nous avons un jeu de cartes dans lequel il existe des sous-ensembles préalables, il est possible de trouver le roi de cœur de façon plus rationnelle et plus rapide : nous pourrions avoir ainsi deux sous-ensembles groupant respectivement les rouges et les noires, et nous prendrions le premier de ces sous-ensembles ; dans le paquet ainsi retenu (qui ne contient plus que la moitié des cartes), nous pourrions avoir séparément les cœurs et les carreaux, et nous prendrions les cœurs (nous avons ainsi, en deux choix binaires, éliminé les 3/4 des cartes) ; parmi les cœurs, les cartes pourraient être rangées par valeurs croissantes, etc. C'est là un processus de triage. Mais il apparaît très clairement qu'un tel processus n'est possible que dans la mesure où les items sont préalablement groupés en sous-ensembles répondant à un certain nombre de critères, étant entendu que ces mêmes critères, dans le même ordre, doivent gouverner les pas successifs du processus de triage. Mais ceci revient à décomposer une carte comme « roi de cœur » en une série d'*attributs*, c'est-à-dire de traits distinctifs, tels que : « rouge » + « cœur » + « image » + « valeur supérieure », ou quelque chose de ce genre. Dans le cas des lexèmes, ceci revient à postuler l'existence d'unités infralexicales.

Nous reporterons cette importante question au chapitre suivant, car il nous faut d'abord compléter ce qu'il y a lieu de dire sur les diverses façons dont un processus de triage peut se concevoir.

Principes d'économie dans le triage

Nous venons de voir que les critères, et donc les étapes, du processus de triage dépendent étroitement de la façon dont les items ont été préalablement organisés. Or, les processus de triage présentent cet avantage sur les autres processus envisagés, qu'ils peuvent être organisés de façon plus ou moins économique. Par organisation économique, nous entendons une organisation qui *minimise le nombre moyen de pas* nécessaires pour sélectionner un item. Il faut à cet effet tenir compte des probabilités respectives des diverses éventualités. A partir de là, les règles à suivre pour réaliser l'organisation la plus économique ont été formulées par la théorie mathématique de l'information (pour les notions de base de cette théorie, appliquées aux sciences du comportement, on peut lire Edwards, 1964). Le principe en a été énoncé d'abord par Fano (1949, 1950): le nombre moyen de pas sera minimum si à tous les niveaux du triage les choix se font entre des branches dont les probabilités sont égales. Si, en particulier, nous avons affaire à une organisation binaire, chaque pas devra comporter une sélection entre deux branches dont les probabilités soient de 1/2.

Pour concrétiser quelque peu ce que nous venons de dire, reportons-nous à la figure 8. Si nous avons un répertoire de huit éventualités également probables, la solution binaire optimale est celle qui fugure en 8a; la solution en 8b est moins économique (on y observe deux entorses au principe de Fano), et en 8c figure la solution la moins économique qui soit, et qui coïncide d'ailleurs avec un processus de balayage (qui apparaît ainsi comme un cas particulier de triage). Et en effet, il est facile de dénombrer le nombre de pas requis pour chaque item, et de calculer le nombre *moyen* de pas nécessaires: il faut 3 pas en 8a, mais 3,25 en 8b, et non moins de 4,375 en 8c. Si en effet certains items sont plus rapidement accessibles en 8b ou en 8c qu'en 8a, il y a en contrepartie d'autres items qui le sont moins, et ces items sont les plus nombreux. Bien entendu, la solution optimale serait différente si nos 8 éventualités présentaient des probabilités inégales. Supposons que les probabilités soient les suivantes:

$$1/4 \quad 1/4 \quad 1/8 \quad 1/8 \quad 1/16 \quad 1/16 \quad 1/16 \quad 1/16$$

L'organisation qui figure en 8b devient alors la meilleure, comme on le voit en 8d, où le nombre moyen de pas ne vaut que 2,75. Il faut noter qu'il s'agit ici d'une moyenne pondérée: les items 1 et 2 requièrent 2 pas, mais sont sélectionnés chacun dans 1/4 des cas; les items 3 et 4 requièrent 3 pas, mais sont sélectionnés dans 1/8 des cas seulement; enfin, les items 5 à 8 requièrent 4 pas, mais ils sont très rarement sélectionnés. La longueur moyenne du processus est donc:

$$\frac{1}{4}.2 + \frac{1}{4}.2 + \frac{1}{8}.3 + \frac{1}{8}.3 + \frac{1}{16}.4 + \frac{1}{16}.4 + \frac{1}{16}.4 + \frac{1}{16}.4 = 2,75$$

Cet exemple montre que la solution économique implique que les items les plus probables soient accessibles le plus rapidement; les processus ne doivent être de longueur égale que si les items sont également probables (comme en 8a).

Si le lecteur nous a suivi jusqu'ici, il n'aura pas de peine à saisir quelques notions de base de la théorie de l'information, que l'on peut aisément greffer sur ce qui précède. La *quantité d'information* d'un item sélectionné, $I(i)$, se définit par le nombre minimum d'étapes binaires nécessaires, c'est-à-dire le nombre d'étapes binaires dans l'hypothèse d'une organisation du triage qui serait parfaitement économique. La formule en est:

$$I(i) = \log_2 \frac{1}{p(i)} \quad \text{(en bits)}$$

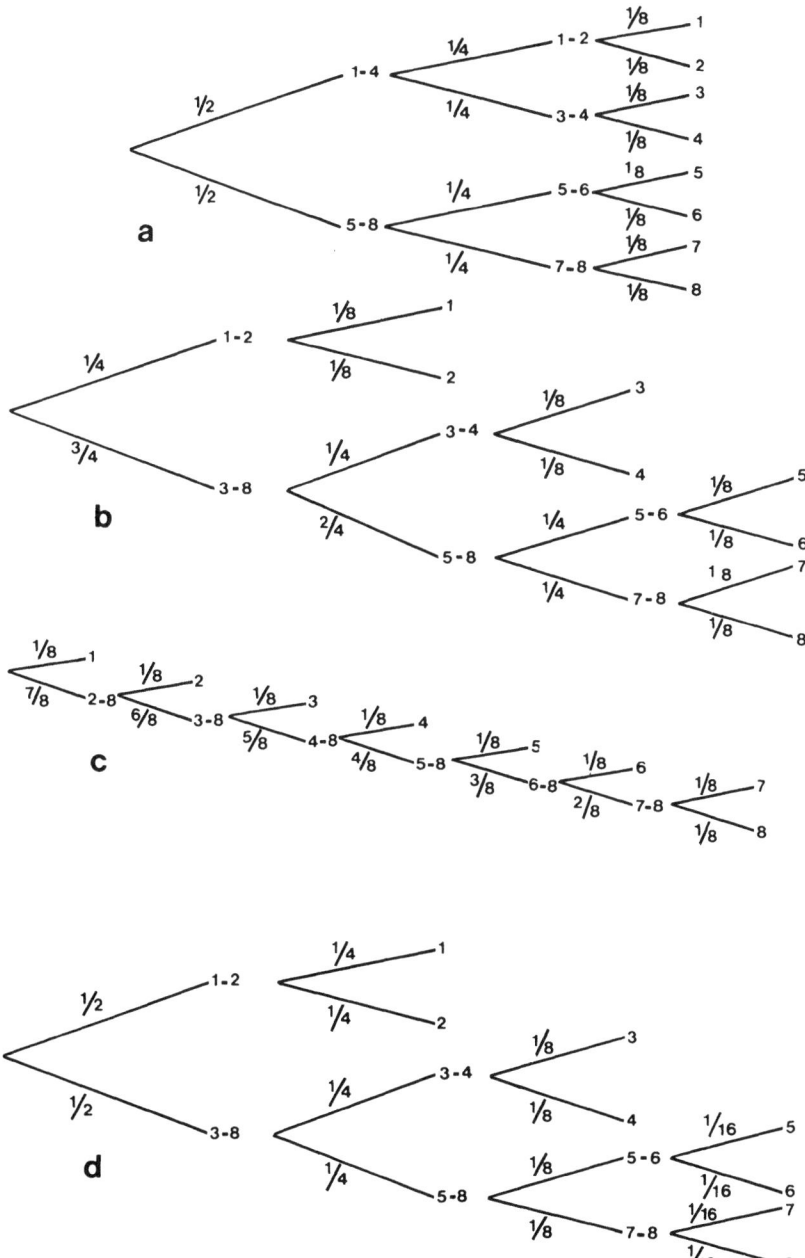

Figure 8. Diverses manières d'organiser le triage parmi 8 items; seuls les processus en a et en d sont parfaitement économiques.

où *p(i)* est la probabilité de sélection de l'item *i*. Lorsque tous les éléments sont équiprobables, ceci implique qu'ils demandent tous le même nombre d'étapes, comme c'est le cas dans la figure 8a ; les 8 éléments ont, en l'occurrence, une probabilité de 1/8, et la formule donne ainsi :

$$I(i) = \log_2 8$$

soit 3 étapes, ce qui est bien le cas. D'autre part, l'*incertitude* d'un répertoire se définit comme étant le nombre moyen d'étapes nécessaires pour sélectionner un élément quelconque dans ce répertoire, toujours dans l'hypothèse d'une organisation parfaitement économique. Il s'agit donc de la moyenne des informations $I(i)$; mais d'une moyenne pondérée, puisqu'il est possible que les divers éléments soient sélectionnés avec des probabilités inégales. La formule en est donc :

$$H(x) = \Sigma \; p(i).I(i) \qquad \text{(en bits)}$$

L'unité d'information, le *bit* (contraction de « binary digit »), correspond ainsi au pas binaire portant sur deux branches équiprobables. Il est à noter que le caractère binaire n'est postulé ici que par simple commodité ; toutes les relations énoncées dans la théorie de l'information resteraient valables si les pas comportaient un plus grand nombre de branches, à la grandeur de l'unité près.

L'économie à l'œuvre dans les sélections lexicales

Ce qui précède suggère diverses expériences sur le temps de dénomination verbale, avec des stimuli (et donc des réponses) inégalement probables. Si l'on fait l'hypothèse que le processus de triage est organisé de façon optimale, il faut en déduire que, pour *N* constant, le temps moyen pour l'ensemble des réponses doit être une fonction linéaire de l'incertitude *H(x)*, c'est-à-dire du nombre moyen de pas nécessaires. C'est ce que confirmèrent des résultats devenus classiques de Hyman (1953). Par ailleurs, comme l'information *I(i)* de chacun des items correspond au nombre de pas requis pour sélectionner cet item, la même hypothèse implique une relation linéaire entre le temps *T(i)* pour un item *i* donné et cette information *I(i)*, soit

$$T(i) = \log \frac{1}{p(i)}.$$

En d'autres termes, il est prédit que les items seront d'autant plus rapidement accessibles qu'ils sont sélectionnés plus fréquemment, et qu'on aura entre ces deux variables une relation logarithmique.

On a pu vérifier cette prévision dans des épreuves portant sur la sélection d'items dans le lexique global de la langue, grâce à l'existence de tables fournissant une estimation des fréquences relatives des mots. De nombreuses tables ont été établies, pour diverses langues, et nous ne mentionnerons ici que celles qui concernent la langue de l'adulte.

Pour le français, il se fait que les deux premiers relevés de fréquences sont dus à des chercheurs américains: le « French Word Book » de Henmon (1924), basé sur le dénombrement de 400.000 mots tirés de textes écrits pour la plupart par des auteurs français du 19e siècle, et le Dictionnaire de Vander Beke (1935), fondé sur le relevé de 1.147.748 mots tirés de textes nettement plus diversifiés. Des statistiques plus récentes sont dues à Gougenheim et ses collaborateurs (publiées en 1956, revues en 1964); elles présentent la particularité de porter sur le français parlé le plus courant qui soit: des conversations émanant de 275 locuteurs enregistrées à leur insu dans les conditions les plus diverses de la vie quotidienne. Le dépouillement porta sur 312.135 mots, dont 7.995 mots différents. La liste de Gougenheim donne les 1.063 mots les plus fréquents, avec indication de leur fréquence et de leur « répartition », c'est-à-dire du nombre d'extraits dans lesquels ils ont été observés. Voici, à titre documentaire, les dix mots les plus fréquents qui figurent en tête de la liste, ainsi que les fréquences de ceux qui occupent les 100e, 200e... jusqu'à la 1.000e place:

1 être (verbe)	14.083	100 trouver	439
2 avoir	11.552	200 pendant	181
3 de	10.503	300 cinquante	101
4 je	7.905	400 autrement	73
5 il(s)	7.515	500 tout à l'heure	55
6 ce (pronom)	6.816	600 appartement	43
7 la (art.)	5.374	700 bref (interj.)	35
8 pas (nég.)	5.308	800 bonjour	27
9 à (prépos.)	5.236	900 souffrir	25
10 et	5.082	1000 expérience	21

Il convient de prendre ces fréquences pour des approximations assez rudimentaires, non seulement à cause de l'ampleur relativement réduite des dénombrements statistiques, mais aussi parce qu'il n'est guère possible d'éviter un certain arbitraire en établissant la liste des entrées répertoriées. Il n'est pas facile de trouver un critère satisfaisant pour décider du caractère monosémique d'une entrée lexicale; si des homonymes comme *neuf* (nombre) et *neuf* (adjectif) sont évidemment traités comme des mots distincts, on ne trouve qu'une seule entrée pour *bureau* (meuble et local).

Quoi qu'il en soit, de telles tables permettent de monter des expériences pour examiner si, au moins approximativement, les mots les plus fréquents sont aussi les plus disponibles, et même, conformément à ce qui précède, si le temps de dénomination est une fonction linéaire de $\log 1/p$. Il nous paraît intéressant de citer à cet égard une recherche de Oldfield et Wingfield (1964). Les auteurs choisissent 26 noms d'objets correspondant à diverses fréquences dans la table de Thorndike (1921). Deux dessinateurs représentent ces objets de la façon la plus reconnaissable, et les deux séries de dessins ainsi réalisés sont présentées à deux groupes équivalents de sujets, avec la consigne de dire le plus rapidement possible le mot correspondant. Bien que les données originales ne soient pas présentées sous cette forme, la figure 9, qui est tirée de ces résultats, montre que la latence est une fonction linéaire directe de l'information du mot à fournir, calculée à partir de sa fréquence relative.

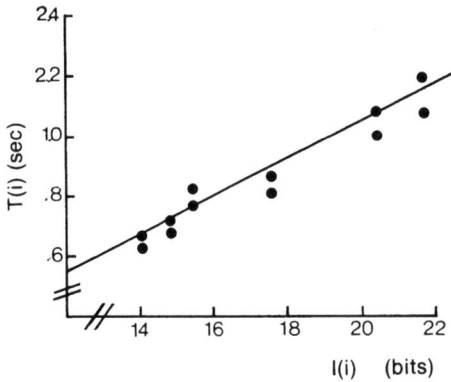

Figure 9. Temps de dénomination verbale en fonction de l'information des mots à fournir (modifié d'après Oldfield et Wingfield, 1964).

La façon dont les temps se répartissent sur les divers mots en fonction de leur fréquence d'occurrence — des temps plus brefs pour les mots plus fréquents, de manière à minimiser le temps moyen par mot —, est vraisemblablement un cas particulier d'un principe plus général d'économie dans l'utilisation des formes verbales. Dans sa formulation générale, on pourrait dire qu'il s'agit de minimiser le *coût* moyen par mot. Le temps qu'il faut pour sélectionner les mots devient alors un des aspects de ce coût. Un autre aspect pourrait être le coût articulatoire, c'est-à-dire l'effort à faire pour émettre les mots. Si les principes que nous venons de définir s'appliquent plus largement, il devrait s'ensuivre que les mots les plus fréquents devraient être aussi les plus courts, et même, que la longueur d'un mot devrait être fonction du logarithme de l'inverse de sa fréquence, de manière à minimiser la longueur moyenne par mot et donc la longueur moyenne des énoncés verbaux.

Effectivement, c'est un fait d'observation courante que les mots très fréquents sont généralement cours; lorsque l'usage d'un mot se répand, ce mot s'atrophie (que l'on songe à «voiture automobile», devenu «automobile» puis «auto») ou se remplace par des initiales. Ceci donne à penser que le codage lexical est un codage optimal, ou tend du moins à en être un, compte tenu de ce qu'il appelle de constantes révisions. Guiraud (1960) a examiné la relation entre fréquence et longueur de manière plus systématique, à partir de la table de Vander Beke. Il a pris huit groupes de dix mots successifs, dont le rang moyen s'échelonne du rang 100 au rang 6.000; les fréquences moyennes de ces groupes vont de 500 à 5 (tableau I). On observe d'emblée que la longueur (calculée ici en nombre de phonèmes) est inversement proportionnelle à la fréquence. Conformément à l'hypothèse, la relation entre longueur et information s'approche assez d'une relation linéaire.

Tableau I. Relation entre fréquence et longueur des mots (modifié d'après Guiraud, 1960)

rang	$n(i)$	$I(i)$	$L(i)$
100	500	11,26	3,50
500	150	13,00	4,37
1000	75	14,00	5,26
2000	33	15,19	5,75
3000	16	16,23	5,95
4000	12	16,65	6,00
5000	9	17,06	6,12
6000	5	17,91	6,30

Les statistiques auxquelles on s'est livré concernant la fréquence des mots ont donné lieu à une autre observation qui nous intéresse directement ici. Si l'on assigne au mot le plus fréquent le rang 1, au mot suivant le rang 2, et ainsi de suite, il s'établit entre la fréquence f (ou la fréquence relative p) et le rang r une relation telle qu'en multipliant la fréquence par le rang on obtient une constante :

$$f.r = C \quad \text{ou} \quad f = C \frac{1}{r}$$

Cette curieuse relation est connue sous le nom de « loi de Zipf » (1949); elle fut trouvée par cet auteur à partir de statistiques sur de nombreuses langues. Par exemple, pour le français, dans la table de fréquences de Henmon :

le 100e mot est observé 314 fois, d'où f.r = 31.400;
le 200e mot est observé 158 fois, d'où f.r = 31.600;
le 500e mot est observé 64 fois, d'où f.r = 32.000;
le 1000e mot est observé 31 fois, d'où f.r = 31.000.

L'équation qui précède étant la formule d'une hyperbole équilatère, si l'on exprime les deux paramètres sous forme logarithmique, on obtient une relation linéaire, de pente négative et égale à l'unité, puisque la formule devient :

$$\log f + \log r = c \quad \text{ou} \quad \log f = c - \log r$$

Mais les recherches ultérieures ne confirmèrent pas toujours la loi de Zipf dans la formulation fort simple que ce dernier lui avait donnée. Selon Mandelbrot (1954, 1957), il y a lieu d'introduire dans la formule deux paramètres supplémentaires de manière à en accroître la généralité :

$$f = C \frac{1}{(r+\varrho)^\beta} \quad \text{ou} \quad \log f = c - \beta \log (r+\varrho)$$

Le paramètre ϱ introduit une correction que l'on apporte à r pour rendre compte de l'aplatissement qui apparaît souvent dans la région des fréquences les plus élevées (fig. 10); ce correctif devient négligeable au fur et à mesure que r croît. Le paramètre β indique la pente, qui n'est pas toujours égale à l'unité (c'est-à-dire coïncidant avec la diagonale), bien qu'elle en soit généralement fort proche. La relation que l'on peut tirer de la table de Gougenheim et al. (1964) correspond à cette formule généralisée, avec $\varrho = 7$ et $\beta = 1,3$.

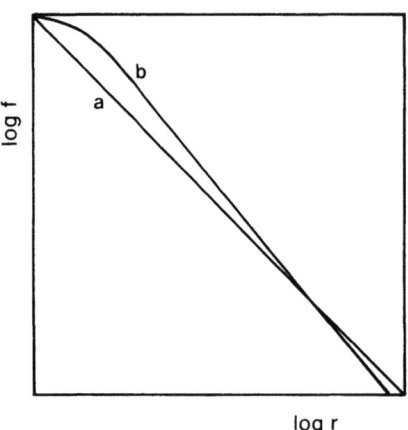

Figure 10. Relation rang-fréquence, d'après Zipf (en a) *et Mandelbrot (en* b).

La relation rang-fréquence a reçu diverses interprétations, qui ont tout de même en commun qu'elles font appel, d'une manière ou d'une autre, à l'idée que les sélections lexicales sont régies par un principe d'économie. Si l'équation de Zipf-Mandelbrot nous intéresse ici, c'est parce qu'elle présente la propriété remarquable de pouvoir être déduite d'un processus de triage hiérarchisé. Nous n'exposerons pas le modèle dans sa formulation générale, qui nous mènerait trop loin. Nous l'illustrerons seulement par un cas tout à fait élémentaire.

Supposons que la sélection des lexèmes se fasse par une séquence de pas binaires, que le nombre k de pas soit variable d'un mot à l'autre, et que le processus soit parfaitement économique, donc que chaque pas représente une sélection entre deux branches équiprobables. Alors, il s'établit nécessairement entre r et f (ou p) une relation qui est conforme à la loi de Zipf-Mandelbrot, et avec une valeur de 1 pour la pente β. Voyons simplement comment les choses se présentent pour les mots les plus fréquents, c'est-à-dire ceux qui occupent les premiers rangs. Puisque les pas sont supposés binaires, deux mots pourraient être accessibles au moyen d'un seul pas ($k = 1$); ils auraient les rangs 1 et 2, soit le rang moyen 1,5, et, comme les branches dont censées équiprobables, ils auraient des probabilités de 1/2 (toutes les probabilités devraient être divisées par une constante de manière à ce que la somme des probabilités de tous les mots soit égale à 1, mais nous pouvons négliger ici ce facteur de proportionnalité). Ensuite, quatre mots seraient accessibles au bout de deux pas; ils occuperaient les rangs 3 à 6, soit le rang moyen de 4,5, et auraient une probabilité de 1/4. De même, huit mots seraient accessibles au bout de 3 pas (que l'on se rapporte à la figure 8a); leur rang moyen serait de 10,5 et leur probabilité de 1/8. Si nous continuons de la sorte, nous obtenons ce qui suit :

k :	1	2	3	4	5	...
r :	1,5	4,5	10,5	22,5	46,5	...
p :	1/2	1/4	1/8	1/16	1/32	...

La relation entre r et p obéit à la formule suivante :

$$p = 1,5 \frac{1}{r + 1,5}$$

qui est bien la relation de Zipf-Mandelbrot, avec $\beta = 1$ et $\varrho = 1,5$. Par exemple, pour $k = 3$, cela donne :

$$p = 1,5 \frac{1}{10,5 + 1,5} = \frac{1}{8}$$

On peut montrer que la forme de la relation n'est pas modifiée si les pas ne sont pas binaires, ou encore, si toutes les positions dans l'arbre du triage ne sont pas occupées par des lexèmes (pour autant que les lacunes se répartissent uniformément); en revanche, si les branches ne sont pas équiprobables, c'est-à-dire si le processus n'est pas parfaitement économique, β tend à devenir supérieur à 1.

Nous en resterons là dans l'évocation de ces travaux qui, pour la plupart, remontent aux années cinquante. En leur consacrant ces quelques pages, nous avons voulu montrer qu'ils apportent, sinon une preuve formelle, du moins un faisceau de présomptions remarquablement convergent à l'appui de la double idée que les sélections lexicales se font par un processus de triage hiérarchisé, et que l'organisation très particulière des items qu'une telle procédure implique, sous la forme de sous-ensembles lexicaux emboîtés les uns dans les autres, tend à les rendre récupérables de la manière la plus économique. Ces travaux n'avaient pas toujours été entrepris dans cette perspective, mais telle semble bien être leur portée actuelle.

Décisions lexicales et jugements perceptifs

Pour comprendre plus avant de quoi peuvent être faits les pas qui, partant de données non verbales, mènent à la sélection d'un item lexical, nous pouvons nous tourner maintenant vers les recherches sur la formation et l'utilisation des concepts (Hunt, 1962), sur la découverte et le recours aux invariants dans l'identification des formes (Selfridge, 1959; Dodwell, 1970), ainsi que sur les processus d'analyse par synthèse (voir par exemple Norman, 1969).

Les stimuli auxquels le sujet se trouve confronté se différencient généralement les uns des autres par des caractéristiques multiples, telles que la couleur, la forme, le poids, etc. Il y a naturellement des dimensions qu'il ne discrimine pas, surtout si elles sont fort nombreuses; mais parmi les dimensions dont il identifie les valeurs, il en est qui déterminent son comportement plus que d'autres: les recherches sur l'attention sélective (Broadbent, 1971; Treisman, 1969) ont montré que le sujet peut en effet attacher aux diverses propriétés d'un stimulus des taux inégaux d'importance, de façon que sa réponse à ce stimulus dépendra davantage de certaines d'entre elles. A la limite, des dimensions peuvent se voir attribuer une importance nulle, si bien que la réponse n'en dépend aucunement. Un sujet appelé à transporter des objets divers pourra, par exemple, régler son comportement en fonction du poids de ces objets, portant les uns à bout de bras, traînant les autres à même le sol, sans égard pour leur couleur pourtant parfaitement identifiable.

Ceci revient à répondre aux stimuli en tant qu'ils appartiennent à une *classe* ou à une *catégorie*. Il est en effet possible de répondre de façon similaire à des stimulations différentes, dès lors qu'il n'est tenu compte que de certains caractères communs, et c'est là un processus dont l'importance peut être difficilement surestimée. S'il n'était pas possible de prélever certaines propriétés et d'en négliger d'autres, toutes les situations qui se présentent au sujet seraient nouvelles, car une même situation ne se répète jamais identiquement *à tous égards*. Le sujet ne pourrait donc jamais rapporter une situation à son expérience antérieure (qui resterait au demeurant inorganisée), et son environnement lui apparaîtrait comme dramatiquement imprévisible. En fait, dès lors qu'une stimulation peut être interprétée comme la combinaison d'un nombre limité de propriétés, et que de telles combinaisons peuvent être stockées en mémoire, le sujet se constitue un ensemble nombreux et plus ou moins judicieux de telles combinaisons, sous la forme d'une véritable «grille de référence», relativement stable mais modifiable néanmoins, au travers de laquelle il appréhende son expérience. Un concept n'est rien d'autre qu'une telle combinaison de propriétés.

En quoi ceci peut-il éclairer les processus de la dénomination verbale? Observons d'abord que le signifié d'une unité lexicale ne peut être qu'un concept, comme le soulignait déjà Saussure (1915). La langue étant un instrument de communication, elle doit être commune aux membres d'une communauté, ce qui exige une relative stabilité; les éléments de la langue ne sauraient donc s'appliquer à des événements singuliers, mais seulement à des événements récurrents, ou, plus exactement, à ces propriétés des événements qui sont récurrentes, c'est-à-dire en définitive à la grille de référence. Le signifié d'une unité lexicale comme *table* ne saurait être aucune table en particulier, mais le concept de table, c'est-à-dire la combinaison des propriétés que l'on peut attribuer à tous les objets de cette classe, en négligeant ce qui par ailleurs peut différencier les tables les unes des autres. Observons aussi que si toutes les unités lexicales correspondent à des concepts, il n'est pas nécessaire de postuler que tous les concepts que nous utilisons dans la gestion de notre comportement aient une dénomination lexicale; mais on peut s'attendre à ce qu'une telle dénomination soit attribuée au moins aux plus courants, et surtout à ceux qui font l'objet d'échanges dans la vie sociale.

Que le signifié d'un lexème soit un concept, et qu'un concept corresponde à un faisceau d'attributs, voilà qui rejoint entièrement l'idée que la sélection d'un item lexical passe par un ensemble de décisions partielles. On est conduit à penser, en effet, que face à une stimulation non verbale, le sujet s'emploie à lui appliquer un certain nombre de «tests» visant à déterminer la valeur (ou simplement la présence ou l'absence) d'un certain nombre d'attributs. Le choix de ces tests sera fonction des faisceaux d'attributs dont le sujet dispose dans sa grille de référence, ce qui revient à dire que les catégories de référence, qui sont certes le résultat de l'analyse perceptive, fourniront réciproquement au sujet des hypothèses gouvernant à leur tour cette analyse. Le résultat de cet ensemble de jugements perceptifs déterminera l'usage de tel item lexical, pour autant qu'il coïncide avec la combinaison d'attributs qui le définit.

Miller et Johnson-Laird (1976) ont tenté d'expliciter ce processus dans une vaste entreprise qu'ils proposent de désigner par le terme de «psycholexicographie». Dans leur formulation, l'activité perceptive aboutit à poser un certain nombre de jugements sur le stimulus, qui peuvent être exprimés sous la forme de propositions. Voici quelques exemples de telles propositions, présentées sous la forme adoptée au chapitre I, et accompagnées d'une brève explicitation en termes courants :

ABOVE (x, y)	x est plus haut que y
BETW (x, y, z)	y est entre x et z
CAUSE (e, e')	l'événement e est cause de e'
CUBE (x)	x est un cube
EXTSURF (x, y)	x a comme surface extérieure y
INTSURF (x, y)	x a comme surface intérieure y
LATER (t, t')	le moment t vient plus tard que t'
PATH (x, ϱ)	x se meut sur la trajectoire $ϱ$

PPRT (x, y)   *x* a comme partie propre *y*
RED (x)   *x* est rouge
TRAVEL (x)   *x* change de place

En présence d'une stimulation, le sujet est supposé tester un certain nombre de telles propositions, et les résultats de ces tests (mettons, pour simplifier, qu'ils s'expriment sur un mode binaire par *oui* ou *non*) détermineront la dénomination lexicale appropriée. Pour formaliser ce processus, les auteurs adoptent la technique des «decision tables» empruntée à Pollock (1971). Supposons que nous ayons trois tests binaires: leurs résultats peuvent nous fournir (au maximum) 8 combinaisons différentes, et chaque combinaison peut correspondre (mais ne doit pas nécessairement correspondre) à une dénomination lexicale spécifique; nous aurions alors une «decision table» qui aurait l'allure suivante (O = oui, N = non):

test 1:	O	O	O	O	N	N	N	N
test 2:	O	O	N	N	O	O	N	N
test 3:	O	N	O	N	O	N	O	N
décision lexicale:	A	B	C	D	E	F	G	H

Voici, par exemple, comment se présenterait une table qui gouvernerait la sélection, en anglais, des pronoms personnels désignant des personnes (nous les prenons seulement au nominatif et négligeons l'opposition du genre qui demanderait un test supplémentaire):

locuteur (x)?	O	O	O	O	N	N	N	N
interlocuteur (x)?	O	O	N	N	O	O	N	N
tierce personne (x)?	O	N	O	N	O	N	O	O
une seule personne (x)?	(N)	(N)	(N)	(O)	(N)	O	N	O
décision lexicale:								
we	x	x	x					
I				x				
you					x	x	x	
he								x
they								x

Bien que certains tests s'avèrent prévisibles à partir d'autres (notamment ceux qui figurent entre parenthèses), cette façon de formaliser le processus présente l'avantage, aux yeux des auteurs, d'autoriser que les tests se fassent dans n'importe quel ordre, voire en parallèle. Mais si 3 tests binaires peuvent donner 2^3 issues différentes, 10 tests peuvent en donner 2^{10}, soit 1024, et 20 tests peuvent en donner plus d'un million. Les auteurs préconisent dès lors de scinder les «decision tables», de telle manière que l'application des premiers tests se solde, non par une décision lexicale, mais par la décision d'appeler une «decision table» relative à un sous-ensemble lexical particulier. Tel est d'ailleurs déjà le cas de l'exemple que nous avons reproduit plus haut, puisque cette table est seulement relative à certains pronoms personnels. Voici comment les tables s'agenceraient les unes par rapport aux autres:

table relative à: FURNITURE (x)

PPRT (x, seat)?	O	N	N	...
PPRT (x, worktop)?		O		...
INTSURF (x, y) & EXTSURF (x, z)?		N	O	...
décision:				
appeler table *seat (x)*	x			
appeler table *table (x)*		x		
appeler table *cupboard (x)*			x	
...				...

Il est bien entendu que la décision d'appeler la table FURNITURE doit, d'une manière ou d'une autre, résulter de l'application de tests antérieurs, et que, de même, les tables SEAT, TABLE, CUPBOARD, etc. peuvent, à leur tour, amener le sujet à appeler d'autres tables relatives à des sous-ensembles lexicaux plus spécifiques encore. Dans une telle représentation, l'ordre dans lequel les pas doivent être exécutés subit de sévères contraintes, et le processus doit être au moins partiellement séquentiel.

La boucle est ainsi bouclée, car nous en revenons à l'idée que la sélection lexicale consiste, par une séquence de décisions, à restreindre pas à pas l'étendue du lexique, ainsi que le suggéraient par ailleurs les expériences sur le temps de dénomination qui ouvraient ce chapitre.

Chapitre III
Les attributs sémantiques

Nous venons de passer en revue un certain nombre de résultats expérimentaux, relatifs à la sélection d'un item dans le lexique en réponse à des données perceptives non verbales. On a tenté de rendre compte de ces observations en faisant appel à un modèle qui postule que la sélection d'un item peut être décomposée en une séquence de sélections plus élémentaires ayant pour effet de circonscrire progressivement la « région » lexicale concernée.

Encore faut-il que de telles régions puissent être décrites dans le lexique tel qu'il est stocké par les sujets, et c'est là une question actuellement très débattue. Comme nous l'avons montré plus haut, cela revient, en effet, à considérer que chaque unité lexicale est décomposable en une séquence d'attributs ou de traits distinctifs, c'est-à-dire à considérer qu'il existe des unités infra-lexicales :

$$\text{lex} = [a_1]\ [a_2]\ [a_3]\ ...$$

de telle manière que la sélection d'une unité lexicale *lex* implique d'abord la sélection du sous-ensemble des unités qui présentent l'attribut a_1, puis, parmi celles-ci, la sélection du sous-ensemble des unités présentant l'attribut a_2, et ainsi de suite jusqu'à n'avoir plus qu'un seul lexème.

Comme le remarque Weinreich (1972), il faudra, dans cette optique, distinguer trois types d'attributs : des attributs *sémantiques*, qui caractérisent le signifié, des attributs *phonémiques*, qui caractérisent le signifiant, à quoi il faut ajouter des attributs *syntaxiques*, qui déterminent la capacité qu'a le lexème d'occuper telle ou telle position dans une structure syntaxique. Nous aurons affaire aux attributs syntaxiques quand nous examinerons l'organisation de la phrase; nous nous pencherons sur les attributs phonémiques au chapitre IV. Il ne sera donc question ici que des seuls attributs sémantiques, dont le rôle en tant que critères de sélection doit être particulièrement important. Contrairement à la décomposition phonémique que personne ne met en cause, le principe d'une décomposition du signifié suscite des controverses; elle rejoint certaines orientations de la recherche en linguistique connues sous le nom d'analyse componentielle (par exemple Katz et Fodor, 1963; Greimas, 1966).

Méthodes empiriques d'analyse componentielle

Aux yeux d'un psychologue, il va de soi que les «régions» que pourraient former les concepts lexicaux en mémoire sont tributaires de l'ensemble des expériences verbales et non verbales au travers desquelles le sujet s'élabore un système conceptuel de référence. On considère donc qu'il s'agit d'une organisation individuelle, qui doit être approchée par une démarche relevant davantage de l'épreuve psychologique que de l'analyse proprement linguistique. Cependant, on peut croire que cette organisation, étant d'origine largement sociale et notamment verbale, présente pas mal de similitudes d'un sujet à l'autre, et que les épreuves administrées à des groupes de sujets peuvent en dégager les lignes principales. Dès lors, diverses méthodes empiriques ont été imaginées pour mettre de telles organisations en évidence. Elles ne sont certes pas interchangeables. Les pages qui suivent ont pour objet d'en montrer quelques-unes à l'œuvre, en indiquant au passage certaines de leurs limites.

Les approches qui seront décrites ont plusieurs points communs. Et d'abord, il va de soi qu'aucune n'est à même d'explorer d'un seul tenant le lexique tout entier; les méthodes qui suivent sont applicables à des sous-ensembles lexicaux de quelques dizaines d'éléments, au-delà de quoi elles deviennent impraticables. Les critères utilisés pour en déterminer la liste dépendent presque uniquement de l'objet de la recherche. Le plus souvent, on réunira de la sorte les items faisant partie d'un même paradigme, c'est-à-dire substituables les uns aux autres dans des énoncés, puisqu'il s'agit précisément de voir quels sont les critères qui gouvernent les sélections lexicales dans la production et l'interprétation du discours.

Une fois les items réunis, la démarche à suivre comprend deux étapes. La première vise à obtenir, par une épreuve empirique appropriée, des indices quantitatifs indiquant le degré de liaison (ou inversement de non-liaison ou de «distance») entre les items deux à deux. On évitera les épreuves faisant appel au jeu des associations verbales, telles que les épreuves d'associations libres (Deese, 1965) ou les épreuves de disponibilité, que nous avons décrites au chapitre I. Il n'est pas sûr que toute liaison associative soit une liaison sémantique; elle peut être due à des contiguités spatio-temporelles répétitives, voire à des ressemblances phonémiques. Pour que les liaisons obtenues soient réellement des liaisons sémantiques, il faut qu'elles soient dérivées d'une épreuve où les items soient analysés et comparés par les sujets du point de vue du sens.

Une des tâches les plus faciles et les plus rapides à cet égard est l'épreuve de triage (*sorting technique*) imaginée par Miller (1969; trad. franç. in Mehler et Noizet, 1974). On dactylographie chaque item lexical sur une fiche, on les mélange, et on les présente au sujet en lui demandant de les trier, de manière à former des «piles» regroupant les items sur base de leur similarité de sens. Il est entendu que c'est au sujet qu'il revient de déterminer le nombre de piles différentes, ce nombre étant fonction des critères sémantiques qu'il utilise et de la façon dont il les combine. Après avoir récolté les classements d'un groupe de sujets, il est possible d'obtenir, pour chaque paire d'items, un indice de liaison. Cet indice est calculé en prenant simplement la fréquence (ou la fréquence relative) avec laquelle les deux mots ont été placés dans la même pile.

Dans les illustrations qui suivent, nous utiliserons une autre tâche (Costermans, 1978; Costermans et Piérart, 1978; voir aussi Fillenbaum et Rapaport, 1971). Avec les items à étudier, on forme toutes les paires possibles, et on les dispose par écrit dans un ordre de succession aléatoire. A chaque paire est jointe une case vide, dans laquelle le sujet est invité à inscrire un chiffre de 1 à 5, étant entendu que «1» veut dire que les deux items sont jugés «très semblables», que «5» veut dire qu'ils sont jugés «très dissemblables», et que les autres échelons correspondent à des degrés intermédiaires. Après avoir présenté cette tâche à un groupe de sujets, on peut calculer la dissimilitude moyenne entre les items de chaque paire : on obtient donc des différences sémantiques, c'est-à-dire des non-liaisons.

Quelle que soit la technique utilisée, les scores obtenus peuvent être disposés dans une matrice triangulaire (triangulaire parce que symétrique, la liaison ou la distance obtenue pour A-B étant égale à celle obtenue pour B-A). La seconde étape consiste alors à utiliser des procédures mathématiques, quelquefois fort simples, quelquefois assez sophistiquées, pour dégager de cet ensemble d'indices parcellaires une structure globale graphiquement représentable, et, si possible, interprétable en termes d'attributs. Ces méthodes peuvent se ranger en deux grandes catégories : celles qui relèvent de *l'analyse des grappes* et celles qui relèvent de *l'analyse multi-dimensionnelle*. Elles ont chacune leurs indications et leurs contre-indications. Pour éviter d'entrer dans des discussions qui ne manqueraient pas d'être très techniques, nous en donnerons simplement le principe, accompagné d'un exemple.

L'analyse des grappes

Si nous disposons d'une matrice de distances (ou de liaisons) sémantiques, une manière élégante d'en tirer une représentation intégrée des relations entre les items est de lui appliquer l'analyse des grappes, mieux connue sous le nom de *cluster analysis*, ainsi que le préconise Miller (1969). Elle donne une représentation de l'organisation lexicale sous la forme d'un arbre. La figure 11 présente le principe de la méthode au moyen d'un petit exemple chiffré.

Supposons que l'étude porte sur trois items seulement, qui pourraient être les concepts lexicaux *père*, *mère* et *enfant*. Si l'on demande à des sujets d'évaluer les dissimilitudes entre ces items deux à deux, les scores moyens pourraient être les suivants:

père -mère : 2
père -enfant : 4
mère-enfant : 4

Ces «distances» peuvent être placées dans une matrice triangulaire, comme on le voit en 11 a. Nous groupons maintenant les deux items les plus liés: il s'agit de *père* et *mère* (au score 2); puis, comme la distance entre *père* et *enfant* vaut 4, et que la distance entre *mère* et *enfant* vaut également 4, nous considérons que la distance entre la grappe *père-mère* et l'item *enfant* vaut 4. Nous obtenons ainsi l'arbre qui figure en 11 b. Cet arbre traduit fidèlement les données de la matrice, car une distance entre deux items correspond au score attaché à la branche la plus élevée qu'il est nécessaire de parcourir pour passer de l'un à l'autre.

Nous tenterons maintenant d'interpréter l'arbre obtenu en termes d'attributs sémantiques. A cet effet, nous avons à le lire de gauche à droite. Nous observons que l'ensemble lexical étudié subit une pre-

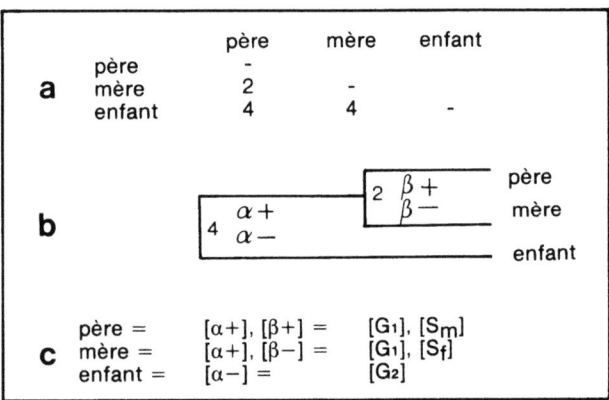

Figure 11. Principe de l'analyse des grappes: (a) matrice des distances, (b) représentation en arbre, (c) interprétation en termes d'attributs.

mière partition en deux sous-ensembles, formés de *père-mère* d'une part, d'*enfant* de l'autre, et nous pouvons identifier une première dimension différenciant les items du champ lexical; appelons-la *génération*, dimension binaire dont les deux pôles seront appelés G_1 et G_2. Nous voyons ensuite que l'un des sous-ensembles ainsi obtenus subit une seconde partition, sur la base de ce qui pourrait être un critère de *sexe*, dimension également binaire présentant les pôles masculin et féminin, S_m et S_f. Chacun de nos items lexicaux peut dès lors être noté sous la forme d'une séquence ordonnée d'attributs, comme on le voit en 11 c.

Bien entendu, il s'agit ici d'un exemple simpliste; les lexèmes sont normalement plus nombreux, et les distances ne sont pas toujours parfaitement compatibles les unes avec les autres. Il s'agit alors, par une procédure exécutée sur ordinateur, de dégager la représentation en arbre la mieux en accord avec l'ensemble des scores de la matrice. Il existe une panoplie de techniques à cet effet (Everitt, 1974, en présente un panorama très accessible). L'une des plus simples et des plus courantes est celle de Johnson (1967), que nous avons utilisée dans l'exemple qui suit (dans sa version dite «du diamètre»). La technique de Johnson présente l'avantage qu'il s'agit d'une procédure ordinale, c'est-à-dire que les partitions successives dépendent seulement du rangement des scores, et non de leurs valeurs absolues; il suffit donc de postuler que les scores que l'on a calculés présentent avec les distances sémantiques une relation monotonique, sans qu'il soit nécessaire d'en savoir davantage sur la forme de cette relation.

Pour la recherche qui servira à illustrer la démarche que l'on vient de décrire, nous avons réuni un ensemble de déterminants du nom que l'on range traditionnellement dans les catégories des articles et des indéfinis. L'analyse des grappes effectuée sur les distances sémantiques a fourni un arbre, dont la figure 12 présente une version schématisée et déjà étiquetée (Costermans, 1978).

Dominant toute la classification, nous observons une opposition que nous avons baptisée *négatif/positif* et qui isole *aucun-nul-pas un*. Un critère *singulier/pluriel* vient ensuite partitionner les positifs; il est à remarquer que *chaque* et *tout* figurent, à juste titre, parmi les pluriels dans cette classification sémantique. Puis, les singuliers comme les pluriels sont partitionnés par une opposition que nous avons appelée *défini/indéfini*. Les pluriels définis se séparent alors en deux sous-groupes, que nous avons nommés (suivant en cela Greimas) les *collectifs* (*les, tous les*) et les *distributifs* (*chaque, tout*). Quant aux indéfinis, leur organisation est plus complexe. On a des indéfinis dits *généraux* (*des, je ne sais quels, n'importe quels*), en ce sens qu'ils désignent une partition de l'univers de référence sans aucunement indiquer laquelle, alors que les autres y introduisent certaines *restrictions*, soit sur l'*identité* (*certains*), soit sur la *similarité* (*différents, divers*), soit sur la *quantité* (*plus d'un, quelques* opposés

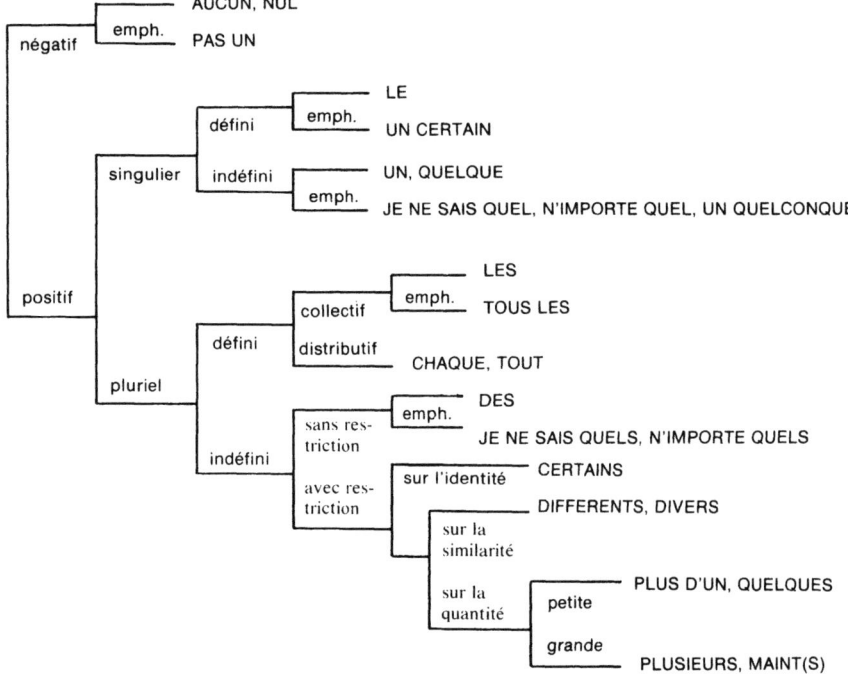

Figure 12. Représentation schématique d'une analyse des grappes appliquée à un ensemble de déterminants du nom, avec une interprétation en termes d'attributs sous la forme d'un étiquetage des branches (d'après Costermans, 1978).

à *plusieurs, maint-maints*). Enfin, de nombreux déterminants présentent une version *emphatique* à côté d'une version plus courante.

Au terme d'une telle analyse, il est possible de réécrire les déterminants sous la forme d'une suite d'attributs sémantiques; par exemple :

aucun = [négatif], [non emphatique]
un certain = [positif], [singulier], [défini], [emphatique]
chaque = [positif], [pluriel], [défini], [distributif]
certains = [positif], [pluriel], [défini], [avec restriction], [sur l'identité]
plusieurs = [positif], [pluriel], [indéfini], [avec restriction], [sur la quantité], [indiquant une quantité grande].

Il est facile de faire cette décomposition pour chacun des 25 items.

Ce que nous venons de faire pose un certain nombre de problèmes. Si nous n'y prenons garde, nous pouvons nous buter, pour certains items sinon pour tous, à des polysémies susceptibles d'invalider l'analyse. Ainsi, il existe, à côté d'un *le* tel que nous l'avons décomposé, un autre *le* (dit « générique ») qui a un sens très voisin de *tous les* :

Le$_1$ chien est rentré dans sa niche
Le$_2$ chien est un animal domestique

La décomposition se présente comme suit (nous pouvons négliger ici la dimension *emphatique/non emphatique*) :
le$_1$ = [positif], [singulier], [défini]
le$_2$ ≈ tous les = [positif], [pluriel], [défini], [collectif]

De même, si nous comparons l'item *un* dans les phrases suivantes :
Tâchez de me trouver un$_1$ ouvre-boîte
Je compte passer la soirée avec un$_2$ ami

on voit que *un$_2$* est proche de *un certain*, ce qui donne :
un$_1$ = [positif], [singulier], [indéfini]
un$_2$ ≈ un certain = [positif], [singulier], [défini]

Comme on le voit, c'est le contexte qui détermine la variante en cause, et c'est pourquoi il est sage de présenter les items aux sujets, insérés dans de courtes phrases, ainsi que cela a d'ailleurs été fait dans la recherche qui nous occupe.

Il faut souligner par ailleurs, — et nous y reviendrons, que les attributs qu'une telle démarche peut dégager sont toujours des entités oppositives, c'est-à-dire nécessaires pour différencier les items étudiés les uns des autres. Des attributs qui seraient communs à tous les items de la liste (comme ici d'être des déterminants du nom, par exemple), ne pourraient sortir ; ce sont, au contraire, des attributs dont le chercheur préjuge (à moins qu'ils ne résultent d'une expérience antérieure), et sur lesquels il se base pour circonscrire le champ lexical étudié. Pour être explicite, il faudrait donc écrire, par exemple :

les = [positif par opposition à négatif]
[pluriel par opposition à singulier]
[défini par opposition à indéfini]
[collectif par opposition à distributif]
[non emphatique par opposition à emphatique]

Dès lors que les attributs sont des entités oppositives, la composition de la liste initiale requiert les plus grands soins. Par exemple, si nous n'avions pas inséré dans notre liste les items *chaque* et *tout* (ou à tout le moins l'un des deux), nous n'aurions pas d'opposition *collectif/distributif*, et cela se serait répercuté sur la décomposition de *les* et *tous les*, qui auraient tout simplement perdu l'attribut *collectif*. Il faut d'ailleurs noter, à cet égard, que le sous-ensemble de nos déterminants concerné par l'attribut de *quantité* est incomplet, et que la simple opposition entre *quantité grande* et *quantité petite* est certainement trop sommaire.

Malgré ces difficultés, l'analyse des grappes est une méthode qui convient particulièrement à notre propos, puisque la représentation qu'elle nous fournit nous informe d'emblée sur l'organisation des processus de sélection lexicale, c'est-à-dire sur ce que peuvent être les pas successifs du processus de triage et les critères sémantiques qui les gouvernent. Supposons en effet qu'un sujet ait à sélectionner, dans l'élaboration d'un énoncé, un de ces déterminants: la figure 12 indique, pour chacun d'eux, le chemin qu'il est censé suivre. Il est d'ailleurs parfaitement possible de le formuler en termes de *decision tables*, à la manière de Miller et Johnson-Laird (1976) décrite au chapitre II. Les oppositions dégagées deviennent autant de tests, à ceci près qu'il ne s'agit plus nécessairement de tests perceptifs. Nous pouvons, pour plus de commodité, scinder la table en trois parties; c'est ce qui est fait au tableau II.

L'analyse multi-dimensionnelle

Malgré tous les avantages de principe qu'on peut lui reconnaître, l'analyse des grappes se révèle parfois décevante à l'usage. C'est qu'elle vise à partitionner un ensemble lexical en sous-ensembles mutuellement exclusifs, puis ces sous-ensembles en sous-ensembles plus réduits, et ainsi de suite, de manière à obtenir des classes qui s'emboîtent les unes dans les autres. Or, cela n'est pas toujours possible d'une manière univoque. Il faut pour cela que les critères soient hiérarchiquement subordonnés les uns aux autres. Il n'y a pas de problème s'ils le sont de façon stricte, c'est-à-dire si un critère ne peut être appliqué qu'à un sous-ensemble résultant lui-même de l'application d'un critère d'ordre supérieur (comme il en va plus haut pour le critère *singulier/pluriel*, applicable seulement après le critère *positif/négatif* parce que pertinent pour les seuls positifs). Mais ils peuvent être subordonnés de façon simplement empirique, en ce sens que les sujets attribuent des poids inégaux aux divers critères qu'ils utilisent (comme il en va plus haut pour les critères *singulier/pluriel* et *défini/indéfini*, qui sont formellement interchangeables mais néanmoins de poids inégaux). Dans ce dernier cas, et bien que nous ayons certes de sérieuses raisons de penser, avec Miller (1969), que le caractère hiérarchique des critères est une propriété fondamentale du lexique, on ne peut exclure que divers critères aient des poids sensiblement équivalents, et puissent par conséquent être utilisés dans des ordres de succession variables. Dans de telles conditions, il faut considérer qu'un ensemble lexical peut être partitionné simultanément de plus d'une manière, ce qui mène à des classes qui se recoupent plutôt qu'à des classes qui s'emboîtent. On peut alors tenter d'obtenir une description de ces classes au moyen de l'analyse multi-dimensionnelle.

La figure 13 illustre ce qui peut se produire quand on a affaire à deux dimensions binaires de même poids. Supposons qu'une étude porte sur les quatre items *père, mère, fils* et *fille*, et que nous ayons obtenu les distances sémantiques données en 13a: *père* est également

*Tableau II. Les données de la figure 12 formulées
en termes de « decision tables »*

Table 1: articles et indéfinis

Tests:

Positif ou Négatif?	N	N	P
Emphatique ou Non?	N	E	

Décisions:

aucun, nul	x		
pas un		x	
appeler la table 2			x

Table 2: articles et indéfinis positifs

Tests:

Singulier ou Pluriel?	S	S	S	S	P	P	P	P
Défini ou Indéfini?	D	D	I	I	D	D	D	I
Collectif ou Distributif?					C	C	D	
Emphatique ou Non?	N	E	N	E	N	E		

Décisions:

le	x							
un certain		x						
un, quelque			x					
je ne sais quel, n'importe quel, un quelconque				x				
les					x			
tous les						x		
chaque, tout							x	
appeler la table 3								x

Table 3: indéfinis pluriels

Tests:

Restriction ou Non?	N	N	R	R	R	R
Emphatique ou Non?	N	E				
Restr. sur l'Identité ou Non?			I	N	N	N
Restr. Similarité ou Quantité?				S	Q	Q
Petite ou Grande quantité?					P	G

Décisions:

des	x					
je ne sais quels, n'importe quels		x				
certains			x			
différents, divers				x		
plus d'un, quelques					x	
plusieurs, maint, maints						x

distant de *mère* et de *fils*, et *mère* est à même distance de *père* et de *fille*, ce qui suggère d'emblée que, pour autant que le champ soit organisé par les oppositions *génération* et *sexe* comme on le croirait volontiers, ces oppositions doivent avoir même importance. En fait,

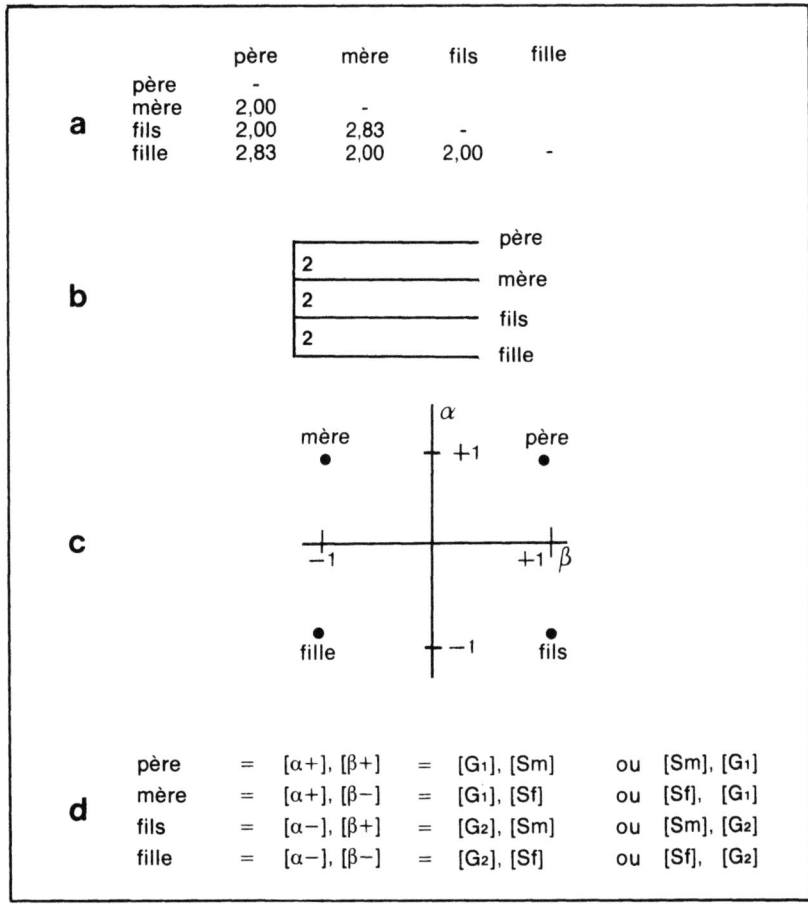

Figure 13. Principe de l'analyse multi-dimensionnelle : (a) matrice des distances, (b) tentative d'analyse des grappes, (c) positions dans un espace bi-dimensionnel, (d) interprétation des dimensions.

l'analyse des grappes se révèle incapable de mettre une organisation quelconque en évidence, comme on le voit en 13b, où l'on a simplement la liste des termes dont on était parti. Si, au contraire, on traite les distances sémantiques comme s'il s'agissait de véritables distances dans l'espace, on voit qu'il est possible de placer les quatre items dans un plan (fig. 13c) tout en respectant les distances qu'ils présentent deux à deux. Il nous reste alors à considérer les projections des items sur chacun des axes de référence, et à interpréter ces dimensions en examinant selon quels critères les éléments s'y trouvent différenciés. C'est ainsi qu'un axe α oppose *père-mère* à *fils-fille* et peut être interprété comme un axe de *génération*, tandis qu'un axe β oppose *père-fils* à *mère-fille* et peut être interprété comme une dimension *sexe* (fig. 13d). Les items se décomposent dès lors en deux attributs, mais dont l'ordre n'est pas imposé.

Ceci nous ramène à une démarche très voisine de celle utilisée déjà par Deese (1965) pour exploiter la structure des associations verbales (chap. I). Cependant, comme pour l'analyse des grappes, il existe de nombreuses techniques pour réaliser des analyses multidimensionnelles; elles vont des procédures d'analyse factorielle ou d'analyse en composantes principales, dans des variantes classiques ou plus récentes (voir notamment Benzécri, 1973), jusqu'aux méthodes qui s'appuient plus directement sur des modèles euclidiens, comme celle de Kruskal (1964). Cette dernière, que nous avons utilisée dans l'illustration qui suit, est une méthode itérative, exécutée sur ordinateur, visant à trouver l'espace le plus simple, c'est-à-dire comportant le moins de dimensions possible, dans lequel les items puissent être placés sans s'écarter significativement des données fournies par la matrice des distances (ou tout au moins du rangement de ces données, car c'est à nouveau une méthode ordinale); un taux dit de « stress » (disons de « tension ») est calculé pour indiquer dans quelle mesure on s'en écarte, et les itérations servent précisément à minimiser ce taux de « tension ».

L'étude porte sur les adverbes français indiquant la *fréquence*; un balayage du dictionnaire nous en a fourni 24. L'analyse multi-dimensionnelle, appliquée aux évaluations moyennes de dissimilitude fournies par un groupe de 90 sujets, a montré que ces adverbes se disposent d'une manière assez satisfaisante dans un espace à trois dimensions, c'est-à-dire dans un cube (« stress » = .097). Comme une représentation tridimensionnelle présente des difficultés graphiques, la figure 14 montre simplement les projections des 24 items sur chaque dimension.

Il est très aisé d'identifier la dimension *fréquent/rare*, qu'il eût été étonnant de ne pas obtenir, dans l'axe III, qui oppose des items comme *toujours* à des items comme *jamais*, en passant par des items comme *souvent* et *parfois*. Mais on observe avec intérêt que nos adverbes se différencient de deux autres manières. Un deuxième axe les range d'une manière qui présente pas mal de ressemblances avec le rangement précédent, à ceci près que nous voyons glisser vers des positions extrêmes des termes comme *exceptionnellement, parfois, accidentellement,* d'une part, et *maintes fois, couramment, habituellement, ordinairement, périodiquement,* d'autre part, cependant que des adverbes comme *toujours* et *jamais* occupent des positions intermédiaires; nous l'avons appelé *attendu/inattendu*, eu égard au fait que s'y opposent des adverbes renvoyant à des situations respectivement exceptionnelles ou habituelles. Un troisième axe réunit

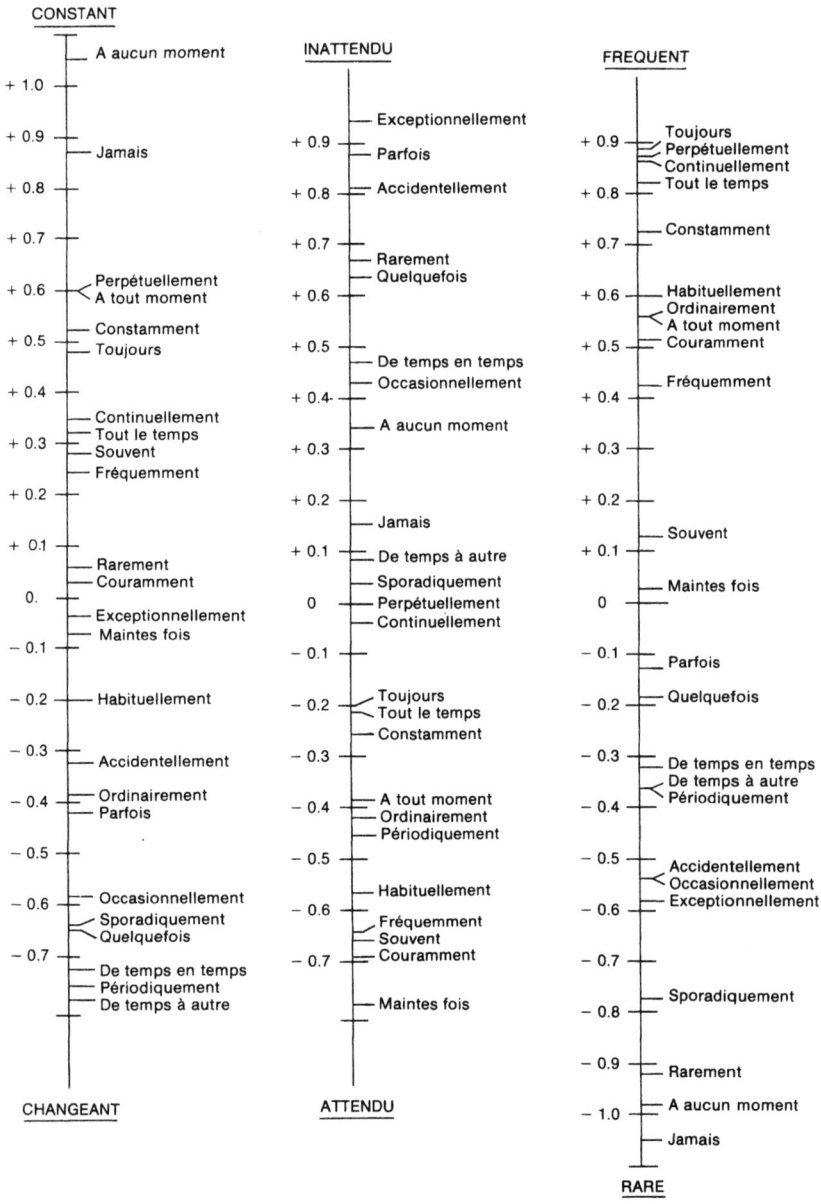

Figure 14. Projections des adverbes de fréquence sur trois axes résultant d'une analyse multidimensionnelle.

à un même pôle des items comme *toujours* et *jamais*, et les oppose à des items comme *de temps à autre*; nous l'avons appelé *constant/ changeant*, eu égard au fait que des termes comme *toujours* et *jamais* caractérisent des situations qui demeurent identiques à elles-mêmes, alors que *de temps à autre* renvoie à des événements intermittents et donc à des situations qui se modifient.

A ce stade, l'analyse multidimensionnelle présente une difficulté que ne présentait guère l'analyse des grappes. Celle-ci fournit le plus souvent des oppositions binaires, — encore que la méthode ne l'impose pas. En revanche, l'analyse multi-dimensionnelle fournit souvent des échelles continues. On se trouve dès lors dans l'obligation d'affecter des *degrés* aux attributs que l'on dégage: les attributs ne sont pas simplement présents ou absents, ils sont présents à un certain degré. Ceci pose le problème de savoir comment attribuer ces degrés correctement, car un axe ne comporte pas nécessairement autant de degrés sémantiquement distincts que d'items qui se projettent sur lui.

On peut, pour y répondre, demander à des sujets de ranger les items sur chacun des axes qui ont été dégagés. Outre que cela permet de vérifier si l'interprétation de ces dimensions était la bonne, on peut établir des groupes d'items qui ne reçoivent pas de rangs significativement différents. Une épreuve de ce genre administrée à 70 sujets nous a permis d'établir qu'il nous faut distinguer 6 degrés sur l'axe *fréquent/rare*, 4 sur l'axe *attendu/inattendu*, et 3 seulement sur l'axe *constant/changeant*. Le tableau III indique de quelle manière ces degrés se répartissent sur les divers adverbes.

Il nous est maintenant possible de formuler chacun de nos adverbes en termes d'attributs; ainsi:
    toujours = [fréquent 6/6], [inattendu 2/4], [changeant 1/3]
    parfois = [fréquent 3/6], [inattendu 3/4], [changeant 3/3]
    jamais   = [fréquent 1/3], [inattendu 2/4], [changeant 1/3]
De même, il n'y a aucune difficulté à représenter nos données sous la forme d'une «decision table», ainsi qu'on peut le voir au Tableau IV, où nous n'avons mentionné que les termes principaux. Les dimensions dégagées par l'analyse multi-dimensionnelle en constituent les tests, et les réponses à ces tests, au lieu d'être binaires, sont à choisir parmi les N degrés de ces dimensions. Il faut considérer que la sélection de ces degrés fait appel, conformément à la loi de Hick-Hyman, à un processus de triage, si bien que la sélection d'un item implique trois décisions dont chacune constitue une séquence de pas. Nous noterons encore qu'en l'occurrence, ces trois décisions sont largement interdépendantes, puisque nous n'avons que 9 issues différentes, là où il y a $6 \times 4 \times 3$, soit 72 issues possibles.

On n'a pas l'impression qu'une analyse comme celle qui précède épuise toutes les nuances sémantiques des items en cause; il y faudrait un plus grand nombre de dimensions, mais rien n'empêche, du

Tableau III. Les degrés à attribuer aux adverbes pour
les attributs fréquent, inattendu et changeant

	fréquent	inattendu	changeant
à aucun moment	1	2	1
jamais	1	2	1
exceptionnellement	2	4	2
accidentellement	2	4	3
rarement	2	3	2
sporadiquement	2	3	3
occasionnellement	3	3	3
de temps à autre	3	3	3
quelquefois	3	3	3
parfois	3	3	3
de temps en temps	3	3	3
périodiquement	4	1	3
maintes fois	4	1	3
ordinairement	5	1	2
habituellement	5	1	2
couramment	5	1	2
fréquemment	5	1	2
souvent	5	1	2
à tout moment	6	2	1
constamment	6	2	1
continuellement	6	2	1
perpétuellement	6	2	1
tout le temps	6	2	1
toujours	6	2	1

Tableau IV: Les données du tableau III formulées
en termes de « decision table »

tests:									
fréquent?	1	2	2	2	2	3	4	5	6
inattendu?	2	4	4	3	3	2	1	1	2
changeant?	1	2	3	2	3	3	3	2	1
décisions:									
jamais	x								
exceptionnellement		x							
accidentellement			x						
rarement				x					
sporadiquement					x				
parfois						x			
périodiquement							x		
souvent								x	
toujours									x

moins en principe, d'en extraire davantage. Plus grave est le fait qu'en analyse multi-dimensionnelle, tous les items se projettent nécessairement sur toutes les dimensions; elle est donc impraticable dans le cas où les critères sont hiérarchisés de façon stricte, puisque dans ce cas certains critères ne sont pas pertinents pour certains items. On entrevoit ainsi que ces diverses approches présentent leurs points forts et leurs points faibles, et que cette situation passablement compliquée demande qu'on les manie avec la plus grande circonspection.

C'est dans cet esprit que Coirier (1980), lors d'une recherche sur 60 verbes de déplacement, a préféré recourir à une formulation verbale des traits sémantiques par un groupe de sujets. Après une évaluation des distances deux à deux sur une échelle de 1 à 5, on leur a présenté les 270 couples les plus proches, avec la consigne de dire ce qui rapprochait et ce qui différenciait les deux items. En regroupant leurs réponses, on obtint une liste d'éléments de définition; puis, un groupe de juges évaluèrent la pertinence de chaque élément par rapport à chaque verbe, sur une échelle allant de 0 à 3, où :

0 = la définition n'a rien à voir avec le verbe considéré;
1 = la définition a quelque chose à voir mais ne décrit pas le verbe de façon très caractéristique;
2 = la définition a un rôle important dans la description;
3 = la définition est indispensable à la description du verbe.

On aboutit de la sorte à une description componentielle de chaque verbe, dans laquelle les traits sont affectés d'un indice de pertinence moyen (de 1 à 3), étant entendu que des traits sont sans pertinence aucune (indice 0); par exemple :

accourir = [en direction de, vers - 2,4], [rapidement, avec hâte - 2,3], [rapprochement - 2,1], [par suite d'appel, demande - 1,5], [accent sur le point d'arrivée - 1,1].

Afin de contrôler la validité des 60 décompositions ainsi obtenues, l'auteur a demandé à des sujets de retrouver les verbes à partir des définitions, et a obtenu de la sorte 70 à 80 % de réussites. Une fois les définitions établies, on peut calculer, pour chaque paire de lexèmes, un indice de « recouvrement sémantique » allant de -100 à $+100$, en faisant :

$$\text{RS (A/B)} = \frac{(\Sigma Pc - \Sigma Pd) \cdot 100}{(nA + nB) \cdot 3}$$

où ΣPc est la somme des indices moyens de pertinence des traits communs aux verbes A et B, ΣPd est le score similaire pour les traits non communs, et n est le nombre de traits servant à décrire A ou B. A partir de là, il est possible de construire une matrice de liaisons entre tous les verbes deux à deux, et de représenter les structures globalement sous la forme de graphes. Les relations sémantiques entre les traits eux-mêmes posent cependant quelques problèmes qui n'échappent pas à l'auteur, car il peut être discutable d'additionner les indices de traits qui ne seraient pas indépendants.

Quelques implications d'une conception componentielle

Nous venons de décomposer des lexèmes en entités plus petites sous la forme d'attributs sémantiques. Certains de ces attributs correspondent à ce que les linguistes appellent des *sèmes*, en l'occurrence ceux qui ont une fonction distinctive dans le lexique. Une combinaison de sèmes correspondant au signifié d'une unité lexicale est un *sémème*; ainsi, tout concept est un ensemble d'attributs, mais seuls les concepts lexicaux sont des sémèmes.

On peut s'interroger sur le statut de telles unités sur le plan des opérations mentales. On peut concevoir que chaque unité lexicale, telle qu'elle est stockée en mémoire, l'est sous la forme d'un ensemble de «traces» correspondant à ses divers attributs (Bower, 1967), et que la récupération de l'item consiste dès lors en la récupération de ces diverses «traces». Mais il est important de noter, comme nous l'avons souligné déjà, que les attributs sont des entités oppositives, c'est-à-dire des critères qui servent au sujet à différencier les items les uns des autres, et qui lui servent aussi à récupérer ces items en délimitant pas à pas le champ lexical concerné. Il s'agit donc de principes d'organisation qui, à la fois, gouvernent la façon dont les items sont stockés et la façon dont ils sont récupérés; il est nécessaire, en d'autres termes, qu'il y ait homologie entre l'organisation du stockage et l'organisation des processus de récupération. A ce titre, les entités infra-lexicales sont, simultanément, des éléments de données et des éléments de programmes (ce qui rejoint des conceptions défendues par Winograd, 1971, en matière d'intelligence artificielle).

Les attributs sémantiques sont assurément des entités abstraites (nous dirons «cognitives»), mais ils peuvent être, selon les cas, plus ou moins liés aux dimensions de la perception. Par exemple, on peut croire que l'un des attributs les plus importants d'un item comme *sang* soit *rouge*, alors qu'un item comme *spéculation* doit être composé d'attributs d'un genre très différent. Paivio, Yuille et Madigan (1968) ont demandé à 30 étudiants d'évaluer, sur une échelle allant de 1 à 7, avec quelle facilité 925 substantifs anglais permettent de produire des «images mentales»; les scores moyens obtenus présentent une corrélation de 0,83 avec les évaluations de ces mots sur une échelle abstrait/concret. Denis (1979) a fait, en français, des expériences semblables; voici quelques scores:

lit	6,82	espoir	3,18
table	6,73	avantage	2,93
fenêtre	6,65	hypothèse	2,65
lapin	6,53	concept	2,03
chapeau	6,45	causalité	2,01

Le caractère plus ou moins « imagé » d'un concept lexical est une variable dont il y a lieu de tenir compte, comme Paivio (1971) l'a abondamment montré; il ne nous semble toutefois pas que cela doive modifier fondamentalement la nature des concepts lexicaux, lorsque nous les définissons comme des ensembles de traits distinctifs gouvernant à la fois leur stockage et leur récupération.

Le statut des entités infra-lexicales est une chose; la façon dont nous les étiquetons en est une autre, relativement secondaire. Il y entre inévitablement une part d'arbitraire, et même de trahison, car il ne faut pas s'attendre à ce que ces entités infra-lexicales puissent toujours trouver, dans une langue donnée, une dénomination lexicale à la fois concise et appropriée. Ce serait plutôt le contraire, car lorsqu'une dénomination lexicale simple s'impose, c'est que l'attribut correspond lui-même à un lexème, qui sera, en principe, décomposable à son tour en entités plus petites. Ainsi, pour reprendre un exemple (anglais) bien connu de McCawley (1968), *tuer* pourrait être décomposé en deux entités infra-lexicales, *faire* et *mourir*, qui sont elles-mêmes des lexèmes; *mourir* pourrait se décomposer en [devenir] [mort], et *mort* pourrait se décomposer en [non] [vivant]. Cela nous donne une décomposition en cascade, du type:

tuer = [faire], [[devenir], [[non], [vivant]]] .

Quant à savoir si des opérateurs sémantiques aussi élémentaires, apparemment, que *faire* ou *devenir* ou *non* peuvent encore se décomposer, c'est là une question qui nous confronte au problème des « attributs minimaux », sur lequel nous n'avons guère de lumières.

Dans les exemples qui précèdent, nous avons utilisé des adjectifs pour nommer les entités infra-lexicales (souvent des paires d'adjectifs bipolaires). C'est une pratique commode, inspirée de ce qui se fait depuis toujours en matière d'attributs phonémiques (cf. chap. IV). Certains auteurs (Kintsch, 1974; Le Ny, 1979) proposent de les exprimer sous la forme de propositions (au sens donné à ce terme au chap. I); par exemple :

canari → x: OISEAU (x) & JAUNE (x) & PETIT (x) & *CHANTER (x)

Il n'y a assurément aucune objection de principe à formuler les choses de la sorte (pour autant que les arguments consistent bien en entités oppositives), si ce n'est qu'on risque de présenter les attributs sémantiques comme des données qui seraient stockées *en plus* des items eux-mêmes. Or, il importe de faire la distinction entre des données qui sont constitutives des unités sémantiques, et celles qui établissent entre ces unités des liaisons que ces unités n'impliquent pas par elle-mêmes, et auxquelles nous n'avons pas affaire à ce niveau d'analyse. Que l'on compare les deux phrases suivantes :

Le canari est jaune
Le patron est fâché

On peut supposer que *fâché* ne fait pas partie des attributs sémantiques de *patron* comme *jaune* fait partie des attributs sémantiques de *canari*, ce qui apparaît bien si nous nous référons à l'analyse que nous avons faite plus haut de l'article *le* : les phrases signifient, en effet :
 Tous les canaris sont jaunes (toujours)
 Un certain patron est fâché (maintenant)

Cette distinction rejoint assez la distinction entre structures sémantiques et structures épisodiques proposée par Tulving (1972), et aussi la distinction entre structures permanentes et structures circonstancielles proposée par Ehrlich (1976), qui cite comme exemples les deux phrases suivantes :
 Le coiffeur coupe les cheveux avec des ciseaux
 Le coiffeur ramasse des cerises avec une fourchette

Le fait que ces structures puissent se traduire par des énoncés de même forme peut d'ailleurs conférer à une phrase deux statuts possibles. Prenons la phrase
 Le chat miaule
Si elle signifie quelque chose comme
 Tous les chats peuvent miauler

elle exprime une structure permanente, c'est-à-dire un attribut sémantique de l'item *chat*; mais si elle signifie quelque chose comme
 Un certain chat miaule actuellement

il s'agit d'une structure circonstancielle. Seule cette dernière contient une information que le sens même de l'item *chat* n'implique pas déjà; la première est une proposition parfaitement redondante, sauf à considérer qu'il s'agit d'une communication méta-linguistique.

Une conception componentielle du lexique, élaborée d'abord pour rendre compte de la manière dont un lexème est sélectionné en fonction de données non verbales, peut rendre compte aussi des liaisons qui s'établissent entre les items lexicaux, telles qu'on les observe dans les épreuves d'associations verbales, pour autant naturellement qu'elles ne soient pas dues à des contiguïtés spatio-temporelles. Dans une perspective componentielle, en effet, deux items lexicaux présentent une liaison d'autant plus forte (ou une distance d'autant plus petite) qu'ils présentent *un plus grand nombre d'attributs communs*. On comprend d'emblée comment il se fait que deux items qui sont liés sont facilement accessibles l'un à partir de l'autre. Dans la mesure où les items A et B sont formés d'attributs communs, — qui constituent aussi des pas communs dans les processus de récupération, la sélection de B, après celle de A, ne doit porter que sur les attributs (et donc les pas) que B ne partage pas avec A. Par exemple, si nous nous reportons à la figure 12, le passage de *le* à *un certain* n'impliquerait que la commutation d'un seul attribut (*emphatique*), tandis que le passage de *le* à *je ne sais quel* en impliquerait deux (*indéfini, emphatique*). Les fréquences des liaisons associatives sont interprétées de la même façon : la liaison *père-mère*, qui implique une seule commutation (*féminin*), sera plus fréquente que la liaison *père-fille*, qui en implique deux (mais il faut se souvenir qu'il est d'autres attributs que sémantiques).

En examinant sous quelles formes se présentent les intersections entre les attributs de deux items, il est possible aussi de définir des catégories de liaisons; on l'a fait essentiellement pour la classe des noms, mais la généralité même des types que l'on a dégagés permet de croire qu'ils s'appliquent à l'ensemble du lexique, encore que la chose mérite d'être examinée. Puisqu'une entité infra-lexicale peut correspondre elle-même à un lexème, la liaison la plus simple sera celle qui lie un lexème à un autre qui désigne un de ses attributs; c'est la relation d'*attribution*, que l'on trouve dans des paires comme *canari-jaune* ou *canari-*chanter*. La relation hyponymie/superordination correspond à une relation d'*inclusion* : elle relie un item à un autre plus abstrait, c'est-à-dire présentant des attributs *moins* nombreux, eu égard au fait que cet item possède, parmi d'autres attributs, en tout cas *tous* les attributs de cet item plus abstrait. Une troisième sorte de relation, que l'on peut illustrer par la paire *canari-perruche*, découle de la précédente; elle relie deux items liés à un même troisième par une relation d'inclusion (*canari-oiseau*, *perruche-oiseau*), et qui présentent de ce fait un certain nombre d'attributs communs (dans notre exemple, au minimum tous les attributs d'*oiseau*); on parlera alors d'une relation d'*intersection partielle*. La figure 15 offre une représentation de ces diverses relations sous une forme ensembliste.

On voit que l'existence de la relation d'inclusion confère à la mémoire lexicale une organisation hiérarchique, avec les mêmes bénéfices d'économie que Quillian (1967, 1969) a soulignés dans un autre contexte (cf. chap. I), à ceci près que les concepts ne sont plus considérés en extension, comme il est fait dans la figure 4, mais en

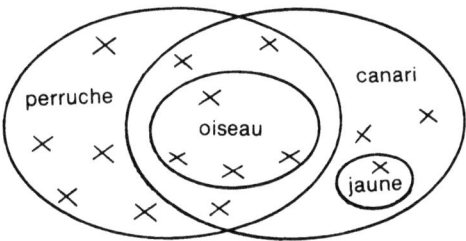

Figure 15. Relations entre divers concepts lexicaux par intersection d'attributs (les attributs sont figurés par des croix).

compréhension : les entités hyponymiques sont plus limitées en extension mais plus complexes en compréhension, ayant plus d'attributs, tandis que les entités superordonnantes, qui présentent moins d'attributs, sont plus larges en extension mais plus simples en compréhension. (On ne confondra pas la hiérarchie des concepts dont il est question ici avec la hiérarchie des attributs que nous avons décrite dans le triage.)

Si deux concepts sont d'autant plus accessibles l'un à partir de l'autre qu'ils présentent plus d'attributs communs, on peut rendre compte aussi des observations de Collins et Quillian (1969). S'il faut moins de temps pour vérifier une phrase comme « Un canari est un oiseau » qu'une phrase comme « Un canari est un animal » (deux relations d'inclusion), c'est qu'il y a plus d'attributs communs entre *canari* et *oiseau* qu'entre *canari* et *animal*; de même, s'il faut moins de temps pour vérifier « Un canari peut chanter » que « Un canari peut voler » (deux relations d'attribution), c'est que **chanter* est un attribut de *canari*, tandis que **voler* est un attribut d'*oiseau*, qui est un attribut de *canari*.

Mais il faudra examiner aussi les observations qui posaient problème, comme celles de Rips, Shoben et Smith (1973) montrant qu'il faut moins de temps pour vérifier « Un chien est un animal » que « Un chien est un mammifère ». A ce propos, Smith, Shoben et Rips (1974) ont proposé un modèle reposant certes sur une comparaison des attributs, mais comportant deux étages. Parmi les attributs, ils font une distinction entre ceux qui définissent un item au sens strict (*defining features*) et ceux qui le décrivent (*characteristic features*), certains attributs pouvant appartenir simultanément aux deux catégories. Par exemple, *oiseau* serait un attribut à la fois « définitoire » et descriptif pour l'item *moineau*, mais seulement un attribut « définitoire » pour *poule*, et seulement un attribut descriptif pour *chauve-souris*. Dans un processus de vérification, une première phase comparerait les deux items pour l'ensemble de leurs attributs, aboutissant à une réponse positive ou négative selon que l'intersection des attributs est très grande ou très petite. Dans les cas intermédiaires, la décision resterait incertaine à ce niveau, et une seconde phase serait déclenchée, qui ne prendrait en considération que les seuls attributs « définitoires ».

Si les auteurs du modèle parviennent ainsi à rendre compte de la plupart de leurs observations expérimentales, la distinction entre attributs « définitoires » et descriptifs pose des problèmes quant aux critères employés. Le Ny (1979) propose que l'on envisage plutôt que les divers attributs peuvent avoir des « poids » inégaux (comme on en trouve dans la procédure utilisée par Coirier, 1980), exactement comme les dimensions des stimuli présentent des degrés de « saillance » inégaux dans les tâches d'apprentissage de concepts. Ainsi, parmi les attributs de *mammifère*, l'attribut *donner du lait* aurait une très grande saillance, ce qui serait aussi le cas de *vache*, mais non pas de *chien*, et on s'expliquerait de la sorte que la phrase « Un chien est un mammifère » soit particulièrement longue à vérifier, alors qu'il n'en est rien pour « Une vache est un mammifère ». Une telle hypothèse est compatible avec les observations dont nous avons fait état au chapitre I, montrant que tant les hyponymes que les attributs d'un item sont très inégalement disponibles (Conrad, 1972; Rosch, 1975a; Loftus, 1976). Elle permet également une approche de la métaphore. On peut considérer qu'un item y est employé pour l'un ou l'autre de ses attributs, particulièrement saillant ou rendu tel par le contexte au détriment des autres (Le Ny, 1970); ainsi, quand on dit de quelqu'un « c'est un roc », le concept *roc* ne conserve que des attributs comme *inébranlable*, applicable à un nom *humain*.

Le débat n'est pas clos, à l'heure actuelle, entre les partisans d'une conception néo-associationniste du lexique et les partisans d'une conception componentielle. Cette dernière nous paraît plus féconde, parce qu'elle rend compte d'un éventail de faits plus large, incluant les observations sur les associations verbales. Cependant, les entités infra-lexicales restent des entités postulées. Que, dans certains cas, on puisse interpréter les analyses des grappes et les analyses multidimensionnelles en termes d'attributs, ne constitue pas une preuve de leur existence. Il est vrai que Le Ny, Denhière et Le Taillanter (1973) ont montré qu'il faut moins de temps pour apprendre une liste de phrases comme

La jolie femme avait une toilette colorée

qu'une liste de phrases de même structure où les items lexicaux sont des hyponymes des précédents, et sont donc censés comporter plus d'attributs, comme

La ravissante serveuse portait un tailleur chatoyant

Mais ces items plus spécifiques sont généralement aussi plus longs; ils diffèrent des précédents par la fréquence, la familiarité, l'étendue de la classe qu'ils désignent, la valeur associative et le degré d'« imaginabilité », et il est bien difficile de démêler le jeu de toutes ces variables.

Dans un travail ultérieur, Cordier et Le Ny (1975) ont tenté de rencontrer un certain nombre de ces difficultés en recourant à une tâche de « transfert sémantique », où l'on peut comparer le temps d'étude des *mêmes* items dans différentes conditions. Le sujet devait apprendre deux listes de phrases. La seconde liste était toujours composée de phrases contenant des items lexicaux dits « très spécifiques » (TS), par exemple :

TS : La cuisinière retrouva la casserole sous un fauteuil

Avant cela, il avait appris une première liste de phrases, de même structure syntaxique, qui étaient soit les mêmes et donc également

« très spécifiques », soit simplement « spécifiques », soit « générales », soit encore « autres », par exemple :

TS : La cuisinière retrouva la casserole sous un fauteuil
S : La ménagère retrouva l'ustensile sous un siège
G : La femme retrouva l'objet sous un meuble
A : Le musée inaugura une exposition sur la Chine

où l'on a les séries *cuisinière-ménagère-femme*, *casserole-ustensile-objet*, *fauteuil-siège-meuble*. Comme les superordonnants contiennent de moins en moins de composants sémantiques, on suppose que le temps d'étude de la seconde liste, qui contient toujours des items très spécifiques, augmente dans la mesure où les items de la première liste étaient plus généraux, puisqu'il faut alors emmagasiner d'autant plus d'attributs supplémentaires. C'est effectivement ce que l'on a observé, pour autant que l'on ait attiré l'attention du sujet sur les relations qui peuvent exister entre les phrases des deux listes.

Malgré l'importance théorique du problème abordé, les travaux expérimentaux de ce type ne sont pas encore très nombreux. Il est vrai qu'il y a de nombreux obstacles à vouloir prédire le temps à partir du nombre des attributs; les multiples interdépendances entre les attributs, dont nous n'avons guère d'idée précise, rendent de telles prédictions malaisées, ainsi d'ailleurs que le fait qu'ils peuvent avoir des poids inégaux. Il faut y ajouter les effets de la prédictibilité de nombreux attributs à partir du contexte; c'est là un aspect important de la question, sur lequel nous reviendrons au chapitre V. Mais il nous faut, avant cela, jeter un coup d'œil sur les structures phonémiques.

Chapitre IV
Les structures phonémiques

Nous avons vu qu'un lexème peut, au niveau du signifié (le sémème), être considéré comme une combinaison de sèmes. Il arrive quelquefois que cette combinaison se traduise, dans une certaine mesure, dans la structure du signifiant. Prenons l'item *indéchiffrable*. Au niveau du signifié, il pourrait être décomposé comme suit :

   [négation], [[possibilité], [[réciproque], [chiffrer]]]

et ces composants sémiques se reflètent dans la structure morphologique de cet item :

   [in-], [[-able], [[dé-], [chiffrer]]]

De telles unités, inférieures au lexème, mais comportant, comme le lexème, un signifié et un signifiant, sont appelées *monèmes* (Martinet, 1965). Leur combinaison est soumise à des règles qui font l'objet de la partie de la grammaire appelée *morphologie*. Leur existence constitue, par elle-même, un indice en faveur d'une conception componentielle du lexique : si on tombe d'accord que le signifié de *indéchiffrable* se décompose de la sorte, on pourra facilement l'admettre aussi pour *sibyllin*; et si l'on admet volontiers que *malheureux* se compose en [*négation*], [*heureux*], pourquoi *triste* ne se décomposerait-il pas en [*négation*], [*gai*] ?

Bien entendu, et à moins qu'il ne s'agisse d'entités ultimes, les signifiés des monèmes peuvent être décomposés en attributs sémantiques. De même, leurs signifiants peuvent être décomposés en attributs phonémiques, c'est-à-dire en un ensemble de critères à la fois articulatoires et auditifs qui permettent de les différencier les uns des autres. Cependant, à ce niveau d'analyse, ces décompositions deviennent indépendantes, puisque les entités sémantiques ne se traduisent plus sous la forme d'entités phonémiques correspondantes.

Que les signifiants puissent être décomposés en attributs est attesté de diverses manières. On observe quelquefois des associations verbales entre deux items lexicaux qui présentent une identité phonémique partielle. On observe aussi des confusions entre de telles unités dans la production du discours, notamment certaines formes de lapsus, comme dans «un lecteur *comportant* bien le texte» (pour *comprenant*), ou «un ministre bruyamment *interprété*» (pour *interpellé*). C'est là un phénomène particulièrement intéressant, car il atteste d'une difficulté à récupérer la forme phonémique appropriée lors même que toutes les décisions sémantiques ont été correctement accomplies. C'est aussi ce que montre le phénomène dit «du mot sur le bout de la langue», dont Brown et McNeill (1966) ont tenté une approche expérimentale. Leurs sujets avaient à découvrir des mots connus mais peu familiers à partir de leurs définitions; or, quand ils étaient sur le point de trouver l'item, ils étaient capables de répondre correctement à des questions portant sur certains attributs de celui-ci, comme la lettre initiale, le nombre de syllabes, le contour de l'intonation.

De telles observations montrent bien que lorsque les décisions sémantiques ont été prises, un certain temps est encore requis pour la récupération du signifiant correspondant au faisceau d'attributs que l'on a sélectionnés, que cette opération n'est pas à l'abri d'incidents, et que dans une telle situation, certains attributs du signifiant peuvent être disponibles alors que d'autres ne le sont pas. Elles montrent aussi qu'un item lexical peut être rendu accessible à partir de certains attributs de son signifiant, comme il en va dans les épreuves classiques dites de «fluidité du vocabulaire» où l'on demande au sujet de donner le plus de mots possible commençant par une lettre donnée, et comme on le fait d'ailleurs abondamment dans les jeux de mots croisés.

Les phonèmes et leurs traits distinctifs

Le signifiant lexical apparaît donc comme composite, et la partie de la linguistique qui s'occupe de sa décomposition est appelée *phonologie*. Si l'on considère les monèmes d'une langue, il est possible de segmenter leurs signifiants en unités minimales successives, appelées *phonèmes*. Il ne faudrait pas les confondre avec les *sons vocaux* : la distinction est d'importance, et elle saute aux yeux dès l'instant où l'on essaie d'en établir la liste.

De même que la typographie emploie un nombre fini de caractères, il semble en effet que le langage parlé fasse usage d'un certain nombre de sons différents. Malheureusement, la phonation ressemble davantage à l'écriture cursive; chaque locuteur présente des caractéristiques individuelles, et en outre, la manière de former un son dépend des sons qui l'entourent. A proprement parler, la phonation présente donc une extrême variété de sons différents, et c'est à la phonétique expérimentale qu'il revient d'en étudier l'émission, la structure acoustique, l'intelligibilité; ce sont là des questions qui sortent du cadre de cet exposé.

Parmi les très nombreux caractères qui différencient les sons vocaux les uns des autres, et qui tous peuvent jouer un rôle plus ou moins important dans la communication verbale, il en est un petit nombre qui jouent un rôle dans la structure même de la *langue*; on les appelle *traits distinctifs*, ou *fonctionnels*, ou encore *phonologiques*. Seuls les sons vocaux qui se différencient par un ou plusieurs traits fonctionnels correspondent à des phonèmes distincts.

Dans la perspective de l'école phonologique de Prague, une opposition est distinctive dans une langue dès l'instant où il existe dans le lexique de cette langue au moins une paire de monèmes qui se différencient uniquement par cette opposition: c'est la règle dite des «paires minimales»; dans ce cas, en effet, on ne pourrait substituer les traits l'un à l'autre sans transformer l'énoncé en un autre énoncé de la langue. Par exemple, /z/ et /s/ ne sont pas librement permutables en français, parce que des monèmes comme *chose* et *chausse* sont des monèmes différents et que rien d'autre ne les différencie. /z/ et /s/ sont donc deux phonèmes distincts dans la langue française, et ce qui les oppose (en l'occurrence, sur le plan articulatoire, une vibration laryngée dans /z/ et non dans /s/) doit être considéré comme un trait distinctif. Il n'en va pas de même en espagnol, où on prononce toujours [z] devant une consonne sonore et [s] ailleurs, ce qui fait qu'il n'existe pas d'exemple de deux monèmes qui ne présenteraient que cette seule différence. En revanche, en français, le [r] apical et le [R] uvulaire, pourtant bien différents sur le plan phonétique, doivent être considérés comme substituables, puisqu'il n'y a pas de monème qui serait transformé en un autre si on procédait à cette substitution; mais en portugais, cette opposition est fonctionnelle. Chaque langue présente ainsi son système propre.

Le tableau V présente le répertoire le plus communément admis des phonèmes français, notés au moyen de l'alphabet phonétique international. On voit que l'extrême variété des sons vocaux se trouve ramenée à quelques dizaines de classes fonctionnellement distinctes. Bien entendu, la réalisation de chaque phonème comporte une multiplicité de variantes, ou *allophones*. Certaines variantes, dites *idiolectales*, sont dues aux différences interindividuelles, et peuvent contribuer ainsi à l'identification du locuteur; d'autres, dites *dialectales*, sont caractéristiques du groupe auquel ce locuteur appartient; d'autres encore, dites *contextuelles*, manifestent l'influence, sur la

Tableau V. Répertoire des phonèmes français (*)

/i/ comme dans 'si'	/ẽ/ comme dans 'vin'	/p/ comme dans 'par'
/y/ comme ds 'su'	/œ̃/ comme ds 'brun'	/t/ comme ds 'tard'
/u/ comme ds 'tout'	/ɔ̃/ comme ds 'bon'	/k/ comme ds 'car'
/e/ comme ds 'thé'	/ã/ comme ds 'banc'	/f/ comme ds 'fou'
/ø/ comme ds 'nœud'	/R/ comme ds 'race'	/s/ comme ds 'sou'
/o/ comme ds 'baume'	/l/ comme ds 'là'	/ʃ/ comme ds 'chou'
/ɛ/ comme ds 'belle'	/m/ comme ds 'mare'	/b/ comme ds 'barre'
/œ/ comme ds 'œuf'	/n/ comme ds 'narre'	/d/ comme ds 'dard'
/ɔ/ comme ds 'pomme'	/ɲ/ comme ds 'digne'	/g/ comme ds 'gare'
/a/ comme ds 'malle'		/v/ comme ds 'veste'
		/z/ comme ds 'zeste'
		/ʒ/ comme ds 'geste'

(*)Certains distinguent, comme formes atténuées de /i/, /y/ et /u/, des phonèmes / ɥ / comme dans 'lui et / / comme dans 'lwatt'. On distingue aussi quelquefois le /œ/ de 'œuf' du /ə/ comme dans 'je'. La distinction classique entre le /a/ de 'malle' et le /ɑ/ de 'mâle' tend à s'estomper, de même que la distinction entre /ẽ/ et /œ̃/, du moins en France. En revanche, les nombreux emprunts à l'anglais introduisent un phénomène nouveau / ŋ / comme dans 'parking', à distinguer de / ɲ /. Tant il est vrai que le système phonologique est le système en évolution.

formation d'un son, des sons qui l'entourent dans l'énoncé; d'autres enfin, dites *expressives*, résultent des conditions momentanées dans lesquelles le locuteur se trouve, telles que l'inconfort, la fatigue, la joie, la colère, etc. (pour une revue de la littérature à ce sujet, voir Kramer, 1969). Mais en dépit de cette grande diversité, chaque phonème présente un petit nombre de caractéristiques stables qui le différencient des autres phonèmes et qui en constituent les traits distinctifs.

Ayant donc le répertoire des phonèmes d'une langue, on s'attachera à décrire le système de traits le plus économique qui puisse les différencier tous les uns des autres. Comme l'a montré Troubetskoy (1949), pour assurer cette économie, on tentera d'utiliser moins de types d'oppositions qu'il n'y a de paires de phonèmes, c'est-à-dire des oppositions qui puissent différencier plusieurs paires. Par exemple, si nous considérons que c'est la vibration laryngée qui différencie /z/ et /s/, nous pouvons réutiliser cette même opposition pour différencier /v/ et /f/, /ʒ/ et /ʃ/, et encore /d/ et /t/, /b/ et /p/, /g/ et /k/. D'autre part, les traits qui entrent ainsi en opposition peuvent le faire de diverses manières. Les phonèmes peuvent présenter une base de traits communs c, à quoi s'ajoutent respectivement des traits α, β, γ ... qui les différencient; les phonèmes se définissent alors comme composés de la sorte:

$$c + \alpha; \quad c + \beta; \quad c + \gamma; \quad ...$$

Il se peut, en revanche, que la base commune soit assortie d'une même propriété que les phonèmes possèdent à divers degrés:

$$c + \alpha_1; \quad c + \alpha_2; \quad c + \alpha_3; \quad ...$$

Il est possible, enfin, que des phonèmes s'opposent parce que l'un d'eux possède une propriété que l'autre ne possède pas, auquel cas on parle de pôle *marqué* et de pôle *non marqué* :

c + α;   c.

Ce type d'opposition par tout ou rien (que Troubetskoy appelle «opposition privative») ne peut être que binaire, et est considérée, pour diverses raisons, comme l'opposition la plus économique.

Plusieurs phonologistes ont tenté de différencier les phonèmes de nombreuses langues par un ensemble économique d'oppositions binaires privatives. Jakobson, Fant et Halle (1956) ont élaboré un tel système qui a servi un temps de référence, mais qui a été revu par Chomsky et Halle en 1968. Le tableau VI présente l'application de ce système aux phonèmes français, telle qu'elle résulte des travaux de Bibeau (1975). Les 14 traits utilisés peuvent se définir sommairement de la manière suivante :

1 *vocalique* : vibration des cordes vocales et passage à peu près libre de l'air;
2 *consonantique* : obstruction importante au passage de l'air dans le canal buccal;
3 *coronal* : participation de la pointe de la langue;
4 *antérieur* : obstruction localisée en avant de la région palatale;
5 *fermé* : élévation de la langue près du palais;
6 *ouvert* : abaissement de la langue;
7 *avant* : avancée de la langue;
8 *arrière* : retrait de la langue vers l'arrière de la bouche;
9 *arrondi* : arrondissement des lèvres;
10 *nasal* : abaissement du voile du palais permettant à l'air vibrant de passer par les voies nasales;
11 *latéral* : passage de l'air par les côtés de la langue;
12 *continu* : obstruction au passage de l'air qui n'est pas totale;
13 *voisé* : vibration des cordes vocales;
14 *strident* : turbulence de l'air dans le canal buccal

En examinant la valeur des traits assignés à chaque phonème, on s'aperçoit qu'ils sont définis par plus de traits qu'il n'en faut pour les différencier les uns des autres. C'est qu'il y a de très grandes interdépendances entre les traits; par exemple, [−*voc*] implique [−*ouv*] et [−*lat*]; [+*ouv*] implique [+*voc*] et [−*cons*] et [−*fer*]; [−*voc*] combiné à [+*nas*] implique [+*cons*]; etc. Ceci permet de dresser des matrices qui ne mentionnent plus que les traits minimaux (tableau VII). On voit alors que chaque phonème se définit par un petit nombre de traits.

A ces traits qui différencient les phonèmes et qui sont dits *intrinsèques*, il convient d'ajouter des traits dits *prosodiques*, qui les caractérisent uniquement par comparaison avec ceux qui les entourent dans l'énoncé : il s'agit du *ton*, de l'*intensité* et de la *durée*. Ce sont normalement les noyaux syllabiques, c'est-à-dire les voyelles, qui présentent ces caractères, mais comme ils les présentent seulement par contraste avec les noyaux syllabiques voisins, il convient de considé-

Tableau VI. *Traits distinctifs du français*
(d'après Bibeau, 1975)

	i	(e)	ɛ	a	ɔ	(o)	u	y	(ø)	ə	ɛ̃	ã	ɔ̃
1 voc	+	+	+	+	+	+	+	+	+	+	+	+	+
2 cons	−	−	−	−	−	−	−	−	−	−	−	−	−
3 cor(−)	−	−	−	−	−	−	−	−	−	−	−	−	−
4 ant(−)	−	−	−	−	−	−	−	−	−	−	−	−	−
5 fer	+	−	−	−	−	−	+	+	−	−	−	−	−
6 ouv	−	−	+	+	+	−	−	−	−	−	+	+	+
7 avant	+	+	+	−	−	−	−	+	+	−	+	−	−
8 arr	−	−	−	−	+	+	+	−	−	−	−	−	+
9 ron	−	−	−	−	+	+	+	+	+	+	−	−	+
10 nas	−	−	−	−	−	−	−	−	−	−	+	+	+
11 lat(−)	−	−	−	−	−	−	−	−	−	−	−	−	−
12 cont (+)	+	+	+	+	+	+	+	+	+	+	+	+	+
13 voisé (+)	+	+	+	+	+	+	+	+	+	+	+	+	+
14 str (−)	−	−	−	−	−	−	−	−	−	−	−	−	−

	p	t	k	b	d	g	m	n	ɲ	f	v	s	z	ʃ	ʒ	l	R	j	(w)	(ɥ)
1 voc	−	−	−	−	−	−	−	−	−	−	−	−	−	−	−	+	+	−	−	−
2 cons	+	+	+	+	+	+	+	+	+	+	+	+	+	+	+	+	+	−	−	−
3 cor	−	+	−	−	+	−	−	+	+	−	−	+	+	+	+	+	−	−	−	−
4 ant	+	+	−	+	+	−	+	+	−	+	+	+	+	−	−	+	−	−	−	−
5 fer	−	−	+	−	−	+	−	−	+	−	−	−	−	+	+	−	+	+	+	+
6 ouv(−)	−	−	−	−	−	−	−	−	−	−	−	−	−	−	−	−	−	−	−	−
7 avant	−	−	−	−	−	−	−	−	+	−	−	−	−	−	−	−	−	+	−	+
8 arr	−	−	−	−	−	−	−	−	−	−	−	−	−	−	−	−	+	−	+	−
9 ron	−	−	−	−	−	−	−	−	−	−	−	−	−	−	−	−	−	−	+	+
10 nas	−	−	−	−	−	−	+	+	+	−	−	−	−	−	−	−	−	−	−	−
11 lat	−	−	−	−	−	−	−	−	−	−	−	−	−	−	−	+	−	−	−	−
12 cont	−	−	−	−	−	−	−	−	−	+	+	+	+	+	+	+	+	+	+	+
13 voisé	−	−	−	+	+	+	+	+	+	−	+	−	+	−	+	+	+	+	+	+
14 str	−	−	−	−	−	−	−	−	−	+	+	+	+	+	+	−	−	−	−	−

Tableau VII. *Traits distinctifs minimaux du français*
(d'après Bibeau, 1975)

	i	(e)	ε	a	(o)	u	y	(ø)	ə	ɛ̃	ã
1 voc	+	+	+	+	+	+	+	+	+	+	+
5 fer	+	+	−	−	+	+	+	+			
6 ouv	−	−	+	+	−	−	−	−	+	+	+
7 avant	+	+	+	+	−	−	+	+	+	+	−
8 arr	−	−	−	−	+	+	+	+	+	−	+
9 ron	−	−	−	−	+	+	+	+	+	−	−
10 nas										+	+

	p	t	k	b	d	g	m	n	ɲ	f	v	s	z	ʃ	ʒ	l	R	j	(w)	(ɥ)
1 voc	−	−		−	−		−	−		−	−	−	−	−	−		+	−	−	−
2 cons	+	+		+	+		+	+		+	+	+	+	+	+		+			
3 cor		+		−	+		−	+	+	−	−	+	+	+	+		+	+	+	+
4 ant		+	−	+	+	−	+	+	−	+	+	+	+	−	−		−	−	−	−
5 fer			+			+														
7 avant																				
8 arr																				
9 ron																				
10 nas	−	−		−	−		+	+	+	−	−	−	−	−	−					
11 lat	−	−		−	−											+				
12 cont	−	−		−	−					+	+	+	+	+	+		+	+	+	+
13 voisé	−	−		+	+					−	+	−	+	−	+					
14 str										−	−	+	+	+	+			−		

rer la distribution des tons, des accents et des durées sur l'ensemble des syllabes d'une phrase: on parle alors d'*intonation*, d'*accentuation* et de *rythme*. Les structures prosodiques contribuent largement à l'information que charrient les variantes idiolectales, dialectales et expressives. Elles font cependant partie intégrante des structures de la langue dans la mesure où elles véhiculent aussi des informations de caractère lexical ou syntaxique. Dans certaines langues, un déplacement d'accent peut changer une unité lexicale en une autre; c'est le cas, en anglais, de *ob'ject* (objet) et *object'* (objecter). On sait aussi que le caractère descendant ou ascendant de l'intonation peut différencier une phrase déclarative d'une phrase interrogative. Par ailleurs, l'accentuation peut servir à désambiguïser des énoncés syntaxiquement ambigus; ainsi une phrase comme:
   La belle ferme le voile
peut être interprétée de deux manières:
   La belle / ferme le voile
   La belle ferme / le voile
selon que l'accent tombe sur *belle* ou sur *ferme* (Hérault et Moreau, 1967). L'importance de la prosodie dans l'identification de la structure syntaxique a été reconnue par Chomsky dans certaines modifications qu'il a apportées aux principes de la grammaire transformationnelle (Chomsky, 1971).

Les phonèmes comme catégories de référence

Nous en resterons là en matière de phonologie, bien que les spécialistes ne s'accordent pas entièrement, ni sur le répertoire des phonèmes, ni sur la définition de leurs traits. Ce qui doit maintenant retenir notre attention, c'est que, comme les structures lexicales, les structures phonémiques de la langue doivent être, d'une manière ou d'une autre, stockées par le sujet, qui les utilise comme système de référence tant dans l'élocution que dans l'identification de l'énoncé.

Dans l'élocution, les traits peuvent être conçus comme un faisceau d'instructions motrices gouvernant le fonctionnement des organes phonatoires. Ainsi, même si le [k] dans *cou* et le [k] dans *qui* présentent des propriétés acoustiques sensiblement différentes, il s'agit là de deux réalisations du même phonème /k/, parce que les instructions motrices sont identiques: [+*fer*], [+*arr*], [−*cont*], [−*voisé*]; dans ce cas, les différences observées sont attribuables à la variabilité inhérente aux mécanismes périphériques.

Dans l'identification de l'énoncé, les phonèmes peuvent être considérés comme des catégories auditives de référence; un son vocal sera classé dans telle catégorie phonémique s'il présente, parmi ses multiples caractéristiques, celles qui correspondent aux traits qui définissent cette catégorie. Si l'on se reporte à ce que nous avons dit au chapitre II sur la découverte des invariants dans l'identification des formes et sur les processus d'analyse par synthèse, on conçoit aisément que le sujet utilise les traits distinctifs comme autant de *tests* à appliquer aux stimuli vocaux; par exemple, un son sera identifié comme appartenant à la classe phonémique /k/ si le résultat est positif pour les tests *fer?* et *arr?* et négatif pour les tests *cont?* et *voisé?* A cet effet, les traits sont, en principe, à définir en termes acoustiques plutôt qu'articulatoires, ce qui pose quelques problèmes car, à l'heure actuelle, il n'est pas toujours clair de quelle façon une différence dans l'articulation se traduit dans une différence dans les structures acoustiques. Il y a cependant quelques controverses à ce propos. Comme le sujet se livre, durant l'identification de l'énoncé, à des activités phonatoires latentes (et d'ailleurs décelables par des mesures myo-électriques), certains ont émis l'idée que le signal perçu serait constamment comparé par le sujet aux mouvements articulatoires qu'il doit lui-même accomplir pour produire un signal semblable; dans ces conditions, ce seraient plutôt les propriétés motrices que les propriétés acoustiques qui seraient utilisées. Ce point de vue fait toutefois surgir un certain nombre de difficultés (Lane, 1965); il apparaît, notamment, que des sujets sont capables d'identifier des sons qu'ils ne sont pas à même de produire.

Quoi qu'il en soit, si tel est le statut des structures phonémiques sur le plan des opérations mentales, il est nécessaire que les phonèmes soient stockés sous la forme d'une combinaison d'attributs. Mais alors, si nous comparons les phonèmes deux à deux, ils seront jugés d'autant plus similaires (et ils seront sans doute confondus d'autant plus facilement) qu'ils présentent un plus grand nombre d'attributs communs. Dans ces conditions, on peut considérer que les unités phonémiques, telles qu'elles sont organisées en mémoire, présentent des «liaisons perceptives» (ou, inversément, des «distances perceptives») les unes par rapport aux autres, et qu'il est possible de les localiser dans un «espace perceptif» dont les dimensions correspondent aux diverses oppositions qui les différencient. Formulée de la sorte, la question est semblable à celle que nous avons posée à propos de l'organisation subjective du lexique, à ceci près qu'il s'agit de liaisons ou de distances perceptives au lieu de sémantiques; elle peut donc être abordée par les mêmes méthodes, qui sont celles que nous avons exposées au chapitre III. Nous nous bornerons à les illustrer ici par une recherche que nous avons menée sur un ensemble de consonnes de la langue française.

L'étude porte sur 12 consonnes. Toutes les paires possibles, dans chacune des deux permutations, ont été présentées à 70 sujets, dans un ordre de succession aléatoire. Chaque paire était lue à haute voix par l'expérimentateur, puis répétée par le sujet (les consonnes étaient placées devant la voyelle /ə/). Le sujet devait ensuite évaluer la différence entre les deux consonnes par un chiffre de 1 à 6. Le tableau VIII donne les évaluations moyennes obtenues. L'analyse des grap-

Tableau VIII. Distances perceptives moyennes entre douze consonnes de la langue française

	p	t	k	b	d	g	f	s	ʃ	v	z	ʒ
p	–											
t	2,16	–										
k	2,99	3,21	–									
b	0,80	2,39	3,36	–								
d	1,93	0,93	3,01	1,49	–							
g	3,03	2,95	1,09	2,65	2,96	–						
f	2,91	2,96	3,15	2,56	2,86	3,25	–					
s	3,35	3,03	3,20	3,04	3,01	3,72	2,44	–				
ʃ	3,54	3,41	2,92	3,01	3,24	3,11	2,26	1,77	–			
v	3,01	3,21	3,46	2,39	2,96	3,49	0,71	2,63	2,62			
z	3,51	3,51	3,66	3,14	3,14	3,60	2,44	0,79	2,40	2,36	–	
ʒ	3,09	3,30	3,04	2,86	2,65	2,64	2,34	2,18	1,00	2,21	2,08	–

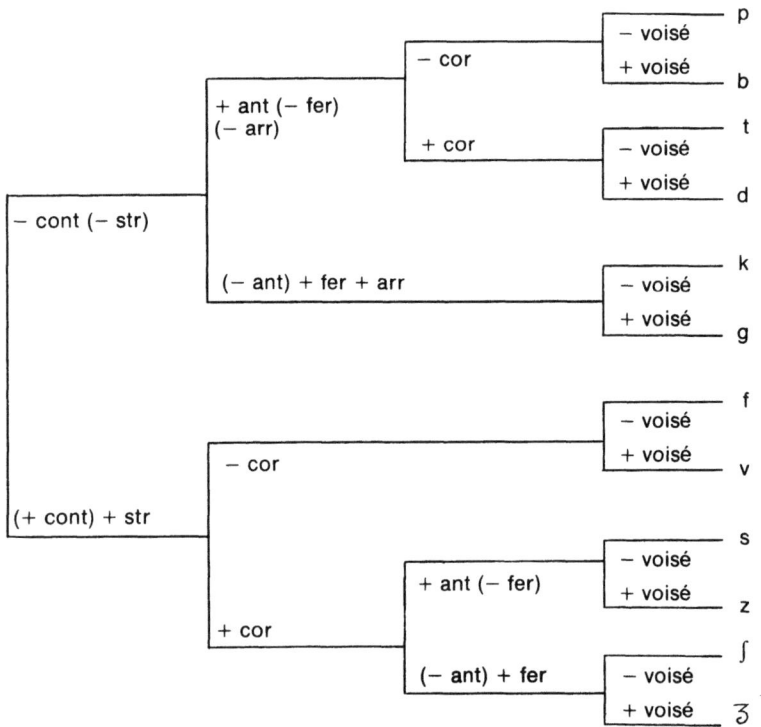

Figure 16. Analyse des grappes appliquée aux distances perceptives entre 12 consonnes françaises. Interprétation par les traits décrits au tableau VI (les traits redondants sont mis entre parenthèses).

pes appliquée à cette matrice (par la méthode de Johnson, 1967) fournit une représentation hiérarchique que nous avons schématisée dans la figure 16. En libellant les oppositions au moyen des traits utilisés dans le système de Chomsky et Halle, on s'aperçoit que les partitions coïncident effectivement avec les discriminations introduites par certains de ces traits. La première partition coïncide avec l'opposition entre phonèmes $-cont$ $-str$ d'une part, $+cont$ $+str$ d'autre part. Un deuxième type de partition coïncide avec l'opposition entre phonèmes $+ant$ $-fer$ et phonèmes $-ant$ $+fer$. Un troisième type de partition coïncide avec l'opposition entre phonèmes $-cor$ et $+cor$. Enfin, la partition la moins importante coïncide avec l'opposition entre $-voisé$ et $+voisé$. Une analyse multidimensionnelle par la méthode de Kruskal (1964) fournit également une solution excellente en quatre dimensions (stress = 0,03); ces dimensions coïncident avec celles qui précèdent et les axes présentent des longueurs inégales traduisant leurs importances respectives. Il apparaît ainsi que la grille de référence phonémique s'organise subjectivement par rapport à des oppositions binaires, que ces oppositions peuvent être interprétées en termes de traits phonologiques, mais qu'elles présentent des poids inégaux dont le nombre de traits ne permet pas, à lui seul, de rendre compte (que l'on observe la position hiérarchique occupée par l'opposition $+cor/-cor$).

De telles recherches ont été réalisées dans diverses langues, soit sur des groupes de consonnes (p. ex. Peters, 1963, Singh, Woods et Becker, 1972, pour l'anglais), soit sur des groupes de voyelles (p. ex. Beeckmans, 1978, pour le français; Govaerts, 1978, pour le néerlandais; Hanson, 1963, pour le suédois; Singh et Woods, 1970, pour l'anglais). Elles varient, bien entendu, par le matériel vocal employé (stimuli naturels ou synthétiques), par la façon d'évaluer les distances perceptives, et par les techniques de l'analyse mathématique. Il est difficile, à l'heure actuelle, de se prononcer définitivement sur les dimensions qui organisent l'espace perceptif des phonèmes, et spécialement des voyelles, car les résultats ne convergent pas toujours.

Mais quelles que soient exactement les oppositions auditives et motrices (c'est-à-dire kinesthésiques) qui nous permettent d'identifier les phonèmes, il est certain que ceux-ci se différencient sur plusieurs dimensions, de l'ordre d'une douzaine, et que chacune de ces dimensions ne présente qu'un très petit nombre d'échelons, voire deux échelons seulement, et que c'est là une situation que l'on observe dans toutes les langues naturelles. Or, il semble que l'on puisse fonder cette situation sur les propriétés qui gouvernent nos activités cognitives, et qui apparaissent bien dans les recherches sur le jugement « absolu » ou, mieux, « catégoriel ». Il s'agit d'expériences où l'on présente au sujet, dans de bonnes conditions sensorielles, des stimuli qui représentent N grandeurs sur une dimension perceptive déterminée, et où on lui demande d'évaluer cette grandeur par un nombre allant de 1 à N. On observe alors que le nombre de catégories correctement discriminables est très réduit (Miller, 1956). Ainsi Pollack (1952) demanda à des sujets de classer dans des catégories des « sons purs » différant par la hauteur tonale, en utilisant soit 2 catégories (grave/aigu), soit 3 (grave/médian/aigu), et ainsi de suite jusqu'à 14; les résultats montrent qu'ils ne peuvent utiliser plus de cinq catégories sans les confondre. Des observations similaires ont été faites par Garner (1953) pour l'intensité et par Murphy (1966) pour la durée.

Hupet (1972, 1973) a fait des expériences similaires sur la hauteur tonale et l'intensité en inversant la procédure : au lieu de présenter un stimulus auquel le sujet doit assigner un nombre, on lui donne un nombre (de 1 à N) et il doit produire la grandeur appropriée en réglant lui-même les générateurs de sons. De même, Hupet (1972) a tenté d'établir le nombre de catégories différenciables sur certaines dimensions caractérisant les sons vocaux, en veillant naturellement à choisir des dimensions phonologiquement non pertinentes en français et donc susceptibles d'être subdivisées de diverses manières; il présentait un nombre de 1 à N, et le sujet devait émettre une voyelle [a] d'intensité ou de durée appropriées. Toutes ces épreuves font apparaître qu'une dimension ne peut être subdivisée qu'en un très petit nombre d'échelons.

De telles limites ne sont pas attribuables aux processus sensoriels, si l'on songe que l'oreille peut différencier quelque 840 fréquences et 230 amplitudes. Pour les comprendre, il faut considérer que si le jugement catégoriel consiste à sélectionner une grandeur dans un répertoire de N grandeurs possibles, nous avons de bonnes raisons de croire qu'il s'agit d'un processus de triage hiérarchisé, tel que nous l'avons décrit au chapitre II. Et en effet, si on mesure le temps nécessaire au sujet pour effectuer son évaluation, et que l'on examine l'évolution du temps en fonction de N, on observe que le phénomène obéit à la loi de Hick-Hyman (Citta et Hupet, 1973). Les critères indispensables pour gouverner les pas successifs de ce triage sont fournis par l'existence de certaines catégories plus facilement identifiables que d'autres, comme les catégories extrêmes et la catégorie médiane, et qui font office de repères ou « points d'ancrage »; un pas consiste, par exemple, à décider si la grandeur est en deçà ou au-delà d'un repère donné. Dans cette perspective, s'il y a peu de catégories utilisables, c'est que le nombre de pas est petit, et ceci est dû au fait que le nombre des repères est lui-même restreint.

Ces observations devraient nous permettre de comprendre pourquoi les oppositions phonologiques doivent être binaires; cependant, les limites du jugement catégoriel peuvent être considérablement haussées à la faveur d'un apprentissage systématique. On a pu montrer que l'effet de cet apprentissage s'exerce précisément en multipliant les points d'ancrage; le temps augmente d'ailleurs avec la performance, ce qui est parfaitement compatible avec l'idée que, les ancrages devenant plus nombreux, le processus de triage s'allonge

(Hupet et Citta, 1973). On ne voit dès lors pas pourquoi les dimensions phonologiques n'auraient pas bénéficié d'un tel apprentissage, à moins que l'on puisse montrer que l'enfant, à l'âge où il apprend les oppositions phonologiques de sa langue maternelle, présente des possibilités de catégorisation non seulement très rudimentaires, mais, surtout, impossibles à améliorer par des séances d'apprentissage.

De rares travaux ont été faits sur cette question, car de telles expérimentations sont difficiles à mener à bien sur de jeunes sujets. Hupet, Citta et Costermans (1976) ont présenté à des sujets de trois groupes d'âge (environ 41, 84 et 110 mois) la manipulation suivante : on présente de petites règles de bois ayant 6, 8 ou 12 longueurs différentes, selon le cas, en même temps qu'un panneau avec une fente coïncidant avec une de ces longueurs ; la tâche de l'enfant est de choisir la règle qui s'emboîte exactement dans la fente. Il apparaît que les trois groupes d'âge parviennent à différencier respectivement 3, 4 et 6 longueurs, avec de grandes différences individuelles liées d'ailleurs au développement des ancrages. Quelques essais sur des enfants de 2 ans semblent indiquer que la différenciation à cet âge serait simplement binaire. En outre, si l'on soumet de tels enfants à des séances d'entraînement, on n'aboutit à aucun progrès notable chez les plus jeunes.

Si de telles observations se confirment, il faudra en conclure que, si l'on veut manipuler plus de deux phonèmes différents, il faudra bien qu'ils se différencient sur plusieurs dimensions. Ceci rejoint des observations anciennes de Pollack (1952) et de Pollack et Ficks (1953), qui avaient présenté aux sujets des stimuli auditifs se différenciant par deux, six, voire huit dimensions binaires ; dans de telles conditions, on a pu observer jusqu'à 150 catégories parfaitement différenciables.

Les relations entre signifiants et signifiés

On a vu précédemment, dans une perspective componentielle, que le signifié ne peut désigner aucun objet singulier, mais seulement une classe d'objets ; et c'est pourquoi il ne peut se définir que par l'ensemble des attributs (ou sèmes) que présentent tous les objets de cette classe. Il apparaît maintenant qu'il en va exactement de même pour le signifiant. Ce ne peut être, en effet, aucun son vocal particulier (ou aucun enchaînement particulier de sons vocaux), mais seulement une classe de sons ; et c'est pourquoi il ne peut, lui aussi, se définir que par l'ensemble des attributs (ou traits distinctifs) que présentent tous les sons de cette classe. Il y a donc conceptualisation dans l'univers sémantique d'une part, dans l'univers phonétique d'autre part, en ce sens que l'on substitue deux grilles de référence discontinues à deux univers continus. La langue introduit, en d'autres termes, un découpage du monde des objets en catégories sémantiques discrètes, et du monde des sons vocaux en catégories phonémiques également discrètes, et les deux grilles ainsi obtenues doivent être compatibles, car le signe linguistique se constitue par la liaison entre une catégorie sémantique et une catégorie phonémique.

Ce découpage à double face diffère d'une langue à l'autre. Il est, bien entendu, tributaire des conditions de vie et des structures socioculturelles qui prévalent dans une communauté linguistique donnée. Certains attributs peuvent être plus «saillants» dans une communauté que dans une autre, et cela se traduit à la longue dans la structure même de la langue et notamment du lexique. Nous avons, dans notre civilisation, une grande variété de termes désignant divers types de voitures ou divers types d'aéroplanes; mais les recherches ethnographiques sur les langues ancestrales d'autres régions du globe ont montré que chez les Indiens Hopis on désignait d'un même terme tout ce qui peut voler, qu'il s'agisse d'un animal ou d'un engin mécanique. Les Zoulous d'Afrique australe n'avaient pas de terme pour *carré* (Allport et Pettigrew, 1957). En revanche, les Eskimos ont plusieurs termes pour désigner divers types de neige et certaines langues africaines ont des unités lexicales distinctes pour diverses sous-espèces d'antilopes.

Si à l'échelle phylogénétique, les structures linguistiques sont tributaires des structures cognitives, il est important de noter que ces structures linguistiques, une fois fixées, contribuent, par leur relative stabilité, à perpétuer les structures cognitives qui leur ont donné forme. A l'échelle ontogénétique, en effet, ainsi que l'ont beaucoup souligné les travaux dans la ligne de Whorf (1956), la langue s'impose à l'enfant comme un «moule» dont les structures, tant lexicales que syntaxiques, contribueront à organiser ses propres structures cognitives. S'il n'a pas, dans son patrimoine linguistique, de terme pour *carré*, le Zoulou peut avoir quelque difficulté à en concevoir la notion, de même que nous aurons quelque peine à faire, entre les diverses sous-espèces d'antilopes, des distinctions qui s'imposent à d'autres avec beaucoup d'évidence.

Que la catégorisation de l'expérience doive être influencée par les structures linguistiques que nous ont léguées les générations antérieures, c'est ce que montrent diverses recherches comparatives. Notre distinction entre noms et verbes ne se retrouve pas comme telle dans la langue Nootka parlée dans la région de Vancouver; plutôt que «ceci est une maison», on dira quelque chose comme «ceci maisonne». La langue Hopi ne permet pas l'expression de la durée; on ne dit pas «je resterai trois jours», mais plutôt quelque chose comme «je partirai le troisième jour», ce qui a pour conséquence qu'un mot comme *jour* ne peut avoir de pluriel. Dans le domaine fort étudié des termes de parenté, alors que nous avons en français un terme pour *frère* et un terme pour *sœur*, on a en hongrois un terme superordonnant pour *frère et sœur*, et des termes pour *frère aîné*, *frère cadet, sœur aînée, sœur cadette*; cette structure linguistique fait une place plus importante à l'ordre d'aînesse dans la fratrie et peut influencer les attitudes familiales. Le fait que nous ayons deux termes, *madame* et *mademoiselle*, pour désigner la femme mariée ou célibataire, là où nous n'en avons qu'un seul, *monsieur*, pour désigner l'homme, témoigne de ce que nos ancêtres considéraient les sexes sur un mode à tout le moins «asymétrique», et contribue à perpétuer de nos jours une telle attitude.

Mais c'est dans le domaine des termes de couleur qu'ont été menées les recherches sans doute les plus systématiques. Sur le plan de la physique, nous avons affaire à un continuum de longueurs d'ondes; mais ce continuum est subdivisé en une série de catégories correspondant aux couleurs dites «primaires» telles que le rouge, le jaune, le vert, le bleu, et les limites séparant les catégories contiguës sont d'une remarquable précision (Beare, 1963; Ekman, 1963). Des expériences de dénomination de couleurs ont montré que le nombre de ces catégories et l'emplacement de leurs frontières diffèrent considérablement d'une langue à l'autre (Berlin et Kay, 1969). En gallois, par exemple, on a un terme *glas* qui désigne à peu près la région des longueurs d'ondes correspondant à notre vert-bleu; ce *glas* apparaît comme une teinte primaire, cependant que notre vert et notre bleu feraient plutôt figure de couleurs-frontières.

En dépit de tous les faits qui précèdent, il serait peu fondé de croire qu'il soit impossible de construire des concepts qui ne correspondraient pas à des éléments de la langue, comme d'aucuns l'ont suggéré; ce serait limiter les opérations cognitives aux seules opérations verbales (voire lexicales), et perdre du même coup ce qui, précisément, fait évoluer les structures linguistiques. Il est préférable de considérer que les entités cognitives présentent différents niveaux de *codabilité* linguistique; une catégorie comme le vert-bleu sera plus codable en gallois qu'en français, alors que ce sera l'inverse pour le vert et pour le bleu (Brown et Lenneberg, 1954). Malgré sa richesse, la langue n'offre, de toute évidence, qu'un support limité aux opérations cognitives et aux processus de communication, qui sont plus riches encore; et peut-être le poète est-il celui qui tente de la pousser au-delà de ses limites en faisant violence à ses structures. Si, par ailleurs, chaque langue introduit un découpage dans les données extra-linguistiques qui lui est propre, on peut s'interroger sur la situation du sujet bilingue, qui est appelé à manier deux découpages différents tout en conservant une représentation cohérente de l'univers.

Chapitre V
Les combinaisons

Nous avons accordé beaucoup d'attention, dans les chapitres I, II et III, à ce que peut être une opération de sélection lexicale. Il était entendu que l'élaboration d'un énoncé, de même que son interprétation, demandent le plus souvent que l'on aille chercher, dans le lexique subjectif, *plusieurs* unités, et que de telles sélections sont réalisées les unes en fonction des autres. C'est par simple commodité que nous avions résolu de voir plus tard comment cette interdépendance est assurée, en sachant bien qu'il nous faudrait alors réexaminer les opérations de sélection lexicale elles-mêmes en leur assignant une juste place dans l'ensemble des processus qui gouvernent la production et la compréhension d'une phrase. Ces questions vont maintenant nous retenir un bon moment, et elles nous réservent d'ailleurs quelques surprises, car les travaux en cette matière ont suivi des chemins sinueux; pour en avoir une bonne compréhension, il nous les faut parcourir, car il est important que les conceptions qui se sont succédé soient saisies dans leurs articulations mutuelles et dans leur mouvement.

Les restrictions combinatoires

A tous les niveaux d'organisation du discours, on observe qu'il existe des restrictions combinatoires, de telle sorte que la variété des combinaisons que l'on rencontre est généralement très inférieure à ce qu'elle serait si tous les éléments pouvaient être combinés avec tous les autres. Certaines de ces restrictions sont imposées par la structure même de la langue, à telle enseigne que les enfreindre aboutirait à des énoncés n'appartenant plus à cette langue : ce sont là des contraintes combinatoires qui ont leur source dans la *compétence* linguistique et qui imposent des limites à l'ensemble des énoncés que la langue peut produire. Mais parmi les combinaisons qui demeurent autorisées, il en est un grand nombre qui ne seront vraisemblablement jamais utilisées, ou qui ne pourront l'être que dans des conditions plus ou moins insolites. Nous avons là des restrictions combinatoires de fait, qui ont leur source dans des variables de *performance*. On aurait tort de confondre ces deux formes de restrictions, qui ne peuvent être attribuées à des mécanismes identiques, même si, à certains égards, elles exercent des effets similaires sur la communication verbale, ainsi qu'on le verra plus loin.

C'est le linguiste Jakobson (1963) qui a fait observer que, partant des unités verbales les plus élémentaires pour aller jusqu'aux unités les plus vastes, non seulement on a affaire à des répertoires de plus en plus étendus, mais on jouit d'une « liberté combinatoire » croissante.

Si on se place au niveau des unités phonologiques (au niveau de ce que Martinet (1963) a appelé la « deuxième articulation du langage »), les restrictions sont généralement impératives et atteignent une ampleur spectaculaire. Si nous prenons la liste des traits telle qu'elle est décrite par Chomsky et Halle (1968), nous avons affaire à 14 traits binaires ; en les combinant de toutes les manières, nous pourrions former 2^{14} phonèmes différents, soit 16.384, — là où nous en avons tout au plus une quarantaine. Ce sont là des contraintes imposées par la structure même du système phonologique, et on aurait tort de croire que ce sont les combinaisons « imprononçables » qui sont éliminées de la sorte ; par exemple, en français, une voyelle fermée ne peut être nasale ($[+voc]$, $[+fer] \rightarrow [-nas]$), mais il en va différemment en portugais où l'on a un /i/ nasal, /ĩ/. Mais en outre, les phonèmes d'une langue présentent des fréquences relatives d'usage très

Tableau IX. Fréquence moyenne des phonèmes en français (en %) (modifié d'après Lafon, 1961)

a	8,3	u	3,6	ɔ	1,5
i	7,1	d	3,5	ɛ̃	1,4
r	6.9	m	3,4	f	1,3
l	6,8	ã	3,3	b	1,2
e	6,5	n	2,8	ø	0,6
s	5,8	y	2,7	z	0,6
ɛ	5,3	v	2,4	œ̃	0,5
œ	5,1	ɔ̃	2,0	ʃ	0,5
t	4,5	o	1,7	g	0,3
k	4,5	ʒ	1,7	ɲ	0,1
p	4,3				

inégales. Le tableau IX donne les fréquences relatives des phonèmes du français parlé, dénombrées par Lafon (1961). On observe qu'il en résulte de nouvelles restrictions dans les combinaisons des traits; ainsi, si nous considérons les 12 consonnes non nasales ([$-voc$], [$+cons$], [$-nas$]), la combinaison de ces traits avec [$-voisé$], réalisée dans les 6 phonèmes /p, t, k, f, s, ʃ/, a une fréquence totale de 20,9 %, alors que la combinaison de ces mêmes traits avec [$+voisé$], que l'on trouve dans /b, d, g, v, z, ʒ /, ne présente qu'un pourcentage de 9,7.

Si maintenant nous examinons la façon dont les phonèmes se combinent pour former des monèmes, la situation n'est pas moins impressionnante. Avec un répertoire de 40 phonèmes, on peut former 40 monèmes comprenant un seul phonème, 1.600 monèmes en comprenant deux, 64.000 monèmes en contenant trois, 2.560.000 monèmes en contenant quatre, et ainsi de suite. Mais une langue ne présente généralement que quelques milliers de monèmes. A nouveau, des contraintes inhérentes à la structure du français, et notamment à la structure de la syllabe, éliminent la très grande majorité des combinaisons possibles. Il faut, en français, un noyau syllabique constitué d'une voyelle [$+voc$] [$-cons$]; ce noyau est éventuellement précédé et suivi d'une ou plusieurs consonnes, mais si l'on a, par exemple, trois consonnes en début de syllabe, seules les combinaisons /spl, spr, str, skl, skr/ sont utilisées parmi les milliers de combinaisons théoriquement possibles (et encore certaines le sont-elles très rarement). Les fréquences relatives des combinaisons utilisées sont particulièrement inégales; en ce qui concerne les groupes bi-consonantiques, on a montré que les groupes qui combinent deux phonèmes moyennement distants sont plus fréquents que ceux qui combinent deux phonèmes, soit peu distants, soit très distants (Osgood et Sebeok, 1954), — ce qui a été attribué à un compromis entre deux tendances : la tendance du locuteur à simplifier les commutations articulatoires, qui sont minimales dans le cas de phonèmes peu distants, et la tendance de l'auditeur à préférer des groupes facilement discriminables, ce qui est le cas lorsque les phonèmes sont très distants. Notons que ces contraintes sont moins impératives que celles qui régissent les combinaisons des traits dans les phonèmes, car une certaine innovation devient possible à ce niveau, comme en atteste la création des néologismes.

Voyons maintenant ce que Martinet appelle la «première articulation du langage»; il s'agit de combiner des monèmes pour former des mots, et des mots pour former des phrases. Combiner deux ou plusieurs monèmes pour former un mot doit se faire en conformité avec les règles de la *morphologie*. Ces règles concernent particulièrement la suffixation. Elles concernent notamment les marques du genre et du nombre, le mode et le temps du verbe, les cas du nom éventuellement. Elles concernent également les mécanismes qui permettent de dériver des items lexicaux à partir d'autres items lexicaux, comme *machine* peut donner *machiner*, mais aussi *machinerie, machination*, et puis encore *machiniste, machinisme,* et *machinal, machinalement*, etc. La liberté laissée au locuteur est ici très variable d'une langue à une autre; elle est particulièrement réduite en français, langue très formalisée, dont le lexique présente des limites relativement strictes. Par exemple, on peut, en français, combiner le suffixe du diminutif *-ette* avec certains mots comme *maison/maisonnette, chambre/ chambrette, table/tablette,* mais on ne le peut pas avec une foule d'autres, et la liste en est à peu près exactement établie, alors que dans d'autres langues, où le lexique n'est pas strictement répertorié ni d'ailleurs répertoriable, comme l'allemand ou le néerlandais, une telle combinaison est à peu près libre.

Avec la combinaison des mots pour former des phrases, nous entrons dans l'univers de la *syntaxe*, où il ne peut en tout cas plus être question, dans aucune langue, d'énumérer les combinaisons autorisées. En effet, bien que les règles de la syntaxe soient impératives et éliminent une infinité de suites possibles, le nombre des suites autorisées par la langue doit également être considéré comme infini. Comme l'a montré Chomsky (1957) dans ses premiers travaux, cela tient au fait que certaines de ces règles sont récursives, c'est-à-dire qu'elles peuvent être réappliquées à l'un des éléments qu'elles engendrent. Ainsi, voyons une phrase comme :
   Le père du cousin de l'oncle du grand-père du voisin de la sœur aînée de la seconde femme du notaire est venu me voir

(exemple emprunté à Nique, 1976, de même que certains autres qui suivent). Une telle phrase peut être, en principe, allongée indéfiniment, du fait qu'une règle permet, en présence d'un nom, de lui attacher un complément contenant lui-même un nom. Voici une autre illustration du même mécanisme :
   Paul dont l'ami dont le père boit est ivre a mangé le chocolat.

Ici, le complément du nom est une relative, qui, de nouveau, contient elle-même un nom susceptible d'être flanqué d'une relative :

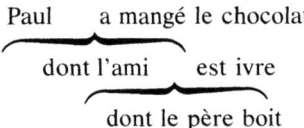

La différence entre les restrictions combinatoires imposées par la structure de la langue et celles qui relèvent de la performance des locuteurs prend ici un relief particulier. De nombreuses phrases syntaxiquement irréprochables seront inutilisables en pratique parce que leur production ou leur interprétation feraient violence à l'organisation de nos processus cognitifs. Tel sera sans doute le cas du dernier exemple qui précède; de même, on pourra hésiter à recourir à une pronominalisation intempestive :

Je n'ai pas apporté le petit déjeuner à ma femme dans sa chambre.
Je ne le lui y ai pas apporté.

D'autres phrases, non moins correctes syntaxiquement, et par ailleurs cognitivement maîtrisables, pourront être considérées comme insolites (ne disons pas improbables, car la notion de probabilité s'applique difficilement quand le nombre des phrases est infini et qu'il apparaît à tout instant des phrases nouvelles); par exemple:
La rondeur de ce carré me caresse brutalement l'oreillette gauche du foie.

Pour diverses raisons, toutes les phrases syntaxiquement acceptables ne sont donc pas des phrases qu'il est plausible de rencontrer. Et inversément, il faut bien le dire, il se trouve des phrases comme
Maman, donne bon chocolat bébé

qui sont syntaxiquement incorrectes, mais qui sont utilisées avec succès dans la communication.

C'est le niveau syntaxique qui, bien entendu, retiendra notre attention dans les chapitres qui suivent. Nous garderons pour la fin de cet ouvrage l'ordonnancement des phrases dans le discours; la liberté du locuteur y est assurément la plus grande, mais on devine néanmoins que n'importe quelle suite de phrases n'en constitue pas un discours pour autant.

Présélection et prédictibilité

Comme nous l'avons déjà souligné, il n'est pas indifférent qu'il s'agisse de contraintes inhérentes à la structure de la langue ou de contraintes de performance, si l'on veut éclairer les mécanismes qui gouvernent la coordination de la phrase, ainsi que nous le ferons dans les chapitres qui vont suivre. Cependant, les unes et les autres ont certains effets similaires sur les processus de présélection et de prédiction qui vont nous retenir d'abord un moment; en effet, le fait que les unités verbales, à quelque niveau qu'elles appartiennent, dépendent les unes des autres pour quelque raison que ce soit, est une source de *redondance*, c'est-à-dire de réduction de l'incertitude.

Pour le locuteur, les restrictions combinatoires impliquent qu'une fois certaines sélections faites, les autres doivent se faire dans le répertoire, plus restreint, contenant les éléments qui peuvent se combiner avec les premières, et ces opérations doivent s'en trouver simplifiées d'autant. Il faut considérer, en effet, que le contexte, en pareil cas, en éliminant une partie du répertoire, *pré-sélectionne* un sous-ensemble dans ce répertoire. Pour le destinataire de l'énoncé, les restrictions combinatoires entraînent qu'une fois certains éléments identifiés, d'autres peuvent être déterminés à partir de ceux-ci avec certaines chances de succès. Ceci permet à la communication verbale de résister aux incidents de toute sorte, bruits et distorsions, puisqu'il suffit de prélever une partie seulement de l'énoncé pour pouvoir le reconstituer dans son entier (Miller et Friedman, 1957; Oléron, 1960).

On a tenté de montrer cela de diverses façons, spécialement durant les années cinquante, — encore que la démonstration demeure rudimentaire, faute de savoir exactement, surtout à l'époque, ce qui dans un énoncé fait objet de sélection, et surtout dans quel ordre cela se passe.

Les contraintes phonologiques sont telles que, dans l'identification d'un énoncé, on pourra s'en tirer avec un très petit nombre d'indices perceptifs, surtout si l'on tient compte, en outre, d'un contexte verbal et non verbal plus large. Qu'il nous suffise d'en donner un exemple. Si, au cours d'un repas, un convive vous dit:

Veuillez me passer le sel

il peut vous être évident, compte tenu du contexte général dans lequel vous vous trouvez, qu'il vous demande de vous passer quelque chose qui se trouve sur la table, et seul le mot *sel* devra être identifié; comme il ne pourra guère vous demander autre chose que du sel, du poivre, ou à la rigueur, mettons, du sucre, si vous pouvez établir, dans le brouhaha des conversations, que le premier phonème est [+*cor*], vous pouvez éliminer *poivre*, car /p/ est [−*cor*], et si vous pouvez établir que le deuxième phonème est [−*ron*], vous pouvez éliminer *sucre*, car /y/ est [+*ron*]. Le processus apparaît donc essentiellement comme un processus de «testing d'hypothèses», étant entendu que, l'information tirée du contexte permettant de rejeter d'avance la plupart des hypothèses possibles, il suffira de très peu d'information perceptive pour départager les hypothèses restantes.

De même, la redondance interphonémique est indispensable pour la segmentation de la phrase en unités lexicales. Un énoncé comme *la rue principale* est une suite de phonèmes /laryprēsipal/ que le langage oral ne permet généralement pas de segmenter sur une base prosodique (il n'y a pas, dans l'oral, quelque chose qui corresponde à l'intervalle dans l'écrit). Mais parmi les multiples segmentations possibles, il se fait qu'une seule conduit à isoler des unités qui existent effectivement dans le lexique. Mais cela n'est rendu possible que parce que de nombreuses combinaisons de phonèmes ne sont pas utilisées. Certes, des difficultés de segmentation se présentent quelquefois, comme dans /lasimetri/; mais il s'agit de cas peu fréquents, que le contexte plus large permet généralement de trancher. S'il n'en était pas ainsi, la nécessité d'une segmentation univoque ferait pression sur les structures mêmes de la langue et l'on ne manquerait pas de voir apparaître des termes nouveaux qui seraient à l'abri d'une telle ambiguïté.

Mais les effets de la redondance ont été explorés surtout en ce qui concerne la combinaison des mots dans la phrase. Le lexique est un répertoire ambigu, et cela est dû, notamment, au fait qu'il est constamment en évolution; des items sortent de l'usage cependant que d'autres se créent et se répandant, à tel point que les relations entre les signifiants et les signifiés manquent de stabilité. On songe naturellement aux homonymies; mais le caractère profondément polysémique que pratiquement toutes les unités lexicales présentent à divers degrés pose des problèmes autrement complexes. Dans ces conditions, le contexte offre un outil de *désambiguisation*. Emis seul, l'item *bureau* peut apparaître comme ambigu, mais il cesse de l'être quand il est utilisé dans une communication verbale; il cesse de l'être, par exemple, dans des énoncés comme *le plafond de mon bureau* ou *le tiroir de mon bureau*. Il en va de même, a fortiori, pour les homonymes. Le Ny (1979) cite à ce propos une expérience de Maillard, qui reprend d'ailleurs une technique imaginée par Foss (1969). On donne au sujet, oralement, un énoncé de type suivant:

On rencontre beaucoup de promeneurs désœuvrés dans cet endroit. Il me semble d'ailleurs que cette foule se compose surtout de mineurs venus des environs.

On aura noté que le mot *mineurs* est ambigu. Les sujets doivent écouter l'énoncé afin de pouvoir répondre ensuite à une question qui concernera le contenu de cet énoncé. Mais en même temps (et c'est ce qui intéresse l'expérimentateur), ils doivent repérer la présence d'un phonème déterminé (ici le /v/ de *venus*), et enfoncer une touche dès qu'ils l'auront rencontré. Le temps de latence est censé nous informer sur la complexité du processus d'interprétation de ce qui précède immédiatement dans l'énoncé. Or, on observe que ce temps de latence s'allonge si le terme qui précède le phonème est ambigu; mais lorsque le contexte le désambiguise préalablement, ce temps n'est pas plus long que pour un mot non ambigu. Il apparaît ainsi que le contexte donne *directement* accès à l'un des sens de l'item, ce qui correspond bien à un processus de présélection.

S'il fallait, en définitive, synthétiser la situation dans laquelle nous nous trouvons ici, nous pourrions dire que le caractère évolutif de la langue implique que les unités verbales présentent une certaine dose d'ambiguité, mais que cette ambiguité est tolérable, grâce au fait qu'elle peut être levée, le plus souvent, par le contexte. Dans la mesure où le contexte échouerait, de façon répétitive, à désambiguiser les unités verbales, on verrait apparaître des modifications dans l'usage qui est fait de ces unités et même dans le répertoire de ces unités. L'univocité n'est donc certes pas une caractéristique de la langue; mais la nécessité d'éviter une dose intolérable d'ambiguité apparaît comme l'un de moteurs de son évolution.

Il est possible de se faire une idée de la nature des pré-sélections réalisées par le contexte, ou plutôt de la nature de celles que le contexte ne réalise pas, grâce à une technique connue sous le nom de *cloze-procedure* (Taylor, 1953). A l'origine, il s'agissait d'une technique visant à déterminer le niveau de complexité d'un texte: on remplaçait çà et là des mots par des espaces blancs, et on examinait dans

quelle mesure les sujets étaient capables de deviner les mots manquants. En fait, il est possible d'exploiter les observations dans une autre perspective. Supposons que l'on présente à un groupe de sujets la phrase suivante, dont il manque le dernier mot, avec la consigne de la compléter le mieux possible :
Le soir je ferme les ...
et mettons qu'ils nous proposent les réponses suivantes, avec des fréquences variables :

rideaux	25 %	portes	12,5 %
fenêtres	25 %	yeux	12,5 %
volets	25 %		

On voit d'emblée que le contexte a eu pour effet de limiter le lexique à cinq items seulement, ce qui est une première constatation intéressante. Si l'on suppose que la sélection lexicale peut être décomposée en une séquence de décisions élémentaires qui délimitent pas à pas l'étendue du lexique, comme nous l'avons suggéré au chapitre II, il apparaît ici que seules quelques ultimes étapes restent à parcourir. Nous pouvons alors nous demander quelles sont ces étapes. Si nous faisons l'hypothèse que le triage s'organise de la manière la plus économique (au sens donné à cette notion au chapitre II) on pourra tracer l'arbre de la figure 17a, dans lequel les deux branches de chaque alternative sont toujours équiprobables; il faut, dans cette hypothèse, deux pas pour sélectionner *rideaux, fenêtres* ou *volets*, et trois pas (donc vraisemblablement plus de temps) pour sélectionner *yeux* ou *portes* (ce qui équivaut à la quantité d'information de ces items); et le

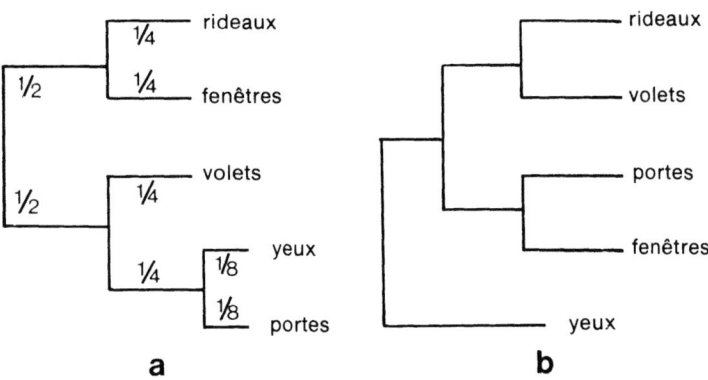

Figure 17. Représentation hiérarchique des pas non présélectionnés par le contexte. En a, l'organisation la plus économique; en b, l'organisation obtenue par l'analyse des grappes.

nombre moyen de pas vaudra 2,25 (ce qui correspond à l'incertitude). Mais il paraît difficile d'étiqueter les branches de cet arbre, de manière à identifier les critères utilisés. A cet effet, nous avons proposé à 50 sujets de répartir ces items en sous-groupes par la *sorting technique* de Miller (1969), — étant entendu que la phrase leur était également présentée. Sur la matrice des liaisons ainsi obtenue nous avons appliqué l'analyse des grappes (voir chap. III). L'organisation qui en résulta est représentée à la figure 17b. Cette fois, le triage paraît s'organiser sur base de critères sémantiques cohérents, et c'est d'ailleurs *yeux* qui exige le moins de pas, bien qu'il s'agisse d'un item moins fréquent. On voit ainsi que les prédictions de temps reposant sur les probabilités (ou, ce qui revient au même en l'occurrence, sur les calculs d'information, comme on le faisait volontiers durant les années cinquante) sont discutables.

Quoi qu'il en soit de leur nature exacte, les pas restant à accomplir peuvent être, dans un énoncé, plus nombreux pour certains mots que pour d'autres; lorsque beaucoup de pas restent à faire, il est possible que le locuteur manifeste un temps de latence dans le débit de son discours. C'est bien ce qui ressort des expériences de Goldman-Eisler (1968) sur l'organisation temporelle du discours spontané. En dépit des réserves que nous venons de formuler quant aux prédictions de temps basées sur les probabilités, elle a obtenu une relation très significative entre la durée de l'hésitation qui précède certains mots dans un énoncé et leur probabilité d'occurrence dans ce même énoncé, évaluée par la «cloze-procedure» (voir aussi Maclay et Osgood, 1959).

Les travaux de Goldman-Eisler jettent par ailleurs quelque lumière sur ce qui détermine plus généralement le débit de la parole. Le temps que prend la réalisation d'un énoncé verbal est fait de deux composantes: le temps occupé par les activités phonatoires d'une part, le temps pris par les pauses et hésitations d'autre part. Or, le temps total requis par l'énoncé dépend à peu près exclusivement du temps pris par les pauses et les hésitations. Ce dernier présente avec le débit du discours une corrélation de $-0,94$ (corrélation négative: plus les intervalles sont longs, plus le débit est lent), alors que la corrélation entre le débit et la vitesse de l'élocution n'est que de 0,17 (corrélation non significative). La parole se trouve donc ralentie, non par les limites des mécanismes phonatoires, mais par la lenteur relative des opérations centrales de sélection, — encore que le jeu des présélections, qui rend les éléments disponibles au fur et à mesure que le locuteur en a besoin, aboutisse à contracter sensiblement le temps nécessaire.

En définitive, nous avons affaire ici à un ensemble de mécanismes qui contribuent à réduire le *coût* dans la génération et dans l'interprétation des énoncés verbaux. Comme nous l'avons suggéré déjà au chapitre II, le temps pourrait n'être qu'un des aspects de ce coût, un

autre aspect étant la longueur. Lorsqu'un item est hautement prévisible à partir du contexte, non seulement le temps requis pour sa sélection sera réduit d'autant, mais aussi le travail articulatoire requis pour sa réalisation phonétique. On conçoit difficilement qu'un item lexical puisse présenter des longueurs variables selon le contexte, et cependant, la langue offre un ensemble de moyens qui aboutissent à un résultat de ce genre. Il y a, tout d'abord, les abréviations: *laboratoire* deviendra *labo* pour les gens qui s'y rendent fréquemment, *acide désoxyribonucléique* deviendra *A.D.N.* dans un article de biochimie, c'est-à-dire là où le contexte, verbal ou non verbal, fournit l'information nécessaire pour éviter l'ambiguité. Un autre moyen offert par la langue consiste à modifier les structures grammaticales de l'énoncé, et, en particulier, à utiliser l'anaphore. On dira:
mon voisin et sa femme

plutôt que:
mon voisin et la femme de mon voisin

On dira:
Le malade va mieux; ses frères et sœurs lui ont rendu visite

plutôt que:
Le malade va mieux; les frères du malade ont rendu visite au malade et les sœurs du malade ont rendu visite au malade

On ne dira guère:
Le travailleur a terminé son travail

mais plutôt:
Le travail est terminé

mais nous aurons l'occasion de revenir sur les fonctions de la forme passive.

Finalement, l'ensemble des mécanismes que nous venons de décrire dans les pages qui précèdent vise à réaliser deux objectifs quelque peu contradictoires: assurer la communication verbale au moindre coût, et pour cela, éviter les répétitions; maintenir une communication efficace même dans de mauvaises conditions, et pour cela, pratiquer suffisamment de répétitions pour que l'énoncé puisse être reconstitué à partir d'une réception lacunaire.

Chapitre VI
L'organisation syntagmatique
de la phrase

Il ne suffit certes pas de dire que les multiples sélections qu'impliquent la production ou l'interprétation d'un énoncé sont interdépendantes; encore faut-il montrer le mécanisme qui en assure la coordination. La psycholinguistique a pas mal tâtonné dans ce domaine. Ce chapitre et les deux qui suivent retraceront ces tentatives. Des psychologues behavioristes, théoriciens de la connexion stimulus-réponse, avaient, dans les années cinquante, proposé des modèles reposant sur les processus de conditionnement; interprétation qui, sur le plan linguistique, revient à postuler que les sujets utilisent une grammaire «à états finis» (*finite-state grammar*). Des difficultés fondamentales sont apparues, soulignées notamment par Chomsky, et, dans les années soixante, les modèles soumis à l'attention des psycholinguistes s'inspiraient plutôt de la grammaire des constituants immédiats d'abord (*immediate-constituent grammar*), de la grammaire transformationnelle ensuite. Nous allons brièvement retracer ce cheminement, qu'il est nécessaire de comprendre pour envisager ensuite le problème tel qu'il est posé aujourd'hui.

L'énoncé comme chaîne stochastique

Dans la perspective d'une grammaire à états finis, le locuteur passerait, tout au long de l'énoncé, par une série d'«états»; l'état où il se trouve à un moment donné est déterminé par les segments de l'énoncé déjà produit. Chaque état autorise la poursuite de l'énoncé dans certaines directions, et ces diverses directions présentent des probabilités respectives. Le locuteur construit donc l'énoncé comme si, dans chaque état successif par lequel il passe, il avait à sa disposition une urne contenant des items en proportions appropriées dans lequel il ferait une sélection. La grammaire serait faite de l'ensemble des enchaînements ainsi autorisés; des boucles permettraient de produire un nombre infini d'énoncés. Ainsi, la figure 18 pourrait être un fragment d'une telle grammaire. De l'état E_i le locuteur passe néces-

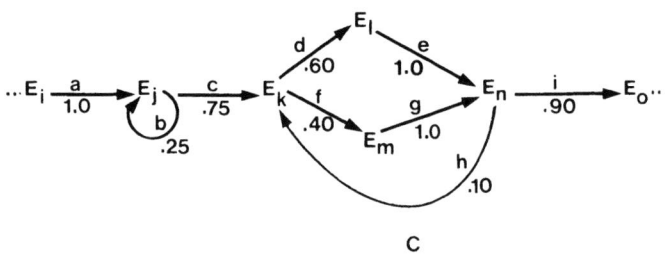

Figure 18. Fragment d'une grammaire à états finis.

sairement à l'état E_j (p = 1,00); mais de l'état E_j il peut, soit passer à l'état E_k (p = 0,75), soit, plus rarement, demeurer dans l'état E_j, et ainsi de suite. Il est facile de voir que ce fragment permet à lui seul de générer un nombre infini de suites différentes, telles que

$$...E_i \xrightarrow{a} E_j \xrightarrow{b} E_j \xrightarrow{c} E_k \xrightarrow{d} E_l \xrightarrow{e} E_n \xrightarrow{i} E_o \to ...$$

$$...E_i \xrightarrow{a} E_j \xrightarrow{c} E_k \xrightarrow{d} E_l \xrightarrow{e} E_n \xrightarrow{h} E_k \xrightarrow{f} E_m \xrightarrow{g} E_n \xrightarrow{i} E_o \to ... \text{ etc.}$$

Pour passer d'un état à un autre, le locuteur ajoute un élément à l'énoncé déjà construit, et la sélection de cet élément est conçue comme un processus probabiliste. On imaginera volontiers qu'il s'agit d'un mot, et que l'énoncé se construit ainsi mot par mot; mais puisque le mot est lui-même une suite de monèmes et, en dernière analyse, de phonèmes, il n'y a pas de raison de privilégier un autre niveau que celui des unités minimales.

L'énoncé verbal, dans cette conception, peut être représenté comme une *chaîne de Markov*, c'est-à-dire comme une concaténation d'événements dont l'apparition est régie par des probabilités transitionnelles. Supposons que nous ayons deux urnes, l'une contenant 3/4 de billes blanches et 1/4 de billes noires, l'autre contenant les proportions inverses. Supposons en outre que l'urne dans laquelle nous allons faire un tirage dépende du résultat du tirage antérieur; par exemple, si nous venons de tirer une bille blanche, nous allons tirer la suivante dans l'urne I, dans l'autre cas nous prendrons l'urne II. On voit que les probabilités lors du tirage *n* dépendent du résultat du tirage *n-1*; ainsi, la probabilité de tirer une blanche au tirage *n* vaudra 3/4 si l'on a tiré une blanche précédemment et 1/4 si l'on a tiré une noire, et ce sera l'inverse pour les probabilités de tirer une noire:

$p_b(b) = 3/4 \qquad p_b(n) = 1/4$
$p_n(b) = 1/4 \qquad p_n(n) = 3/4$

Mais on peut générer des chaînes d'ordre plus élevé. Par exemple, les probabilités de l'événement n pourraient dépendre des résultats des *deux* tirages précédents. On aurait par exemple:

$p_{bb}(b) = 3/4 \qquad p_{bb}(n) = 1/4$
$p_{nn}(b) = 1/4 \qquad p_{nn}(n) = 3/4$
$p_{nb}(b) = 2/3 \qquad p_{nb}(n) = 1/3$
$p_{bn}(b) = 1/3 \qquad p_{bn}(n) = 2/3$

On voit aisément qu'il est possible de générer des séries aux dépendances séquentielles très complexes. Leur étude mathématique a fait l'objet des travaux du mathématicien russe Markov au début de ce siècle, d'où leur nom. Ce fut d'ailleurs aussi Markov (1913) qui, le premier, suggéra d'examiner l'énoncé verbal sous cet angle.

Maintenant, il se trouve que la description de l'énoncé comme une chaîne de Markov épouse parfaitement les conceptions du langage en termes de conditionnement S-R. Lorsqu'un conditionnement se réalise, cela signifie qu'un stimulus acquiert le pouvoir de déclencher une réponse *avec une plus grande probabilité*. Cette probabilité traduit la «force» du conditionnement. On conçoit donc qu'un même stimulus puisse donner lieu à diverses réponses conditionnées, chacune d'elles apparaissant avec sa probabilité respective. Dès lors, la génération de l'énoncé peut être conçue de la façon suivante. Le contexte dans lequel le locuteur se trouve à un moment donné le met en présence de certaines stimulations, qui déclenchent une première réponse verbale; cette réponse s'ajoute au contexte précédent (le locuteur passe d'un état E_i à un état E_j), et le nouveau contexte ainsi créé déclenche une nouvelle réponse; celle-ci modifie à son tour le contexte (le locuteur passe à l'état E_k), qui déclenche dès lors une troisième réponse, et ainsi de suite. Chaque segment est le résultat d'une «compétition» entre l'ensemble des réponses préalablement conditionnées au contexte dans lequel le sujet se trouve, et ce sont les réponses les plus fortement conditionnées qui ont le plus de chances de sortir; on a donc, le plus souvent, diverses façons de passer d'un état à un autre, et ces chemins ont des probabilités respectives, à telle enseigne que la sélection d'un élément peut être assimilée à un tirage dans une urne contenant divers éléments en proportions appropriées. On suppose en général que la chaîne est «ergodique», ce qui veut dire qu'il y a une limite au nombre de segments qui influencent la sélection du segment suivant: les dépendances seront dès lors plus fortes par rapport au contexte proche que par rapport à un contexte plus lointain.

Une telle conception de la programmation de l'énoncé a été avancée par un certain nombre de psychologues travaillant dans le domaine des théories de l'apprentissage; elle tient une place importante dans les vues sur le langage qu'ont développées Skinner (1957), Mowrer (1960), ou encore Staats (1968).

Pour montrer qu'un tel mécanisme peut engendrer des énoncés d'autant plus acceptables qu'il est tenu compte d'un contexte plus étendu, Shannon (1951) avait imaginé ce qu'il est convenu d'appeler les «approximations du langage». Supposons que l'on veuille construire une séquence de mots (mais il n'y a pas d'obstacle à utiliser d'autres unités). Si nous puisons au hasard une série de mots dans un dictionnaire, où ils ont tous la même probabilité, nous aurons une approximation d'ordre zéro. Si nous les puisons au hasard dans un texte, nous aurons plus de chances de tomber sur des mots plus fréquents, et nous aurons une approximation d'ordre 1. Pour réaliser une approximation d'ordre 2, nous pouvons recourir à un subterfuge. Nous donnons à un sujet un mot au hasard, et nous lui demandons de composer une phrase dans laquelle ce mot est utilisé; nous prenons note du mot qui le suit immédiatement dans cette phrase. Nous demandons alors à un autre sujet de faire une phrase dans laquelle figure ce nouveau mot, et nous ajoutons à nouveau à notre texte le mot qui le suit. Nous présentons ce dernier à un troisième sujet, et ainsi de suite: on voit qu'on aura une suite de mots dans laquelle chaque mot aura été sélectionné compte tenu du seul mot qui le précède. On s'y prend de la même façon pour les approximations supérieures, à ceci près que chaque mot doit être sélectionné compte tenu des k mots précédents. Pour obtenir une approximation de 5e ordre, par exemple, nous donnons au sujet une suite de quatre mots, qu'il doit utiliser dans une phrase; nous prenons le mot qui suit et l'ajoutons au texte; puis, nous présentons à un autre sujet les quatre derniers mots obtenus, et ainsi de suite. Voici quelques séquences que nous avons construites de cette façon, en faisant appel à des étudiants comme sujets:

Ordre 2: en chantant la maison est là dans une grande aventure formidable expédition antarctique morses visqueux et vlan ça me lève le soir la vie joyeuse et américaine comme avant midi luit de par monts enneigés de persévérer dans moi ...

Ordre 3: une merveille dans ce puits est profond creusons et essayons de nous revoir bientôt Naples était la meilleure que tu aimes cette musique devait adoucir le dernier sourire d'état démocratique oh petite fée au ciel j'aperçois un phare au port ...

Ordre 4: marin c'est une grande fille dans la neige il la glorifie sans tenir ses promesses afin de faire à la fois je recommence mais j'aimerais faire la sieste au soleil brûlant j'y goûtais à cet appétissant ...

Ordre 5: les mouvements qui sont coordonnés à cette entreprise pour gagner plus de temps pour admirer ton œil je baissai les paupières et je m'endors tout ému du baiser reçu quel sale rêve j'y vois illuminés brillants les astres de la planète ...

Ordre 6: je ne puis répondre à votre requête car ce genre n'émeut pas immédiatement les sains compagnons partagèrent leur amour ils restèrent ensemble pour leurs ébats au Lac Salé étaient divinement installées deux jolies filles clignent de l'œil ...

Ordre 7: elle devint pâle en apprenant la nouvelle elle s'extasia de voir la police à l'entrée suffisait à maintenir le charmeur qui redoublait d'élan mystique comme s'il était spirituellement accablé du deuil de son chien ...

Ordre 8: puisque je la prends avec moi jusqu'au prochain week-end et j'essayerai de te rencontrer souvent le matin sois belle et tais-toi mais sers nos instincts qui nous oppressent continuellement nous persécutent sans pitié ...

Ordre 9: ces visions apocalyptiques que vous présentez sont glaciales et rien ne les effraya pourtant si ce n'est le soleil qui luit qu'à midi c'est possible que l'autre vienne aussi danser chez moi la valse ...

Ordre 10: la folie en tient le sommet par des crises de rire qui durèrent jusqu'à la démence ils s'amusèrent tous en organisant des jeux psychédéliques comme des danses sacrées nous aimons les expressions corporelles l'enthousiasme davantage que la réflexion profonde ...

Ayant lu les chapitres qui précèdent, on sera peut-être tenté d'écarter les vues que nous venons de résumer comme une véritable incongruité. Pourtant, outre qu'elles peuvent rendre compte de certains niveaux du comportement verbal, les problèmes qu'elles font surgir méritent d'être brièvement examinés, faute de quoi il nous serait difficile d'évaluer la portée des conceptions ultérieures.

La phrase comme structure syntagmatique

Une interprétation du comportement verbal fondée sur les lois du conditionnement, et particulièrement du conditionnement instrumental, a le mérite de ne faire appel qu'à des processus sur lesquels nous disposons de très abondantes recherches expérimentales (voir Richelle, 1966; Le Ny, 1969). Cependant, la démarche à laquelle nous avons affaire ici repose sur une *généralisation*, qui n'est acceptable que si on se rallie à une position théorique particulière sur la nature des opérations verbales et sur les processus d'acquisition du langage. Elle aboutit en effet à décrire la production de l'énoncé comme une opération sensori-motrice, dans laquelle les processus cognitifs n'auraient aucune part, et elle s'inscrit dès lors parfaitement dans les perspectives d'une psychologie connexionniste, ainsi que l'a montré Chomsky (1959) dans la recension qu'il a faite d'un livre de Skinner, — auquel il attribue d'ailleurs un peu abusivement de telles vues exclusivement connexionnistes. Ceci n'est guère conciliable avec la façon dont les problèmes sont posés en psychologie du langage depuis une vingtaine d'années, et, notamment, avec ce qui a été dit plus haut sur les processus de sélection lexicale. Il semble en fin de compte, qu'une approche sensori-motrice du comportement verbal ne pourra éventuellement expliquer que ce qui, dans ce comportement, appartient au niveau des *sous-routines*.

D'autre part, la référence à une grammaire à états finis fait surgir un certain nombre de difficultés d'ordre plus technique. Elles concernent notamment le nombre et la complexité des liaisons qu'il faudrait apprendre pour parler correctement. Comme on l'aura noté dans les « approximations du langage » dont nous avons donné quelques exemples, il est nécessaire de tenir compte d'un contexte relativement étendu pour obtenir des énoncés acceptables, et ceci impose une charge considérable en mémoire à court terme. Mais surtout, une grammaire à états finis (dont la figure 18 ne serait qu'un fragment minime) paraît devoir être si complexe, le nombre d'états et de transitions paraît devoir être si élevé, qu'il semble impossible de les acquérir en l'espace d'une vie par des processus de conditionnement. Miller, Galanter et Pribram (1960) ont évalué qu'un individu qui voudrait apprendre à générer les phrases acceptables de 20 mots ou moins, devrait stocker environ 3.10^{20} séquences nouvelles par seconde, et cela durant un siècle, sans le moindre répit. Ce sont des considérations de la même veine qui ont mené Chomsky à avancer des positions relativement innéistes en matière de développement verbal, faute d'apercevoir, en son temps, que les recherches allaient rapidement se développer sur d'autres formes d'apprentissage que le conditionnement instrumental: en effet, tous les processus de traitement de l'information qui mènent à une réorganisation des structures cognitives, c'est-à-dire à un réaménagement des programmes ou des données en mémoire, doivent être considérés comme des processus d'apprentissage (voir par exemple Levine, 1975).

Enfin, les théories stochastiques présentent l'énoncé comme organisé de façon *linéaire* sur l'axe du temps, c'est-à-dire comme une concaténation d'éléments entre lesquels on ne reconnaît d'autre organisation que chronologique. On ne fait aucune place aux divers niveaux d'organisation linguistique, pas plus qu'aux règles formelles qui limitent les combinaisons, car toutes les restrictions sont traitées comme des restrictions de performance, Or, la linguistique de l'époque offrait une alternative à la grammaire à états finis, sous la forme d'une *grammaire syntagmatique* ou *grammaire des constituants immédiats* (Hockett, 1958; pour une introduction en français, lire Dubois et Dubois-Charlier, 1970).

Dans l'ordre de la syntaxe, nous pouvons considérer que les constituants *ultimes* de la phrase sont les mots; nous entendons ici par mots, les unités lexicales qui se comportent dans la phrase de manière indivise, ainsi que nous l'avons exposé au début du chapitre I. Mais les mots ne sont pas, en général, les constituants *immédiats* de la phrase; ils forment d'abord des groupes, que nous appellerons *syntagmes*, et ils ne sont les constituants immédiats que de ces syntagmes. Ces syntagmes eux-mêmes ne sont pas nécessairement les constituants immédiats de la phrase, car ils peuvent se combiner d'abord en syntagmes plus complexes; seuls ceux qui se situent juste en dessous du niveau de la phrase sont les constituants immédiats de cette phrase.

Pour déterminer quels sont les constituants aux divers niveaux d'organisation, on recourt au procédé de la *substitution* : certaines suites de mots peuvent être remplacées par une unité lexicale remplissant la même fonction dans la phrase, et constituent dès lors un syntagme dans cette phrase, et il en est de même de certaines suites de syntagmes. Prenons par exemple la phrase suivante, et procédons aux substitutions successives, qui seront autant de « contractions » de l'énoncé :

Le garçon   lance   la   balle
Il   lance   la   balle
Il   lance   cela
Il   joue

Les différents segments ainsi délimités vont recevoir maintenant des appellations catégorielles, en même tems qu'on précisera leur fonction syntaxique dans la phrase. On voit que *le garçon* forme un syntagme, et il s'agit en l'occurrence d'un syntagme nominal (SN) qui est le sujet de la phrase; *la balle* est également un syntagme nominal, mais qui joue le rôle de complément d'objet direct; *lance la balle* est un syntagme verbal (SV) qui occupe dans la phrase la fonction de prédicat. Nous pouvons maintenant réécrire la phrase comme une suite de mots dont nous indiquons les groupements au moyen de parenthèses :

(Le garçon) [lance (la balle)].

Ou encore, nous pouvons la représenter au moyen de ce qu'en grammaire générative on appellera un *indicateur syntagmatique* (fig. 19); c'est une représentation particulièrement éloquente, sur laquelle nous pouvons indiquer les catégories et les fonctions.

La structure syntagmatique est donc faite d'un ensemble de groupes enchâssés les uns dans les autres. Si maintenant nous l'examinons en commençant par le haut, nous observons que les constituants immédiats de cette phrase sont le syntagme nominal (sujet) et le syntagme verbal (prédicat); que le premier possède à son tour deux constituants immédiats qui sont des mots appartenant aux classes des articles (Art) et des noms (N), respectivement; que le prédicat possède deux constituants immédiats, dont l'un est un mot appartenant à la classe des verbes (V) et dont l'autre est un syntagme nominal composé à nouveau d'un article et d'un nom. Dans le formalisme qui sera utilisé plus tard par Chomsky dans le cadre de la grammaire

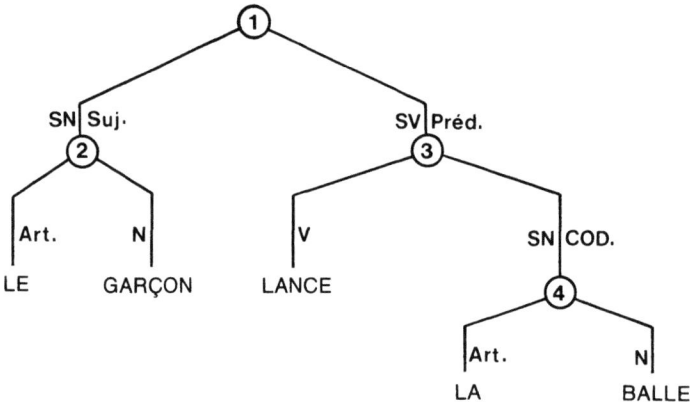

Figure 19. Exemple d'une structure syntagmatique.

générative, cet état de choses peut être symbolisé par une série de *règles de réécriture*, de la forme :
A → B + C

qu'il faut lire : « A est à réécrire sous la forme de B suivi de C ». Les règles utilisées plus haut sont les suivantes :
a) Phrase → SN + SV
b) SV → V + SN
c) SN → Art + N

étant entendu que la règle *c* est à appliquer deux fois : sur les symboles SN résultant des règles *a* et *b*. On voit ainsi que la génération de la structure syntagmatique de la phrase se présente sous la forme d'une série d'*expansions*.

Cette manière de représenter la structure de la phrase est naturellement très éloignée d'une conception linéaire. Elle introduit par ailleurs des entités symboliques tels que SN, SV, Art, N, V, dont le statut est difficile à définir si l'énoncé est considéré comme une chaîne d'opérations sensori-motrices.

Modèles syntagmatiques de la production des phrases

Dans la perspective de l'analyse en constituants immédiats, on sera amené à postuler que l'énoncé, au lieu d'être généré « de gauche à droite » (pour employer une expression inspirée de l'écriture), soit au contraire élaboré « de haut en bas », c'est-à-dire en descendant pas à pas les niveaux de l'indicateur syntagmatique. On commencerait donc par mettre en place la structure syntaxique globale de la phrase, puis la structure de chacun des constituants, et ainsi de suite. Cepen-

dant, les principes de la grammaire syntagmatique ne précisent pas exactement dans quel ordre les règles doivent être appliquées (sauf naturellement qu'une règle ne peut être utilisée que pour autant que le symbole de gauche ait été préalablement introduit par une autre règle). La plupart des auteurs se sont pourtant accordés sur une position de principe en cette matière : le locuteur procéderait *de haut en bas, mais en développant par priorité les branches de gauche jusqu'au niveau le plus bas possible*; réciproquement, l'auditeur qui doit interpréter la phrase procéderait *de gauche à droite, mais en reconstituant pas à pas l'indicateur syntagmatique jusqu'au niveau le plus élevé possible*. Un tel principe permet de concilier la structure hiérarchique des processus syntaxiques avec le déroulement linéaire de l'énoncé au niveau phonémique. Appliqué à la phrase prise plus haut comme exemple, il implique que les règles soient utilisées dans l'ordre suivant :
1. Phrase → SN_1 + SV
2. SN_1 → Art + N
3. SV → V + SN_2
4. SN_2 → Art + N

ainsi que l'indiquent les nombres portés sur la figure 19.

Cette position de principe a été incorporée par divers auteurs dans des modèles qui relèvent, pour la plupart, du domaine de l'intelligence artificielle. C'est le cas de Woods (1970), qui, sous le nom de *augmented transition network* (ATN), a proposé un modèle qui se présente comme une révision des conceptions markoviennes élaborée pour rencontrer les difficultés que nous avons énumérées. On considère donc que le sujet se trouve dans une succession d'états, et qu'il passe d'un état à un autre en générant un segment de l'énoncé. Seulement, les segments dont il est question ne sont pas des opérations motrices, mais des symboles abstraits tels que ceux introduits par la grammaire syntagmatique (fig. 20). L'état initial sera représenté par le symbole *Phrase*; pour passer à un état q_1, le sujet peut générer un symbole tel que *SN*, puis un autre symbole pour passer à l'état suivant, et ainsi de suite. Mais à côté de ce réseau principal qui permet de générer la structure globale des phrases, le sujet dispose de divers autres réseaux, qui permettent de développer les syntagmes que le réseau principal a mis en place. Ainsi, dès qu'il est généré, un symbole comme *SN* appelle un réseau qui lui est particulier et permet de lui donner une expansion; l'état initial de ce réseau est donc *SN*, et le sujet pourra passer à l'état suivant en générant *Art*, puis à l'état suivant en générant *N*, par exemple. Ces symboles peuvent appeler, à leur tour, d'autres réseaux encore. Il peut y avoir, bien entendu, plusieurs chemins pour passer de q_i à q_j; le réseau contient l'ensemble des chemins autorisés par la langue, et élimine par conséquent des combinaisons en considérant les restrictions comme des restrictions de compétence et non de performance.

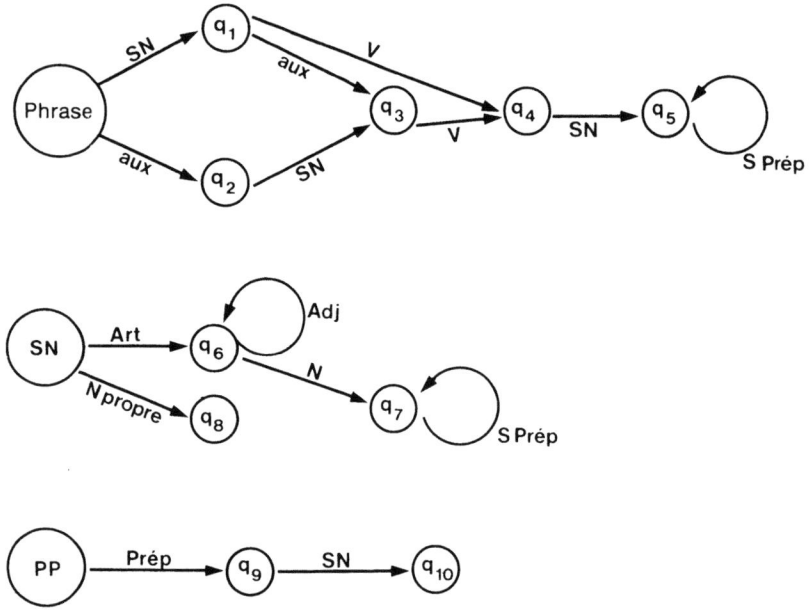

Figure 20. Fragment d'un réseau transitionnel augmenté (d'après Woods, 1970).

Le modèle de Woods présente l'intérêt de pouvoir être utilisé tant pour décrire la génération d'une phrase que pour décrire son interprétation : l'interlocuteur, au fur et à mesure qu'il reçoit les segments successifs de l'énoncé, est censé identifier les catégories grammaticales des mots et des syntagmes qu'ils forment, et passer ainsi, comme le locuteur, par les divers états des réseaux mis en œuvre. Plusieurs autres auteurs ont proposé des modèles qui, en dépit de divergences dans leur formulation, rejoignent largement la conception syntagmatique, mais ont été conçus pour rendre compte plus spécialement des processus de compréhension. Ainsi en va-t-il pour la partie syntaxique du modèle de Winograd (1972). L'interprète est censé avoir à sa disposition divers « programmes », dont le principal est le programme d'analyse de phrases. Ce programme consiste en une séquence de « tests » visant à déterminer si l'on peut repérer une suite de mots qui pourraient former un SN, puis un SV, etc. Chacun de ces pas est exécuté à l'aide d'un sous-programme ; il y a donc notamment un sous-programme d'analyse du SN, un sous-programme d'analyse du SV, et ces sous-programmes sont appelés aux moments appropriés du programme d'analyse de phrases ; certains de leurs pas peuvent faire appel à d'autres sous-programmes. Les travaux d'Anderson et Bower (1973) présentent la même orientation, à ceci près que la structure qui est ainsi découverte ne coïcide pas avec la structure syntagmatique telle que nous l'avons décrite.

Il faut noter que les procédures que l'on vient de décrire restent, d'une certaine manière, séquentielles, bien que non linéaires. Elles sont séquentielles, parce que les opérations se font les unes après les autres, et que chaque opération est fonction de celles qui précèdent; mais elles ne sont pas linéaires, parce que ces opérations antérieures peuvent porter sur un segment ultérieur de la chaîne phonémique. Lorsqu'une phrase a été «réécrite» comme SN + SV, le sujet développera d'abord le SN, mais la façon dont il le développera sera fonction de ce que ce SN s'insère dans une structure où il doit être suivi d'un SV. Chaque étape de la programmation de la structure syntagmatique force le sujet à contracter en quelque sorte des *engagements* sur la façon dont l'énoncé devra être poursuivi. Lorsqu'il pose qu'une phrase sera composée d'un SN suivi d'un SV, et qu'il développe le SN par priorité, il s'engage à mettre en place un SV par la suite, et c'est une chose qu'il ne pourra plus modifier. Dès lors, un item comme SV devra être *mis en mémoire à court terme*, un peu comme l'est un résultat intermédiaire dans une opération arithmétique. Il apparaît alors que la capacité de la mémoire à court terme est susceptible de limiter la complexité de la phrase, ainsi que l'a bien montré Yngve (1960), et c'est là probablement une des principales variables de performance qui nous empêchent d'utiliser certaines structures syntaxiques pourtant formellement irréprochables. Cela mérite d'être examiné de plus près.

Supposons qu'un locuteur veuille engendrer la phrase suivante:
Pierrette joue avec une poupée.

Nous indiquons ci-dessous les règles syntagmatiques à utiliser, dans l'ordre (les règles de la forme A   B indiquent des insertions lexicales), et nous plaçons à leur droite les symboles à conserver en mémoire à court terme:

Phrase → SN + SV
SN══«Pierrette»   SV
SV → V + SPrép
V══«joue»
S prép → prép + SN
prép══«avec»   SN
SN → Art + N
Art══«une»   N
N══«poupée»

Nous observons que durant chacune des opérations d'insertion lexicale, sauf la dernière, il y a un seul symbole catégoriel à mettre en mémoire pour être développé ultérieurement; la génération de cette phrase n'exige donc à aucun moment que la charge en mémoire dépasse un élément, et c'est ce que Yngve appelle la *profondeur de phrase* (*sentence depth*). Comparons cela avec ce qui se passe pour générer:

La poupée, très vivement secouée, casse.

Nous aurons quelque chose comme ceci (à noter que nous utilisons successivement deux façons différentes de développer SN):

Phrase → SN + SV	
SN → SN + SDét	SV
SN → Art + N	SV SDét
Art═«la»	SV SDét N
N═«poupée»	SV SDét
SDét → SAdv + PP	SV
SAdv → Adv_1 + Adv_2	SV PP
Adv_1═«très»	SV PP Adv_2
Adv_2═«vivement»	SV PP
PP═«secouée»	SV
SV═«casse»	

Ici, et par deux fois, la profondeur de phrase atteint le niveau 3. La profondeur est, en fait, très facilement quantifiable à partir de l'indi-

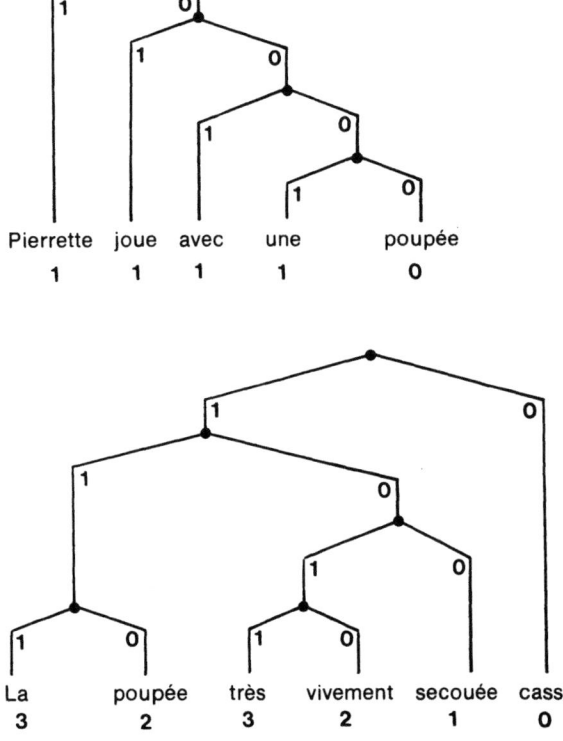

Figure 21. Quantification de la profondeur syntagmatique

cateur syntagmatique : il suffit de numéroter les branches de chaque nœud de 0 à N (N étant le nombre de branches) en commençant par la droite, puis de calculer la profondeur de chaque item terminal en additionnant les nombres portés sur toutes les branches menant à cet item. La figure 21 le montre pour les deux phrases que nous avons prises comme exemples. Le dernier mot de la phrase correspond nécessairement à une profondeur nulle.

Yngve suggère que les phrases que l'on rencontre dans une langue n'excèdent pas une certaine profondeur, et que cette profondeur maximale coïncide avec la capacité de la mémoire à court terme, qui est, comme on sait, de l'ordre de 7 éléments (Miller, 1956). Lors d'une enquête que nous avons faite sur 250 phrases écrites par 23 sujets adultes, la profondeur maximum d'une phrase fut en moyenne, de 3,44 (σ = 0,88); les phrases se répartissaient de la manière suivante :

   1 phrase de profondeur 1
  31 phrases de profondeur 2
 103 phrases de profondeur 3
  90 phrases de profondeur 4
  22 phrases de profondeur 5
   3 phrases de profondeur 6

Yngve a montré que toutes les langues possèdent des dispositifs pour limiter la profondeur; ce serait pour cette raison, par exemple, que les indicateurs syntagmatiques ont tendance à présenter une structure binaire :

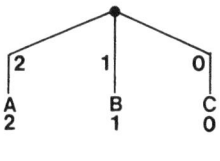 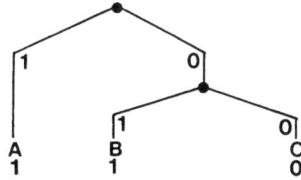

et ce serait également pour cette raison que l'on trouve davantage de structures « progressives » que de structures « régressives » :

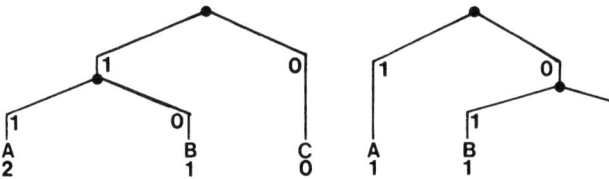

En fait, les mécanismes visant à limiter la profondeur sont très variés, et paraissent être à la source d'une bonne part de la complexité de la syntaxe.

Travaux expérimentaux sur les structures syntagmatiques

Les modèles qui précèdent présentent un double volet: ils suggèrent que la phrase est organisée par le sujet à la manière d'un indicateur syntagmatique, et ils décrivent l'itinéraire qu'il est censé suivre dans cet indicateur. Il nous importe de voir quelles sont les données expérimentales qui peuvent venir appuyer ou réfuter ces propositions.

Diverses recherches ont tenté de montrer que l'organisation subjective de la phrase se présente sous la forme d'une structure hiérarchique. Si l'on considère les césures successives entre les mots contigus d'une phrase, on peut, sur la base de l'analyse en constituants immédiats, observer que ces césures correspondent à des nœuds de « hauteur » variable selon le nombre de constituants dont les frontières coïncident avec ces césures. Une manière simple de quantifier ces « hauteurs » est de « parenthétiser » les unités de la phrase (y compris les mots), et de compter le nombre de parenthèses à chaque césure, ainsi que cela est montré à la figure 22. On observe alors, dans des tâches de production, de compréhension ou de mémorisation, un certain nombre de phénomènes qui sont en relation avec la « hauteur » des nœuds.

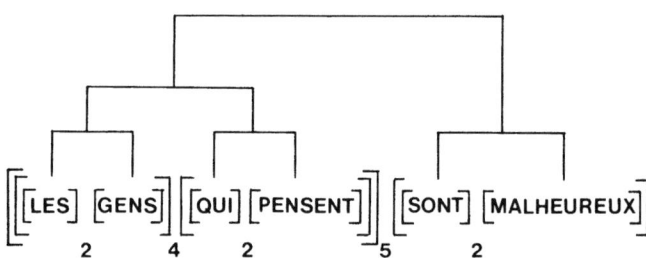

Figure 22. Quantification de la hauteur syntagmatique des césures entre les mots d'une phrase.

Une des expériences les plus connues à cet égard est celle de Garrett, Bever et Fodor (1966). Lorsqu'on donne à entendre un énoncé verbal, et que l'on superpose, à un moment quelconque de cet énoncé, un « clic », c'est-à-dire un bref signal auditif, le sujet éprouve de grandes difficultés à localiser ce clic correctement (Ladefoged et Broadbent, 1960). Or, il se trouve que ce clic est systématiquement déplacé vers les césures principales de la phrase. Cependant, on s'est posé la question de savoir dans quelle mesure ces effets ne doivent pas être attribués à des variables phonétiques, et plus particulièrement prosodiques, plutôt qu'à des variables strictement syntaxiques. On a alors comparé les déplacements des clics dans des segments

appartenant à des phrases différentes mais prononcés d'une manière identique. Comparons les deux phrases suivantes :
As a direct result of their new invention's influence the company was given an award.
The retiring chairman whose methods still greatly influence the company was given an award.

Si nous prenons le segment *influence the company was given an award*, nous observons que la césure principale se trouve entre *influence* et *the* dans la première phrase, et entre *company* et *was* dans la seconde. On fait prononcer les deux phrases, puis on manipule la bande enregistrée de manière à accoler la deuxième moitié de la seconde à la première moitié de la première, et inversément. Dans de telles conditions, la localisation des clics reste toujours fonction de la structure syntaxique. L'interprétation de ce phénomène pose cependant de nombreux problèmes et a d'ailleurs fait couler beaucoup d'encre (par exemple Bever, 1973). Il faut supposer, en effet, que le signal auditif est comme « mis en réserve » pendant le déroulement d'un sous-programme, et n'est pris en considération qu'à la faveur du passage entre un sous-programme et un autre. Mais comme la position du clic est non seulement retardée, mais aussi avancée, il faut penser à un processus qui réalise le placement du clic d'une manière rétrospective, lorsque l'interprétation de la phrase est terminée, ce qui renvoie à la manière dont les données sont stockées en mémoire à court terme. Il paraît d'ailleurs certain qu'il ne peut s'agir d'un effet perceptif; Reber et Anderson (1970) ont observé les mêmes phénomènes pour des phrases durant lesquelles aucun clic n'avait été présenté.

Dans la même veine, on a des expériences qui montrent qu'une phrase est plus facile à apprendre si l'on facilite le repérage de ses césures principales. Anglin et Miller (1968) ont montré qu'un texte imprimé est mieux retenu si on fait coïncider la fin des lignes avec de telles césures. Suci (1967) a montré qu'il en était de même si l'on élargit les espacements entre les mots à ces endroits, ou, mieux encore, si on les élargit aux endroits où l'on repère des pauses quand le texte est lu à haute voix (étant entendu que ces endroits sont souvent les mêmes; cf. Boomer, 1965); les pauses, telles qu'on les considère ici, sont à distinguer des hésitations décrites par Goldman-Eisler (chap. V).

Johnson (1965) a abordé le problème par une tâche de mémorisation de phrases. Il a demandé aux sujets de mémoriser une série de phrases qui ont toutes la même structure syntagmatique. Lors du rappel, il a examiné la localisation des « erreurs transitionnelles », c'est-à-dire les endroits où les sujets ont donné un mot erroné alors que le mot précédent était exact, l'hypothèse étant que de telles erreurs doivent être plus fréquentes là où les mots sont moins étroitement soudés, c'est-à-dire là où les césures correspondent à des nœuds plus élevés. Cette hypothèse est vérifiée, ainsi que le montre la figure 23. Suci, Ammon et Gamlin (1967) ont obtenu des résultats similaires par une technique un peu différente. Ils présentent une phrase, puis un mot de cette phrase, et le sujet doit répondre le plus vite possible par le mot qui le suivait dans cette phrase. Ou encore, Stewart et Gough (1967) présentent une phrase, puis deux mots, et le sujet doit décider si les deux mots se trouvaient dans la phrase. En utilisant les deux phrases suivantes :

The presidents of large corporations pay millions of dollars in taxes each year.

When profits are large, corporations pay millions of dollars in taxes each year,

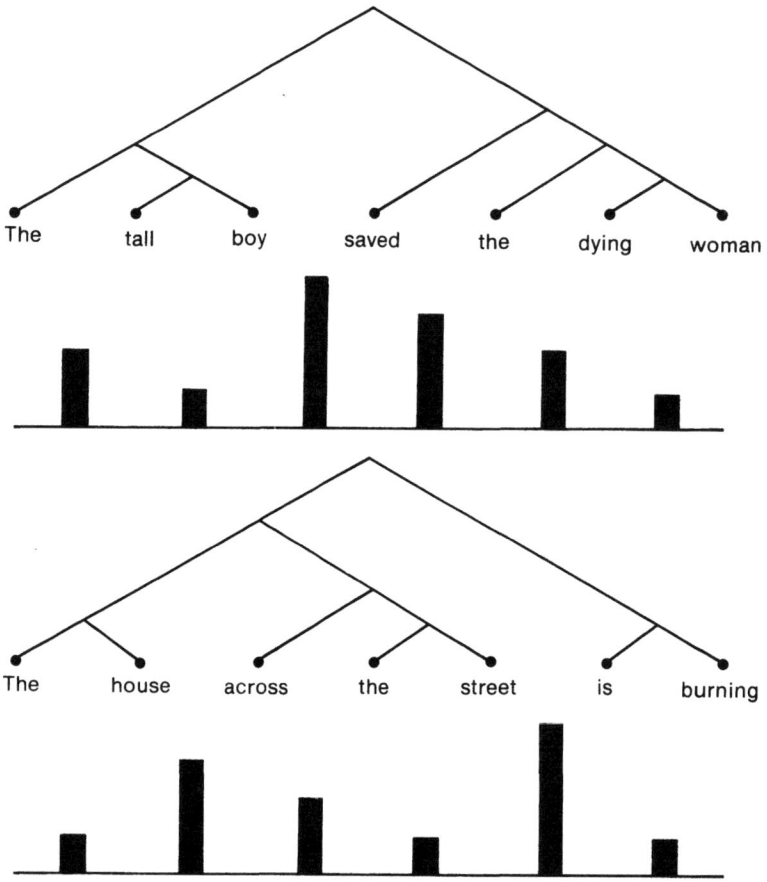

Figure 23. La fréquence des erreurs transitionnelles pour deux types de phrases, d'après Johnson, 1965. (Tiré de Fodor J.A., Bever T.G. et Garrett M.F. The psychology of language. © 1974, McGraw-Hill Book Cy. Repris avec l'autorisation de l'éditeur.)

on peut procéder à ce test pour le segment *large corporations*; on observe que la latence est significativement supérieure dans le second cas, en même temps que la césure entre les deux mots y est plus importante.

On dispose, d'autre part, d'un certain nombre d'expériences qui visent à dégager, dans son entier, l'indicateur syntagmatique subjectif d'une phrase. Dans un travail de Martin (1970), le sujet reçoit une phrase par écrit, et on lui demande d'en grouper les mots de telle manière que ceux qui lui paraissent liés dans la phrase se trouvent ensemble, ce qui est une application de la *sorting technique* de Miller (1969) que nous avons déjà exposée (chap. III); il est entendu qu'il peut grouper même des mots qui ne sont pas contigus dans la phrase. On dénombre combien de fois les mots de chaque paire ont été placés ensemble, et sur la matrice ainsi obtenue on applique l'analyse des grappes. La figure 24 montre un des arbres que nous avons nous-même obtenu de la sorte sur une série de phrases françaises. Levelt (1970) a procédé à des expériences similaires, mais il s'y prend différemment pour évaluer les liaisons syntagmatiques: il fait entendre les phrases dans du bruit, et pour chaque mot il relève la probabilité qu'il soit correctement identifié si chacun des autres mots, à tour de rôle, est correctement identifié; il obtient ainsi une matrice de probabilités transitionnelles, à laquelle il applique l'analyse des grappes.

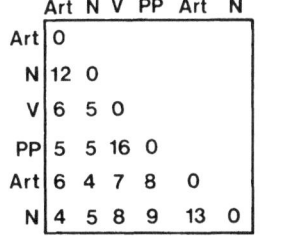
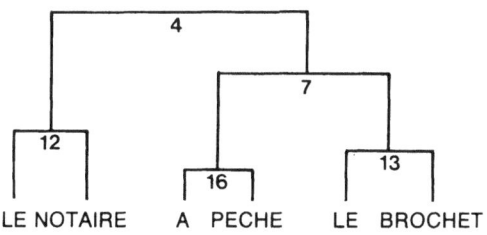

Figure 24. Exemple d'un indicateur syntagmatique subjectif: à gauche, les fréquences des groupements lors d'une épreuve de triage; à droite, la représentation hiérarchique fournie par l'analyse des grappes.

Les syntagmes que de telles recherches mettent en évidence correspondent généralement à ceux que décrit une analyse en constituants immédiats, encore qu'il y ait quelquefois certaines différences, sur lesquelles nous aurons l'occasion de revenir. Ils ne correspondent pas, en tout cas, aux groupements que l'on pourrait faire, dans une perspective stochastique, sur la base des probabilités transitionnelles. Par exemple, il est certain qu'un article comme *le* admet une grande variété de suites, qui sont toutes de très faible fréquence, et qu'il est donc, à cet égard, très peu lié au nom; or, toutes les recherches que nous avons mentionnées ici montrent, au contraire, que le groupe Art + N est un syntagme d'une particulière compacité. Inversement, de nombreuses liaisons associatives, et spécialement les liaisons paradigmatiques telles que *blanc-noir*, *homme-femme*, etc., ne donneront guère lieu à des segments adjacents dans un énoncé.

S'il paraît donc assez clair qu'une représentation syntagmatique de la phrase s'accorde mieux qu'une représentation stochastique avec les opérations de production, de compréhension et de mémorisation, il est moins facile de tester l'itinéraire que suit le sujet dans cette structure hiérarchique. Il est paru quelques travaux qui suggèrent que la difficulté d'une phrase est fonction de son indice de profondeur, au sens défini par Yngve (par exemple Martin et Roberts, 1966; Perfetti et Goodman, 1971); cependant, comme les phrases ainsi comparées se différencient inévitablement sur d'autres plans, les conclusions qu'on en tire ne manquent jamais de prêter à controverse. L'observation la plus décisive en faveur d'une conception syntagmatique de la production des phrases est peut-être une observation courante: l'existence, dans le discours de tout locuteur, de *phrases abandonnées*, ou, si on préfère, de ruptures de la strucure syntaxique; nous entendons par là des énoncés qui, commencés dans une structure donnée, sont interrompus et remplacés par un énoncé de structure différente. Cela suggère, en effet, que le début d'une phrase peut recevoir une réalisation phonétique, à un moment où toutes les décisions syntaxiques et lexicales ne sont pas encore prises pour la suite de cette phrase, et cela n'est concevable que si le locuteur développe les branches de gauche par priorité. Il arrive alors, quand on veut développer les syntagmes ultérieurs, que certaines décisions syntaxiques globales s'avèrent inappropriées, et l'on se trouve contraint d'abandonner cette phrase déjà entamée; cela correspond, dans les perspectives d'Yngve, à des engagements non tenus. Nous avons eu l'occasion d'observer que cela se produit particulièrement avec certaines phrases très longues, dont l'indice de profondeur est élevé, et dans lesquelles le locuteur finit par se trouver empêtré.

En ce qui concerne l'interlocuteur, pas mal de travaux examinent quels peuvent être les indices sur lesquels il s'appuie pour établir les syntagmes de la phrase (Kimball, 1973). Il semble que l'identification des catégories grammaticales des items lexicaux joue un rôle important dans cette analyse, et tout spécialement la présence et la nature des «mots de liaison» (Epstein, 1961; Fodor, Bever et Garret, 1974). L'importance de ces derniers peut être plaisamment illustrée par ces lignes du poète Henri Michaux:

Il l'emparouille et l'endosque contre terre. Il le rague et le roupète jusqu'à son drale. Il le fratèle et le libucque et lui barufle les ouillais. Il le tocarde et le marmine. Enfin, il l'écorcobalisse.

Les mots dits «pleins» sont ici des items qui n'existent pas dans le lexique, mais les mots de liaison, en ce compris les marques morphologiques, sont conservés. Dans ces conditions, on n'éprouve aucune difficulté à classer les mots dans des catégories grammaticales, ni à déterminer la structure syntagmatique de ces phrases.

C'est que la présence d'un mot de liaison permet de mettre en œuvre un certain nombre de « stratégies » (Clark et Clark, 1976) : on peut y voir le début d'un constituant plus large (Fodor et Garrett, 1967), et chercher alors des mots pleins appropriés à ce type de constituant (par exemple, après un déterminant, chercher un nom); de même, en ce qui concerne les propositions, on peut utiliser le premier mot d'une proposition pour tenter de déterminer la fonction de cette proposition dans la phrase, ce qui est particulièrement intéressant quand ce premier mot est une conjonction annonçant une subordonnée adverbiale (*parce que, si, avant que, puisque...*) ou une subordonnée relative (*qui, que, dont...*). Pour ce qui est des mots pleins, les suffixes aideront à en déterminer la catégorie grammaticale, et, une fois identifié l'un ou l'autre mot plein, on pourra chercher d'autres mots pleins qui s'y rapportent : un verbe transitif demande un nom comme complément, un adjectif demande également un nom, un adverbe demande un verbe, etc., et on les cherchera de préférence dans le voisinage le plus proche.

Il semble aussi que le sujet se livre à des hypothèses quant à la structure générale de l'énoncé. Ces hypothèses peuvent être d'ordre syntaxique, comme de supposer que la première proposition d'une phrase est la proposition principale, tant qu'il n'y a pas d'indication contraire, et qu'une telle proposition doit, sauf indication contraire, correspondre à la séquence SN + SV (+ SN). A cet égard, Blumenthal (1967) a montré qu'une phrase comme
    The man the girl hated laughed
tend à être interprétée, au premier abord, comme
    The man and the girl hated and laughed
qui correspond à cette structure SN + SV. Mais on a montré que de telles hypothèses globales peuvent être également relatives au sens de la phrase. Si deux propositions décrivent deux événements, on peut supposer que, sauf indication contraire, elles les décrivent dans l'ordre chronologique. Plus audacieusement, utilisant seulement les mots pleins, le sujet peut construire de toutes pièces des propositions qui ont un sens pour lui, compte tenu des données fournies par le contexte et de celles qu'il a en mémoire, et tenter de segmenter l'énoncé en partant de là. Diverses observations témoignent d'une telle démarche. Ainsi, Stolz (1967), comparant des phrases à enchâssements, comme :
    The vase that the maid that the agency hired dropped broke on the floor
    The dog that the cat that the girl fought scolded approached the colt
a observé que la première, qui est sémantiquement plus contrai-

gnante, est plus facile. Par ailleurs, après avoir fait apprendre des phrases comme
   John s'habilla et prit un bain
il a constaté que lors du rappel, les sujets ont tendance à les «rectifier». Mais nous aurons à reparler de l'importance que peuvent avoir les variables sémantiques dans la compréhension et dans la production de l'énoncé.

Chapitre VII
Le débat sur les transformations

Parmi les questions que les modèles syntagmatiques, tels que nous les avons exposés, laissent dans l'ombre, il s'en trouve plusieurs qui sont de première importance. Quelques-unes pourront recevoir une réponse dans le cadre de la grammaire générative et transformationnelle. Ainsi en est-il de la difficulté qu'éprouvent les modèles syntagmatiques à rendre compte de certains enchâssements aboutissant à la formation de *constituants discontinus*. Que l'on compare les deux phrases suivantes:
Pierre rend la bague volée
Pierre rend la femme heureuse

Comme le montre la figure 25, si l'analyse en constituants ne présente aucune difficulté pour la première, on observe dans la seconde la présence d'un constituant, *rend heureuse*, dans lequel vient s'insérer un autre constituant, *la femme*. C'est là une situation extrêmement courante, qui avait déjà retenu l'attention d'Yngve (1960), car il en est tenu compte pour la mesure de la profondeur de phrase: il faut compter, en plus des points habituels, un point par fragment de syntagme se trouvant à droite, c'est-à-dire un point chaque fois que la branche verticale coupe une horizontale pointillée. On voit aisément qu'il n'est pas possible de rendre compte de telles structures par les seules règles de réécriture. Ces règles permettent, en effet, de développer des symboles successifs, mais les expansions ainsi formées prendront toujours la place de ces symboles. Si donc on veut sauvegarder les règles de réécriture comme base de la grammaire (ce qui est le cas chez Chomsky), il est indispensable de leur adjoindre

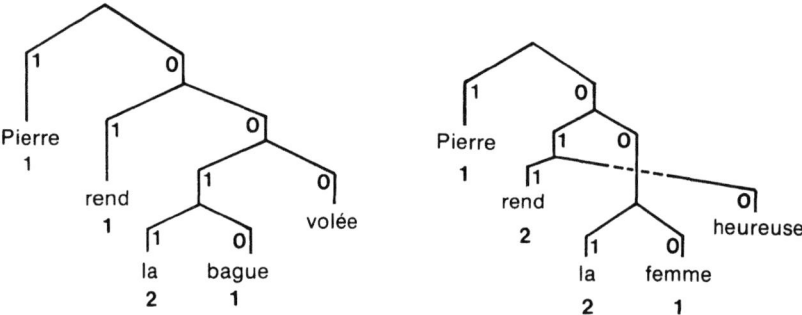

Figure 25. Représentation d'une phrase contenant un syntagme discontinu (et indication de la profondeur de phrase).

d'autres règles, à appliquer postérieurement, permettant de modifier l'ordre des segments dans la phrase. Ce sera précisément un des rôles assignés aux règles transformationnelles.

Mais nous verrons que cette innovation a d'autres conséquences, peut-être plus fondamentales, car elle amène à distinguer la structure de l'énoncé *avant* les tranformations (*structure profonde*) et *après* (*structure du surface*), et ceci permet de faire face à d'autres difficultés. Des phrases ayant même segmentation peuvent avoir des structures syntaxiques différentes :

L'encrier a été renversé par l'écolier
L'encrier a été renversé par inadvertance

on dira alors que ces phrases ne sont similaires qu'en surface, mais qu'elles ont des structures profondes différentes. Inversément, des phrases comme

Il n'y a rien de surprenant à ce que le train soit en retard
Le retard du train n'a rien de surprenant

peuvent être différentes en surface ; mais, ayant même interprétation, elles pourront être considérées comme identiques en structure profonde.

Principes de la grammaire transformationnelle

Bien que les fondements de la grammaire tranformationnelle aient été jetés par Chomsky dès 1957 et qu'elle n'ait cessé de faire l'objet de remaniements jusqu'à ces dernières années (notamment Chomsky, 1971), nous nous efforcerons d'abord de la présenter sous sa forme dite « standard », telle qu'elle a été systématiquement exposée par Chomsky dans *Aspects of the theory of syntax* (1965), — version qui fut d'ailleurs largement influencée par les travaux de

Katz et Postal (1964). Pour une introduction en français à l'œuvre de Chomsky, on peut lire le petit ouvrage de Lyons (1970), l'exposé plus technique de Ruwet (1967) ou encore, si l'on désire une initiation méthodique, le manuel de Nique (1974). Il ne nous sera naturellement possible d'en donner ici que les lignes les plus générales.

La grammaire générative et transformationnelle — GGT — comprend trois composantes: une composante *syntaxique*, qui est «générative», en ce sens qu'elle permet de développer des suites à partir du seul symbole Phrase, et des composantes *sémantique* et *morphophonologique*, qui sont «interprétatives», en ce sens qu'elles contiennent des règles à appliquer aux suites engendrées par la syntaxe. La composante syntaxique est elle-même formée de deux sous-composantes, la sous-composante *syntagmatique* et la sous-composante *transformationnelle* (fig. 26).

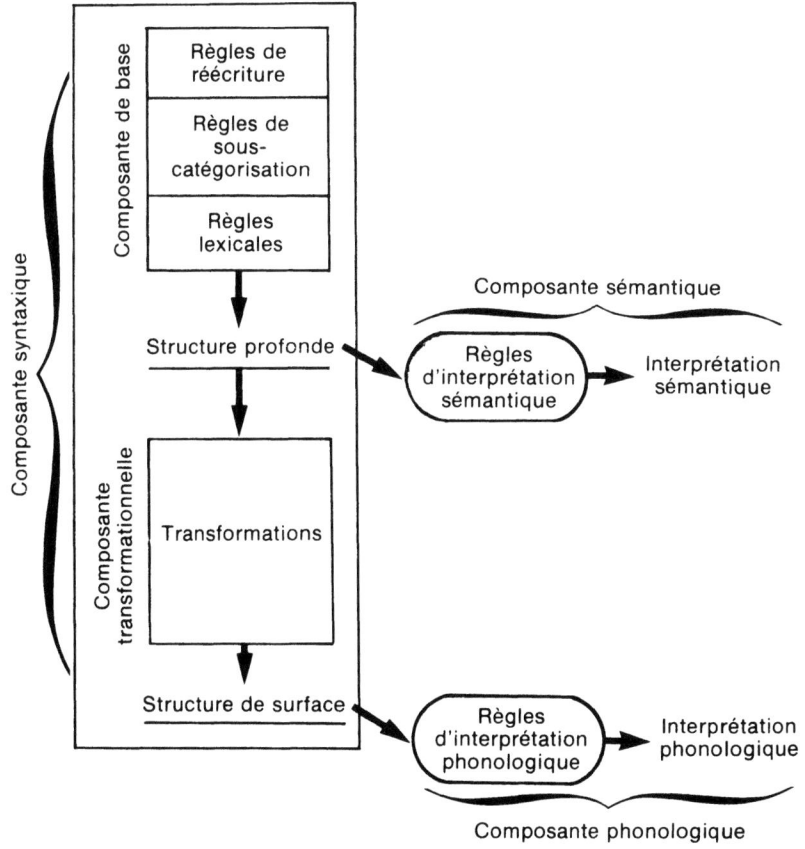

Figure 26. Articulation générale de la GGT standard (d'après Nique, 1974).

La sous-composante syntagmatique est faite d'un ensemble de règles de réécriture, et coïncide avec la grammaire syntagmatique telle que nous l'avons présentée au chapitre VI, à une très importante différence près : elle ne permet pas d'engendrer la phrase sous la forme d'une suite de mots, mais seulement sous la forme d'une suite de symboles catégoriels. L'application de l'ensemble des règles de réécriture donne naissance à la suite dite *pré-terminale*. Certains symboles pré-terminaux, comme Art, N, V, Adj, prép, correspondent à des catégories lexicales, et permettent d'appliquer des règles d'insertion lexicale, de la forme

Une fois les insertions lexicales accomplies (et nous reviendrons sur les règles qui sont nécessaires à cet effet), on obtient une *suite terminale*, que l'on appelle aussi la *structure profonde* de la phrase; elle représente l'aboutissement final de la sous-composante syntagmatique. Dans la version standard de la GGT, la structure profonde contient *tous les éléments qui contribuent au sens de la phrase*, et c'est donc sur la structure profonde que vient se greffer l'interprétation au moyen de la composante sémantique (Katz et Fodor, 1963).

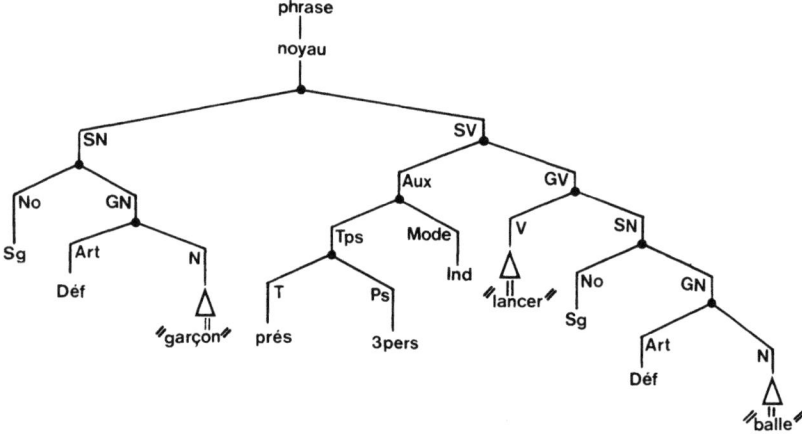

Figure 27. Les règles de réécriture et l'indicateur syntagmatique pour « Le garçon lance la balle ».

Le tableau X présente quelques-unes des règles de réécriture susceptibles de rendre compte des phrases françaises, étant entendu qu'il n'existe pas de grammaire générative complètement élaborée pour aucune langue. Les constituants facultatifs sont mis entre parenthèses, et l'accolade est employée pour réunir des constituants ou des expansions qui représentent des alternatives. La figure 27 les

Tableau X. Esquisse d'une sous-composante syntagmatique applicable au français

S1	Phrase →	({Inter / Imp}) + (Neg) + (Pass) + (Emph) + Noyau
S2	Noyau →	SN + SV + (Sprép)
S3	SN →	No + GN
S4	No →	{Sg / Pl}
S5	GN →	{(Pron) + (Art) + N / (Pron) + Npropre / Pron}
S6	Art →	{Déf / Indéf}
S7	Sprép →	prép + SN
S8	SV →	{Aux + GV + (lieu) + (moment) + (manière) / Aux + être + Sattrib}
S9	Aux →	Tps + Mode + (Parfait)
S10	Tps →	T + Ps
S11	T →	{présent / passé / futur}
S12	Ps →	{1 pers / 2 pers / 3 pers}
S13	Mode →	{Ind / Cond}
S14	Parfait →	{être + PP / avoir + PP}
S15	GV →	{V + SN / V}
S16	lieu →	{Sprép / adv lieu}
S17	moment →	{Sprép / adv temps}
S18	manière →	{Sprép / adv manière}
S19	Sattrib →	{SN / Adj / lieu}

Les éléments facultatifs sont entre parenthèses; les accolades indiquent des alternatives.

montre à l'œuvre dans la génération de la phrase « Le garçon lance la balle ». Il est assurément très intéressant de comparer cette figure 27 avec la figure 19 qui représente l'indicateur syntagmatique de la même phrase en termes de constituants immédiats.

On voit que la suite terminale, si elle contient en effet tous les éléments sémantiquement pertinents, est loin de correspondre à une suite de mots qui pourrait donner lieu à une réalisation phonétique. Il faut, avant cela, qu'elle soit réaménagée par les *règles de transformation*, qui font l'objet de la sous-composante transformationnelle de la syntaxe. Il s'agit d'un ensemble de règles, à vrai dire très nombreuses, permettant de réaliser des substitutions, des permutations, des additions et des suppressions; elles sont donc de la forme :

$$X + A + Y \Longrightarrow X + B + Y$$
$$X + A + B + Y \Longrightarrow X + B + A + Y$$
$$X + A + Y \Longrightarrow X + A + B + Y$$
$$X + A + B + Y \Longrightarrow X + A + Y$$

à moins qu'elles n'intègrent plusieurs de ces opérations. Il n'est guère possible ici d'en donner autre chose qu'un exemple. Nous partons de la structure profonde de la phrase :

Le garçon lance la balle
Sg + Déf + *garçon* + prés + 3 pers + Ind + *lancer* + Sg + Déf + balle

Nous appliquons à cette suite terminale une règle de transformation « passive », qui consiste en une permutation et en des additions :

Tpass : SN_1 + Aux + V + SN_2 $\Longrightarrow$ SN_2 + Aux + être + PP + V + par + SN_1

ce qui donne :

Sg + Déf + *balle* + prés + 3 pers + Ind + être + PP + *lancer* + par + Sg + Déf + garçon

Nous appliquons ensuite une transformation « accord sujet-verbe » (qui réalise l'addition de No dans le verbe) :

Taccord sujet-verbe :   No + GN + Aux + GV $\Longrightarrow$ No + GN + No + Aux + GV

ainsi qu'une transformation « accord » similaire qui s'impose à l'intérieur des syntagmes nominaux :

Taccord SN :   No + Art + N $\Longrightarrow$ No + Art + No + N

à la suite de quoi nous obtenons :

Sg + Déf + Sg + *balle* + Sg + prés + 3 pers + Ind + être + PP + *lancer* + par + Sg + Déf + Sg + *garçon*

Nous appliquons alors diverses transformations « affixe », qui procèdent à des permutations du type :

Taffixe :   Sg + N $\Longrightarrow$ N + Sg
No + Aux + être $\Longrightarrow$ être + Aux + No
PP + V $\Longrightarrow$ V + PP

et nous avons enfin :
Déf + Sg + *balle* + Sg + être + prés + 3 pers + Ind + Sg + *lancer* + PP + par + Déf + Sg + *garçon* + Sg

Nous aboutissons de la sorte à une suite réorganisée, qui est la *structure de surface* de la phrase.

On notera que cette structure de surface n'est pas encore une suite de mots, en dépit de ce que son appellation ferait croire. Pour qu'il en soit ainsi, la structure de surface doit être interprétée par les règles de la composante morpho-phonologique, qui sont appelées à réécrire chaque symbole ou suite de symboles sous la forme d'une suite de phonèmes. En l'occurrence, on aura :

Déf + Sg → /la/	(la)
balle + Sg → /bal/	(balle)
être + prés + 3 pers + Ind + Sg → /ɛ/	(est)
lancer + PP → /lãse/	(lancée)
par → /par/	(par)
Déf + Sg → /lə/	(le)
garçon + Sg → /garsɔ̃/	(garçon)

Cette suite-là pourra, enfin, donner lieu à une réalisation phonétique, chaque phonème étant défini comme une combinaison de traits articulatoires, conformément à ce que nous avons exposé au chapitre IV.

Rappelons-nous que, dans la théorie standard, les transformations doivent être sans effet sur le plan sémantique, puisque tout ce qui contribue au sens de la phrase doit se trouver présent dans la structure profonde. Des transformations comme T_{accord} ou T_{affixe} sont assurément dans ce cas. Mais il en est d'autres, comme la transformation négative, par exemple, qui modifient, voire qui inversent, le sens de la phrase. De telles transformations seront donc indiquées dans la structure profonde, au moyen d'un symbole, appelé *marqueur de transformation*. L'introduction de tels symboles fait l'objet, en particulier, de la première règle de réécriture :

Phrase →($\begin{array}{c}\text{Inter}\\ \text{Imp}\end{array}$) + (Neg) + (Pass) + (Emph) + Noyau

C'est là un point sur lequel les conceptions de Chomsky ont varié à plusieurs reprises. Dans les premières esquisses de la GGT de tels marqueurs ne figuraient pas en structure profonde; et dans les révisions postérieures à la théorie standard, connues sous le nom de « théorie standard étendue », Chomsky (1971) admet de nouveau (mais d'une autre manière et pour d'autres raisons) que la structure de surface puisse faire l'objet, comme la structure profonde, d'une interprétation sémantique.

Les transformations dont nous avons donné des exemples sont toutes des transformations dites *simples*, parce qu'elles réorganisent une seule suite terminale. A côté de cela, il faut considérer qu'il existe des transformations dites *généralisées*, qui opèrent sur deux

suites terminales distinctes, c'est-à-dire dérivées chacune du symbole Phrase, et les intègrent en une structure de surface unique. C'est là un processus qui joue un rôle considérable dans l'organisation de la phrase. Considérons l'énoncé suivant:
Le garçon blond lance la balle

La GGT considère qu'elle est obtenue par enchâssement de deux suites terminales, correspondant respectivement aux phrases:
Le garçon lance la balle
Le garçon est blond

soit:

Sg + Déf + *garçon* + prés + 3 pers + Ind + *lancer* + Sg + Déf + *balle*
Sg + Déf + *garçon* + prés + 3 pers + Ind + être + blond

On leur applique une transformation de «relativisation», qui est une transformation généralisée, enchâssant la seconde suite dans la première:

$$T_{rel} : \begin{cases} SN^1 + Aux + V + SN_2 \\ SN_1 + Aux + \text{être} + Adj \end{cases} \Rightarrow SN_1 + QU + SN_1 + Aux + \text{être} + Adj + Aux + V + SN_2$$

ce qui donne:

Sg + Déf + *garçon* + QU + Sg + Déf + *garçon* + prés + 3 pers
+ Ind + être + *blond* + prés + 3 pers + Ind + *lancer*
+ Sg + Déf + *balle*

Cette suite peut donner, après les transformations accord et affixe qui s'imposent, la phrase:
Le garçon qui est blond lance la balle

mais on peut procéder aussi à une série de transformations dites «d'effacement», qui donneront:

Sg + Déf + *garçon* + *blond* + prés + 3 pers + Ind + *lancer* + Sg + Déf
+ *balle*

et donc finalement:
Le garçon blond lance la balle.

On conçoit que l'on peut procéder de la même façon pour obtenir la phrase
Je vois que le garçon lance la balle

en enchâssant les structures profondes correspondant aux phrases:
Le garçon lance la balle
Je vois cela

ou encore, que l'on peut obtenir
La maladresse du garçon me surprend

par intégration des structures profondes de:
Le garçon est maladroit
Cela me surprend

suivie d'une transformation dite de «nominalisation», qui transforme le syntagme verbal *est maladroit* en un nom et le syntagme nominal *le garçon* en un complément du nom.

Le fait que les règles transformationnelles permettent de rendre compte des phrases qui comportent des constituants discontinus n'est pas la seule raison qui ait amené Chomsky à introduire de telles règles dans la grammaire, ni même peut-être la raison principale. En effet, la sous-composante syntagmatique, à elle seule, ne rend pas compte des parentés syntaxiques entre les phrases. Si l'on considère les formes interrogative, négative, passive, emphatique d'une même phrase noyau, des parentés sont évidentes:

Le garçon lance la balle
Le garçon lance-t-il la balle ?
Le garçon ne lance pas la balle
La balle est lancée par le garçon
C'est le garçon qui lance la balle

or, au lieu que de telles phrases soient générées par des règles de réécriture indépendantes, la GGT présente toutes ces phrases comme des transformées au départ d'une même phrase noyau, accompagnée, bien entendu, des marqueurs appropriés.

Par ailleurs, l'existence de la sous-composante transformationnelle entraîne la distinction entre une structure profonde et une structure de surface, et cette distinction paraît nécessaire pour rendre compte du statut de certaines phrases ambiguës. Prenons l'exemple suivant:

J'ai vu l'assassinat du président

Cette phrase peut se comprendre de deux manières (au moins):

J'ai vu que quelqu'un a assassiné le président
J'ai vu que le président a assassiné quelqu'un

En GGT, on considère que ces deux interprétations sémantiques sont possibles parce que la structure de surface peut être dérivée de deux structures profondes distinctes, qui correspondraient aux énoncés suivants:

Quelqu'un a assassiné le président
J'ai vu cela

et

Le président a assassiné quelqu'un
J'ai vu cela

Après enchâssement, la première phrase subit une nominalisation «objet» dans le premier cas, une nominalisation «sujet» dans l'autre: on veut dire par là que le verbe *assassiner* devient un nom, et que le complément de ce nom (*le président*) est fourni, tantôt par l'objet du verbe, tantôt par le sujet. Il y a donc bien deux phrases différentes, engendrées par des règles de réécriture différentes, ayant subi des transformations différentes également, mais dont il se trouve que les structures de surface coïncident. De telles coïncidences sont fréquentes:

> Je crois mon fils malade
> Pierre aime mieux Paul que Jacques

sont des phrases qui se prêtent à plus d'une interprétation.

Notons, pour finir, la place que la GGT assigne à la sélection lexicale. Elle se présente comme la dernière étape dans la génération de la structure profonde, après l'application des règles de réécriture, et avant les transformations; c'est un point de vue qui donnera lieu à de nombreuses controverses (McCawley, 1968), et dont nous aurons à reparler. Mais autre chose est de voir en quoi une telle opération consiste. Les vues développées dans le cadre de la GGT à cet égard sont entièrement compatibles, dans leurs grandes lignes, avec une conception componentielle du lexème, et avec les processus de triage que nous avons présentés antérieurement. En effet, un item lexical est présenté comme formé d'un ensemble de traits de nature oppositive (± concret, ± animé, etc.); de ce fait, il n'appartient pas seulement à une catégorie grammaticale telle que N, ou V, mais aussi à un certain nombre de sous-catégories, et la sélection lexicale consistera à appliquer au symbole catégoriel qui figure dans la suite préterminale un certain nombre de *règles de sous-catégorisation.* De telles règles ont été introduites dans la GGT pour la rendre à même d'écarter comme non grammaticales des phrases comme

> Le lait boit le chat

En effet, il faut, pour exclure une telle phrase, qu'il y ait des décompositions lexicales qui disent, d'une part, que *chat* présente, notamment, le trait [+ *vivant*], et que *lait* présente, notamment, le trait [+ *buvable*]; il faut, en outre, une règle qui précise que *boire* n'admet que des N[+ *vivant*] comme sujets et des N [+ *buvable*] comme objets (Nique, 1974). Il faut donc postuler l'existence de règles de sous-catégorisation, en même temps que de contraintes dans les combinaisons des traits; la métaphore serait alors une violation de ces contraintes (« le buvard boit l'encre »). On n'est pas obligé, nous semble-t-il, de suivre la GGT dans cette voie, et de considérer la métaphore comme la violation de quelque règle; il est permis de considérer une phrase comme « le lait boit le chat » comme grammaticalement irréprochable, et attribuer le caractère insolite de cet énoncé à des variables de performance. Mais cela n'enlève rien au fait que la façon dont la sélection lexicale a été traitée par la GGT rejoint la conception que des psychologues du langage s'en sont faite sur la base de considérations entièrement différentes.

Les transformations en tant qu'opérations mentales

Si nous avions écrit ce livre il y a une dizaine d'années, peut-être l'exposé de la GGT aurait-il occupé toute la première moitié du volume, car les psycholinguistes des années soixante, sous l'impulsion notamment de Miller (1962), lui ont accordé une grande place dans leurs recherches. Aujourd'hui, en dépit de leur caractère très sommaire, les indications qui précèdent doivent pouvoir éclairer le lecteur sur la portée véritable de ces travaux. Ces derniers sont assurément trop nombreux pour que nous puissions les passer systématiquement en revue, et ce n'est d'ailleurs pas notre but; on se contentera, comme on l'a fait pour d'autres questions, d'un certain nombre d'expériences particulièrement représentatives (pour des recensions plus détaillées, voir l'ouvrage de Fodor, Bever et Garrett, 1974, et, en français, les revues de Jakubowicz, 1970, et de Mehler et de Boysson-Bardies, 1971).

Pour la génération de la structure profonde, il n'y a pas lieu de revenir sur la position de principe qui s'était dégagée des recherches exposées au chapitre VI, à savoir que le locuteur procéderait de haut en bas, en développant par priorité les branches de gauche. L'innovation réside, ici, en l'introduction des règles transformationnelles. Le problème, à cet égard, peut être formulé de deux manières: les transformations correspondent-elles véritablement à des opérations mentales dans la production et l'interprétation de la phrase, et, corrélativement, le sujet utilise-t-il la distinction entre structure de surface et structure profonde? Nous nous attacherons surtout à la première face de ce problème, nous réservant de développer l'autre au début du chapitre IX, en guise de tremplin vers de nouvelles questions.

De nombreuses expériences portent sur les relations entre les phrases de la famille «passive-négative-interrogative» — dite encore *PNQ*. On se rappellera que d'après la grammaire transformationnelle, la phrase la plus simple, appelée phrase noyau ou *K* (*kernel sentence*), est la phrase déclarative, active, affirmative. On peut lui appliquer une transformation passive (*P*) ou une transformation négative (*N*), ou une transformation interrogative (*Q*); mais on peut procéder également à deux de ces transformations, voire aux trois transformations simultanément:

K. Le garçon lance la balle
P. La balle est lancée par le garçon
N. Le garçon ne lance pas la balle
Q. Le garçon lance-t-il la balle?
PN. La balle n'est pas lancée par le garçon
PQ. La balle est-elle lancée par le garçon?
NQ. Le garçon ne lance-t-il pas la balle?
PNQ. La balle n'est-elle pas lancée par le garçon?

Ceci étant, Miller (1962) suggère que le passage d'une phrase à une autre représente une opération plus ou moins complexe, selon le nombre de transformations qu'un tel passage demande. Dans cette optique, les huit phrases qui précèdent peuvent être représentées comme les huit sommets d'un cube (fig. 28); une seule transformation sépare les phrases qui se trouvent sur une même arête du cube,

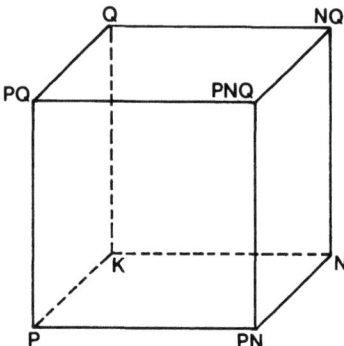

Figure 28. Relations entre les phrases de la famille PNQ (d'après Miller, 1962).

deux transformations séparent les phrases qui s'opposent en diagonale sur une même face (par exemple K ⇒ PN, mais aussi P ⇒ N), trois transformations séparent les phrases qui occupent des positions diagonalement opposées dans le volume (par exemple K ⇒ PNQ, mais aussi P ⇒ NQ).

Dans ce cadre, Miller (1962) rapporte une expérience de Miller, McKean et Slobin, portant seulement sur des phrases K, P, N et PN. On présentait au sujet une phrase appartenant à une de ces quatre formes, de même qu'une liste d'autres phrases diverses; il devait découvrir dans cette liste, le plus rapidement possible, la contrepartie de cette même phrase dans une autre forme préalablement déterminée. Par exemple, on donnait une phrase K, et le sujet devait indiquer le plus rapidement possible la version négative de cette phrase. Les auteurs supposaient que le sujet, avant d'indiquer cette phrase, devait procéder lui-même à la transformation ou aux transformations mentionnées, afin de repérer ensuite dans la liste l'énoncé qu'il avait obtenu, et que les différences de temps devaient refléter les niveaux respectifs de complexité de ces opérations. Miller et McKean (1964) ont d'ailleurs publié ultérieurement des expériences où cette démarche était explicitement demandée. On présentait d'abord une seule phrase, en précisant la transformation ou les transformations à faire; quand le sujet estimait avoir accompli correctement cette tâche, il poussait sur un bouton, faisant ainsi apparaître la liste des phrases parmi lesquelles la version obtenue devait être repérée. Les résultats de ce genre d'expériences furent spectaculaires. En comparant les temps mis par les sujets à ceux d'un groupe de contrôle qui n'avait qu'à lire la phrase et à la repérer ensuite (tableau XI), on s'aperçut que passer de K à N demande 0,39 seconde, que passer de K à P demande 0,74 seconde (donc un temps plus long), et, surtout, que passer de K à PN demande 1,14 seconde, soit un temps qui est la somme des deux temps précédents. Bien que cette propriété d'addi-

Tableau XI. *Temps requis pour diverses transformations; la forme syntaxique des phrases présentées se trouve en tête de ligne, la forme à obtenir en tête de colonne (d'après Miller et McKean, 1964).*

	K	N	P	PN
Expérimental :				
K	...	1.81	2.20	2.49
N	2.08	...	3.60	2.73
P	2.51	3.51	...	2.20
PN	2.92	2.72	2.37	...
Contrôle :				
K	...	1.42	1.46	1.35
N	1.68	...	1.80	1.70
P	1.63	1.68	...	1.80
PN	1.58	1.73	1.93	...
Différences :				
K	...	0.39	0.74	1.14
N	0.40	...	1.80	1.03
P	0.88	1.83	...	0.40
PN	1.34	0.99	0.44	...

tivité se vérifie moins bien pour d'autres triplets, elle a beaucoup frappé les psycholinguistes à l'époque, de même que le fait qu'il n'y ait guère de différences sensibles entre une opération et sa réciproque. Il faut noter, toutefois, que le simple nombre des transformations n'est pas un prédicteur suffisant; certaines transformations étant plus longues à réaliser que d'autres, il faut tenir compte de l'ensemble des substitutions, permutations, additions et suppressions qu'une règle transformationnelle met en œuvre.

Marshall (1964) a testé la complexité des phrases de la famille *PNQ* par une tâche différente, où le sujet ne manipulait qu'une seule phrase à la fois. La phrase lui était présentée, cependant que ses mots avaient été mélangés au hasard, et il lui était demandé de la reconstituer le plus rapidement possible dans son agencement correct. Les temps moyens observés furent les suivants (en secondes):

complexité 1 :   N : 1,9 (2)   Q : 1,9 (1)   P : 1,9 (2)
complexité 2 :   PN : 2,3 (5)   NQ : 2,4 (4)   QP : 2,2 (3)
complexité 3 :   PNQ : 2,8 (5)

On voit que le temps augmente avec la complexité transformationnelle. Les chiffres entre parenthèses indiquent les nombres d'erreurs; celles-ci sont rares, mais il est néanmoins intéressant d'observer qu'elles constituent généralement des *simplifications* sur le plan transformationnel; on veut dire par là que si le sujet reconstitue une phrase qui n'est pas exactement celle qui est présentée en désordre, il s'agit le plus souvent d'une phrase qui se rapproche davantage de la phrase noyau.

Ces premières expériences reposaient sur la première version de la GGT, où l'on considérait que les phrases K, N, P et NP sont obtenues à partir d'une structure profonde identique. Dans la version standard, au contraire, ces formes se différencient déjà en en structure profonde, à cause de la présence de marqueurs de transformation éventuels. Or, à en juger par les travaux de Katz et Postal (1964), il apparaît que les distances, *en structure profonde*, entre les phrases de la famille PNQ peuvent être représentées par la figure 29. La distance entre une phrase et sa version négative est plus grande pour des phrases déclaratives que pour des phrases interrogatives; par exemple, selon Katz et Postal, la distance, en structure profonde, entre les phrases
K Le garçon lance la balle
N Le garçon ne lance pas la balle

est plus importante qu'entre les phrases
Q   Le garçon lance-t-il la balle?
NQ Le garçon ne lance-t-il pas la balle?

Divers auteurs ont dès lors voulu vérifier si les distances subjectives entre ces formes correspondaient à de telles prédictions. Clifton et Odom (1966) ont abordé ce problème par diverses techniques. Dans une de leurs expériences, ils utilisaient les huit formes d'une même phrase noyau; ils présentaient une de ces huit formes comme point de comparaison (chacune à tour de rôle), et les sujets devaient ranger les sept autres par ordre de similarité. Dans d'autres expériences, ils présentaient une série de phrases, puis une autre série contenant certaines phrases identiques aux premières, des phrases qui étaient des transformées de ces premières, et d'autres encore entièrement différentes; les sujets devaient repérer les phrases déjà vues, et l'on notait, pour les transformées, les taux de confusion, c'est-à-dire le nombre de fois que les sujets croient reconnaître une phrase qu'ils ont effectivement déjà rencontrée, mais sous une autre forme syntaxique. Ces diverses techniques fournirent des scores de distance (ou de liaison) assez similaires entre les paires de phrases. Les données furent ensuite traitées par l'analyse multidimensionnelle (voir chap. III). Dans un certain nombre de cas, les phrases se placèrent effectivement dans un espace à trois dimensions, en y occupant des positions relativement conformes à ce que prévoit la figure 29.

Parmi les données expérimentales que l'on cite particulièrement souvent à l'appui des conceptions transformationnelles figurent aussi celles de Mehler (1963), qui a abordé le problème par une épreuve de mémorisation. Après avoir réuni, au départ, huit phrases K différentes, il a formé, avec chacune d'elles, les huit versions qui étaient également celles de Marshall, c'est-à-dire la phrase K elle-même et les phrases qui résultent d'une, deux ou trois transformations de cette phrase K. Il a formé ensuite des listes de huit phrases, dans lesquelles figurent toutes les formes syntaxiques, mais obtenues au

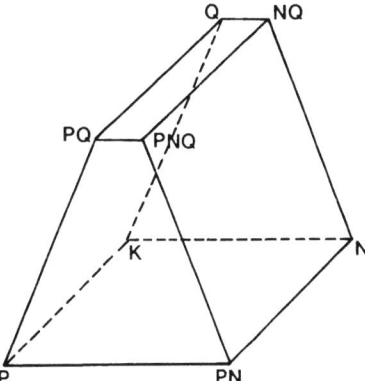

Figure 29. Distances entre les phrases de la famille PNQ dans le système de Katz et Postal. Tiré de Clifton C. et Odom P. Similarity relations among certain English sentence constructions. Psychological Monographs, 1966, 80. © American Psychological Association. Repris avec l'autorisation de l'éditeur.)

départ de phrases K différentes (par exemple la forme K de la première phrase, la forme N de la deuxième, la forme P de la troisième, et ainsi de suite). Il les présentait oralement cinq fois, et le sujet devait les rappeler par écrit. On observe une relation inverse entre la complexité transformationnelle et la performance au rappel. Mais surtout, les erreurs syntaxiques tendent à nouveau à être des simplifications sur le plan transformationnel : 400 réponses erronées se rapprochent de la phrase K, tandis que 248 seulement vont dans la direction opposée.

Pour rendre compte de ces résultats, Mehler a fait appel à une hypothèse qui avait déjà été proposée par Miller et qui est connue comme l'*hypothèse de codage*. Selon cette hypothèse, pour mémoriser une phrase, le sujet la décompose en une phrase noyau accompagnée des marqueurs de transformation éventuels, forme qui, dans la version standard de la GGT, n'est pas très différente de la structure profonde de cette phrase; en outre, pour rendre compte de la tendance à la simplification syntaxique, on suppose que les marqueurs de transformation sont plus facilement oubliés que la phrase noyau elle-même.

Si les phrases sont stockées sous cette forme, les phrases plus complexes doivent représenter une plus grande charge en mémoire à court terme. Or, dans l'idée que celle-ci ne peut contenir qu'un nombre très limité d'éléments (Miller, 1956), Savin et Perchonock (1965) ont imaginé l'expérience suivante. Utilisant un matériel semblable à celui de Mehler, on présentait au sujet une seule phrase, immédiatement suivie d'une série désordonnée de huit mots, et il devait ensuite répéter cette phrase et le plus de mots possible. L'hypothèse était que le nombre de mots additionnels retenus devait être d'autant plus petit que la complexité transformationnelle de la phrase était plus grande, puisque les marqueurs prennent, en quelque sorte, la «place» de certains mots. Les observations confirmèrent cette hypothèse, et se révélèrent même compatibles avec l'idée que les transformations sont additives, car la «place» occupée par une transformation ne varia pas d'après les autres transformations éventuelles avec lesquelles elle était combinée.

Au vu de cette filière de recherches, on penserait volontiers que les transformations, telles qu'elles figurent dans la composante syntaxique de la grammaire générative, doivent être considérées comme des opérations mentales utilisées pour produire, interpréter et mémoriser les phrases; et c'est effectivement ce que l'on a cru. Et pourtant, on s'accorde généralement aujourd'hui pour dire que l'on ne possède pas d'observations indiscutables à l'appui d'une telle conception. L'interprétation des données que nous avons recensées soulève, en effet, plusieurs problèmes importants, susceptibles d'en réduire considérablement la portée (Watt, 1970).

Il faut noter, d'abord, que certains travaux permettent difficilement de conclure que le sujet procède à des transformations dans la production du discours spontané, ou dans son interprétation, pour la simple raison qu'ils mettent en œuvre une situation expérimentale où ces opérations lui sont *expressément demandées*. Tel est typiquement le cas des premiers travaux rapportés par Miller (1962) et par Miller et McKean (1964). Tout au plus observe-t-on que, lorsqu'on lui demande de passer d'une forme syntaxique à une autre, il lui est effectivement plus difficile de procéder à une double modification qu'à une seule.

D'autres expériences, comme celles de Marshall, de Mehler, ou de Savin et Perchonock, ne comportent pas une telle consigne, et montrent par conséquent que des phrases que la GGT décrit comme syntaxiquement plus complexes, sont aussi, en elles-mêmes, plus difficiles à reconstituer, ou à retenir. Mais même s'il y a, dans la langue, des formes plus complexes que d'autres, cela n'implique pas que les formes plus complexes soient engendrées, ou interprétées, *en passant par les formes plus simples*. Il en va ici comme en arithmétique, où il y a certes des opérations plus complexes que d'autres, tout au moins au regard de l'analyse formelle: la multiplication peut apparaître comme plus complexe que l'addition, et peut même être décrite, formellement, comme une suite d'additions; mais ceci n'entraîne pas qu'elle soit réalisée de cette manière dans des opérations de calcul mental. Il peut y avoir de la marge entre l'analyse *formelle* de l'énoncé, que réalise le linguiste, et l'analyse *fonctionnelle* des opérations impliquées dans son utilisation, qui relève de la psychologie du langage (Richelle, 1971).

La plupart des travaux que nous avons cités, et particulièrement ceux de Clifton et Odom (1966), montrent aussi que deux phrases sont d'autant plus «distantes» que leurs structures profondes sont plus différentes, c'est-à-dire ne contiennent pas les mêmes marqueurs de transformation. Mais ici se pose un problème particulièrement fondamental, que nous aurons à examiner plus avant au chapitre IX. Il se trouve, en effet, en vertu même des principes de la GGT, que des transformations indiquées dans la structure profonde vont nécessairement de pair avec des différences *sémantiques* entre les phrases, et il devient alors très difficile de savoir si les jugements de similarité ou les confusions entre ces phrases doivent être attribués à des relations syntaxiques ou à des relations sémantiques. Koplin et Davis (1966) ont examiné les taux de confusions entre des paires de phrases liées simultanément par leur forme syntaxique et par leur contenu, comme c'était le cas chez Clifton et Odom, mais aussi entre des phrases sans relation syntaxique, mais de même contenu, étant des paraphrases l'une de l'autre; par exemple :
The play pleased me
I liked the play
I regard John as pompous
John strikes me as pompous

Dans ce cas aussi, les confusions apparaissent, encore qu'elles soient moins massives. Mais il faut dire aussi que des expériences qui font varier systématiquement la forme syntaxique peuvent aboutir à centrer l'attention du sujet sur cette forme, au dépens du sens, contrairement à ce qu'il fait vraisemblablement dans son utilisation courante de la langue, et que cela peut conduire les auteurs de telles expériences à attribuer à la forme syntaxique des effets qui sont dus au caractère artificiel des situations expérimentales mises en œuvre.

Enfin, il n'est pas sûr, en définitive, que des phrases passives, ou négatives, soient, dans leurs emplois spontanés, plus «difficiles» que les phrases noyaux. Dans les expériences qui précèdent, les phrases sont en effet présentées en dehors de tout contexte. Les diverses formes syntaxiques doivent bien correspondre à diverses fonctions, exactement comme les formes lexicales, et, dès lors, elles doivent subir comme un effet de «facilitation» dans certaines situations qui les favorisent. L'ensemble des observations qui précèdent serait donc mis en question s'il était possible de préciser en quoi consistent ces situations, et s'il s'avérait qu'une forme passive, ou négative, est alors aussi facile, voire plus facile, que la phrase noyau elle-même. Or, c'est bien à une telle conclusion que nous allons être conduits.

Chapitre VIII
Les variables pragmatiques

Comme il est discutable, et en tout cas insuffisant, d'étudier la production et la compréhension de lexèmes isolés, les psycholinguistes des années soixante ont pris la phrase comme unité d'observation. Mais voici que le même problème surgit à nouveau. En effet, étant largement inspirés par une linguistique qui prônait l'autonomie de la syntaxe, ils se sont vu reprocher de s'être livrés à des expériences sur des phrases « in vitro », c'est-à-dire sur des *énoncés* indépendamment des conditions de leur *énonciation*.

Introduire les conditions d'énonciation dans les paramètres de la recherche, c'est s'interroger sur les variables qui favorisent ou défavorisent l'utilisation des formes syntaxiques. Dans cette perspective, on ne peut élaborer une théorie de la production ou de la compréhension qui négligerait les relations intersubjectives inhérentes à la parole, qui négligerait notamment le contrat tacite réglant le jeu des échanges, c'est-à-dire la façon dont les interlocuteurs ont à coopérer dans l'utilisation du langage. Mais une telle orientation est appelée à mettre l'accent sur le fonctionnement de la communication, et, curieusement, elle renoue ainsi avec des préoccupations qui étaient familières durant les années cinquante, même si elle le fait dans un contexte profondément modifié.

En cette matière, le point de départ réside en la distinction, dans la phrase (et plus largement dans le discours, comme on le verra plus loin), entre ce qui est *posé* et ce qui doit être considéré comme *présupposé*. La question du statut à réserver à la présupposition a envahi tous les débats, qu'il s'agisse des relations entre logique et sémantique, entre sémantique et syntaxe, entre la description formelle de l'énoncé et les conditions de son emploi. L'examen des travaux où la notion de présupposition est utilisée montre qu'elle est le plus souvent définie de façon imprécise, qu'il en existe des définitions variées, et qu'elle est presque toujours associée à des notions voisines comme le «thème», l'«information ancienne», l'«implication», avec lesquelles elle présente assurément des points communs, mais auxquelles on ne pense pas pouvoir l'assimiler totalement. Nous ne prétendons donc pas pouvoir trancher le débat en quelques pages; nous espérons seulement, dans cet aperçu, éviter les ambiguités les plus embarassantes.

Le posé et le présupposé

La distinction entre le *présupposé* et le *posé* (ou *asserté*) ne doit pas être confondue avec la distinction entre le *thème* et le *commentaire*. Ces deux oppositions sont quelquefois tenues pour superposables, le thème devant coïncider avec le présupposé, le commentaire avec le posé. Il y a cependant là quelques nuances qu'il est difficile de gommer.

La distinction entre thème et commentaire est une distinction classique: le thème est *ce dont on parle*, le commentaire est *ce qu'on en dit*. Dans la phrase:
Une tempête soudaine a coulé plusieurs bateaux

on dira que le thème est *une tempête soudaine*, et que le commentaire est qu'elle *a coulé plusieurs bateaux*. Traditionnellement, on considère que le thème est énoncé dans le syntagme sujet, et le commentaire dans le syntagme prédicat. Mais, outre qu'une telle conception ne s'applique qu'aux formes déclaratives, elle s'avère trop courte dès l'instant où la phrase est placée dans un contexte, comme il en va dans l'usage courant de la langue.

Dès qu'il y a contexte, le thème de la phrase renvoie le plus souvent à quelque proposition antérieure, c'est-à-dire à une proposition (au sens logique du terme) contenue dans le contexte verbal, ou suggérée par la situation dans laquelle les interlocuteurs se trouvent, et qui peut être considérée comme acceptée par chacun d'eux; à ce titre, une telle proposition est dite présupposée. Le commentaire est alors ce qui est nouvellement posé, et il est énoncé dans ce qu'on appellera le *foyer assertif* de la phrase. Mais dans la phrase qui précède, comme il n'y a pas de contexte, on peut considérer qu'il y a deux foyers assertifs:
Il y a eu une tempête soudaine
Cette tempête a coulé plusieurs bateaux

Notons, toutefois, que le premier foyer assertif sert de présupposé

au second. Si le thème-sujet ne coïncide pas nécessairement avec un présupposé, mais peut être lui-même un foyer assertif, il en va de même pour le commentaire-prédicat, qui ne constitue pas nécessairement le posé. Dans
   J'ai déjà entendu cette mélodie
on peut considérer qu'il est admis que *j'entends une mélodie*, et l'on pose simplement que ce n'est pas la première fois que je l'entends. De même, considérons la phrase :
   Paul arrivera demain
et plaçons-la dans un contexte. Si elle répond à la question :
   Avez-vous des nouvelles de Paul ?
on peut considérer que le sujet *Paul* renvoie à un présupposé, l'existence d'un certain Paul étant admise par les interlocuteurs, et que le prédicat *arrivera demain* est le foyer assertif de cette phrase. Mais si la même phrase répond à la question :
   Pouvez-vous me dire quand Paul arrivera ?
on voit que *Paul arrivera* est présupposé, et que le foyer assertif se limite à *demain*.

Si le thème ne renvoie pas toujours à un présupposé, il faut noter aussi que la phrase peut avoir des présupposés qui ne coïncident pas avec son thème, et qu'il peut même s'agir de propositions dont on ne trouve aucune trace dans la structure de surface de l'énoncé. Ainsi la phrase
   Paul arrivera demain
présuppose, de toute évidence, que
   Paul n'est pas là aujourd'hui.

A ce compte, les présuppositions d'une phrase peuvent être très variées, et rester largement *implicites*; en règle générale, il n'y sera fait explicitement référence que dans la mesure où, plusieurs présuppositions pouvant servir d'ancrages à une même assertion, il est nécessaire de préciser à laquelle de ces présuppositions cette assertion se rapporte. Ainsi, après la phrase :
   Paul n'est pas là aujourd'hui, ni Jacques
on pourra ajouter :
   Paul arrivera demain
et il sera utile de reprendre le sujet *Paul*, pour indiquer que c'est Paul, et non Jacques, qui arrivera demain; mais si le contexte est simplement :
   Paul n'est pas là aujourd'hui
il suffira de dire :
   Il arrivera demain.

On voit, à la faveur de cet exeple, qu'on aurait tort de confondre l'asserté avec l'information que la phrase apporte, car les segments de l'énoncé qui se trouvent en dehors du foyer assertif peuvent apporter, eux aussi, de l'information, dans la mesure où ils permettent à l'interlocuteur de sélectionner les présuppositions appropriées parmi l'ensemble des propositions qu'il considère à ce moment comme admises.

La notion de présupposition a, sous divers vocables et quelquefois dans une relative confusion, tenu une place importante en logique et en philosophie du langage, et cela depuis fort longtemps (on trouve une étude historique de cette notion dans Ducrot, 1972, et dans Récanati, 1979). Nous nous en tiendrons ici à la façon dont elle peut éclairer les conditions de production du discours (pour une synthèse dans cette optique, on peut lire Dubois et Kekenbosch, 1978). Au point de vue qui est le nôtre ici, la présupposition est, essentiellement, un élément de contenu antérieur à l'énonciation et assurant la cohérence du discours, en ce sens que ce qui est posé est sans objet si l'on n'accepte pas ce qui est présupposé. Ainsi la phrase :
Mon frère a acheté une voiture

présuppose que j'ai un frère, faute de quoi l'assertion serait sans objet, et donc ni vraie ni fausse. A ce titre, *le présupposé est un élément de contenu qui n'est pas contestable* : si des éléments contenus dans une phrase font l'objet d'une interrogation, ou d'une négation, ce ne pourront être que des éléments appartenant au foyer assertif. Considérons l'exemple suivant, emprunté à Ducrot (1972) :
Pierre se doute que Jacques va venir

Cette phrase présuppose que Jacques va venir, et pose seulement que, cet événement étant admis, Pierre s'en doute. Dès lors, la négation, comme l'interrogation, ne peuvent porter que sur le posé, tandis que le présupposé n'est pas mis en cause :
Pierre ne se doute pas que Jacques va venir
Pierre se doute-t-il que Jacques va venir ?

De même, la phrase
Pierre s'imagine que Jacques va venir

présuppose, elle, que Jacques ne viendra *pas*, et cette présupposition n'est pas davantage contestée par des phrases comme :
Pierre ne s'imagine pas que Jacques va venir
Pierre s'imagine-t-il que Jacques va venir ?

Si le présupposé est donc une proposition que les interlocuteurs sont censés accepter l'un et l'autre au préalable, le foyer assertif d'une phrase déclarative apparaît, en revanche, comme cet *élément de contenu que le locuteur tient pour vrai, sans qu'il soit assuré que son partenaire en fasse autant* ; l'énonciation est alors motivée, précisément, par le fait que le locuteur tient à ce que son interlocuteur accepte, lui aussi, cette proposition. En définitive, l'énonciation tend ainsi, en modifiant les propositions que le destinataire tient pour vraies, à *augmenter l'univers des présuppositions que les interlocuteurs partagent*. Il est possible, naturellement, que le locuteur se trompe quand il considère que son partenaire n'accepte pas (encore) telle ou telle proposition; on peut considérer qu'il se livre à des conjectures à cet égard, et que l'énonciation sera d'autant plus motivée qu'il tient cette situation pour plus vraisemblable.

Depuis quelques années, les psychologues du langage ont conduit un certain nombre d'expériences pour montrer que le sujet, lorsqu'il est mis en présence d'une phrase, est sensible à son articulation en présupposé et posé, et que cela se traduit par une différence dans le traitement qu'il leur réserve. Offir (1973) a comparé deux types de phrases. Les premières ne se différencient que par leur foyer assertif :
I know a man who embezzled $ 1,000,000
A man I know embezzled $ 1,000,000

Les autres, au contraire, ont un constituant présuppositionnel (indiqué par l'article défini), et les relations entre le posé et le présupposé y sont inversées :
I know the man who embezzled $ 1,000,000
The man I know embezzled $ 1,000,000

On a en effet, respectivement :
présupposé : Un homme a détourné un million de dollars
posé : Je connais cet homme

et
présupposé : Il y a un homme que je connais
posé : Cet homme a détourné un million de dollars

On présentait au sujet une série de paragraphes incluant une de ces phrases; puis on lui présentait la même phrase ou l'autre phrase de la paire, et on lui demandait si c'était bien la même phrase que précédemment. Comme prévu, les sujets repérèrent beaucoup plus facilement les modifications survenues dans la seconde paire de phrases. Dans une expérience de mémorisation conduite par Singer (1976), on présentait des phrases, puis certains mots, et le sujet devait dire si ces mots étaient apparus antérieurement; or, la reconaissance était meilleure pour les mots appartenant au foyer assertif.

Diverses expériences menées par Costermans et Hupet (1976) montrent bien que dans une phrase déclarative simple, le présupposé et le posé se différencient par le fait que le premier paraît avoir plus de chances que le second d'être partagé par les interlocuteurs. Dans l'une des épreuves, on montrait au sujet une

plage de 144 gros points colorés, disposés en 12 rangées de 12; une douzaine de points verts étaient disséminés au hasard parmi une nette majorité de points rouges. On présentait alors les deux phrases suivantes, avec la consigne de dire laquelle « s'appliquait le mieux » à la plage colorée :
Outre le rouge, il y a du vert
Outre le vert, il y a du rouge

Comme on le voit, il s'agit de phrases dans lesquelles une des couleurs, celle qui est mentionnée d'abord, apparaît comme nettement présupposée, l'autre constituant le foyer assertif. Or, dans de telles conditions, presque tous les sujets choisirent la première phrase, c'est-à-dire celle dans laquelle l'assertion porte sur la couleur qui est *minoritaire* dans la figure. Dans une autre épreuve, on montrait deux planches avec des couleurs en proportions inverses, ainsi que la simple phrase assertive :
Il y a des points verts

Les sujets considérèrent que cette phrase s'appliquait le mieux à la planche où il y avait *peu* de vert. Bien que l'interprétation de ces observations ait donné lieu à quelques controverses (Johnson-Laird, 1976), nous pensons que si les sujets estiment préférable d'affirmer qu'il y a du vert quand il y a *peu* de vert, c'est parce qu'ils considèrent que la présence du vert a plus de chances alors d'échapper à l'attention de l'interlocuteur, et qu'il s'agit donc là, parmi les deux assertions possibles, de celle qui a le moins de chances d'être préalablement partagée.

Comme on l'a vu dans les exemples dont nous nous sommes servis jusqu'ici, la langue offre des moyens extrêmement divers pour marquer ce qui, dans une phrase, est considéré respectivement comme posé et comme présupposé. Un certain nombre de ces moyens relèvent des processus de la sélection lexicale. Ainsi en va-t-il dans :
Pierre se doute que Jacques viendra
Pierre s'imagine que Jacques viendra

De même, pour reprendre un exemple devenu classique :
Il a cessé de battre sa femme
Il a commencé à battre sa femme

où le choix entre *cesser de* et *commencer à* est fonction du présupposé, qui est respectivement :
Il battait sa femme auparavant
Il ne battait pas sa femme auparavant

Dans cette perspective, les contraintes combinatoires régissant les insertions lexicales pourraient être réinterprétées en termes de présuppositions : si un item lexical peut être décomposé en un ensemble de traits, il est concevable que certains de ces traits soient

présupposés — pour l'une ou l'autre raison, le plus souvent d'ordre pragmatique — dans une situation donnée; à ce moment, ces traits ne sont pas contestables, et la sélection doit se faire parmi les items lexicaux qui présentent ces traits (Dubois et Kekenbosch, 1978). Si l'on donne à des sujets la phrase
  L'animal galope
et qu'on lui demande de remplacer le terme superordonnant *animal* par un terme plus spécifique (contenant donc des traits supplémentaires), il sélectionnera généralement l'item *cheval*. On dira que ces traits supplémentaires sont imposés par la présence, dans le contexte, de l'item *galoper*, et fonctionnent ainsi comme un ensemble de présuppositions.

Mais il n'y a pas que les sélections lexicales qui soient influencées par les présuppositions; il en va de même pour les formes syntaxiques. Ce sera l'objet des pages qui suivent que de montrer de quelle façon l'emphase, le passif, ou encore la négation, se différencient de la phrase noyau par leurs présuppositions. Ceci nous ramène à la question des fonctions propres qu'il y a lieu d'attribuer à ces diverses structures syntaxiques. Nous ne le ferons d'abord que pour les déclaratives; les interrogatives et les impératives posent d'autres problèmes que nous examinerons ensuite.

Les fonctions propres des formes déclaratives

Une des structures les plus caractéristiques servant à mettre en évidence le foyer assertif de la phrase est assurément l'*emphase*. Elle peut prendre diverses formes. Le sujet peut insister sur tel ou tel segment de l'énoncé en utilisant à cet effet des moyens qui relèvent de la prosodie; c'est d'ailleurs, pour une bonne part, la prise en considération de la structure prosodique dans l'interprétation sémantique de la phrase qui a mené Chomsky à repenser la GGT sous la forme d'une «théorie standard étendue» (Chomsky et al., 1977). Mais le locuteur peut également utiliser des phrases dites *clivées*; au départ de la phrase:
  Le train a percuté la voiture très violemment
on peut former diverses clivées, comme suit:
  C'est le train qui a percuté la voiture très violemment
  C'est la voiture que le train a percutée très violemment
  C'est très violemment que le train a percuté la voiture
et l'on voit bien que le syntagme qui est ainsi mis en évidence fait figure de foyer assertif, les présupposés étant respectivement:
  Quelque chose a percuté la voiture très violemment
  Le train a percuté quelque chose très violemment
  Le train a percuté la voiture

Hornby (1974) a fait avec ce type de phrases une expérience intéressante. Il a utilisé des énoncés comme les suivants :
C'est la fille qui caresse le chat
C'est le chat que la fille caresse

qui présupposent, respectivement :
Quelqu'un caresse le chat
La fille caresse quelque chose

Il demandait au sujet de déterminer la véracité de telles phrases en les comparant à des images. Quand les contenus de la phrase et de l'image ne correspondaient pas, le sujet se laissait davantage abuser lorsque la divergence portait sur la présupposition. Ceci rejoint l'idée que, le présupposé n'étant pas sujet à caution, le sujet conçoit sa tâche comme visant à contrôler la véracité du foyer assertif.

Ceci étant, les variables déterminant l'usage de la forme emphatique seront celles qui amènent le locuteur à insister plus particulièrement sur l'un ou l'autre syntagme de la phrase. Considérons les deux phrases suivantes :
Jean a son anniversaire au mois d'août
C'est au mois d'août que Jean a son anniversaire

et demandons-nous dans quelles conditions le locuteur voudra insister sur le syntagme *au mois d'août* : il est facile de voir qu'il le fera dans la mesure où il attribuera à son interlocuteur une conviction différente. On peut comparer à cet effet les deux dialogues suivants :
- J'ignore à quel moment Jean a son anniversaire
- Jean a son anniversaire au mois d'août

et
- Je pense que Jean a son anniversaire en juillet
- Non, c'est au mois d'août que Jean a son anniversaire

Si, comme on l'a vu, le présupposé est une proposition préalablement partagée, alors que le posé est cet élément de contenu que le locuteur considère comme non encore accepté par son partenaire, on peut comprendre aisément ce qui différencie les deux exemples qui précèdent. Le posé sera particulièrement mis en évidence lorsque le locuteur croit que son partenaire est *peu disposé* à le tenir pour vrai; l'emphase, dans ces conditions, vise à *modifier une proposition dont le locuteur pense qu'elle est tenue pour vraie par son partenaire*, et qu'il ne partage pas.

Vue sous cet angle, l'emphase présente pas mal de parentés avec la *négation*, — comme en atteste d'ailleurs la présence de l'item *non* dans le dernier exemple cité. Mais la négation a fait l'objet de travaux plus nombreux que l'emphase (pour des travaux d'orientation psycholinguistique sur la négation en français, voir par exemple Bacri, 1976; de Boysson-Bardies, 1976; pour une synthèse, lire Hupet, 1974).

Dès 1959, Wason avait imaginé de soumettre des sujets à une épreuve de vérification qui consistait à évaluer le caractère « vrai » ou « faux » de phrases telles que
   7 est un nombre pair
   16 est un nombre impair
   12 n'est pas un nombre pair
   8 n'est pas un nombre impair ...

Plusieurs auteurs ont ensuite eu recours à ce genre de tâche (Gough, 1966; Smith, 1965; Greene, 1970; Hupet, 1972). On remarquera que les phrases qui précèdent mettent en œuvre deux formes de la négation : la négation syntaxique (*est / n'est pas*) et la négation lexicale (*pair / impair*), et que ces deux formes peuvent être combinées; mais nous ne nous occuperons ici que de la négation comme forme syntaxique. L'observation la plus intéressante, c'est que les affirmatives sont plus rapidement évaluées quand elles sont vraies, alors que les négatives sont plus rapidement évaluées quand elles sont fausses. Par exemple, dans l'expérience de Hupet (1972), les sujets reçoivent une phrase du type
   X précède Y
   Y ne précède pas X

en même temps, ils voient un dessin sur lequel figurent effectivement un X et un Y, dans un certain ordre, et ils doivent décider le plus rapidement possible si la phrase est vraie ou fausse, c'est-à-dire si elle décrit ou non ce que le dessin représente. La latence est plus brève lorsque les affirmatives sont vraies et lorsque les négatives sont fausses. Ceci montre bien l'insuffisance des seuls facteurs syntaxiques pour rendre compte des observations : la complexité d'une structure syntaxique est ici fonction de la relation entre la phrase et la situation extra-verbale.

Pour mettre en évidence le type de situation qui favorise l'utilisation ou la compréhension d'une phrase négative, Wason (1965) a formulé ce qu'il a appelé l'*exceptionnality hypothesis* : si l'on a un ensemble de stimuli identiques $x_1\ x_2... x_n$ et un stimulus y différant des autres par un trait important, il est plus plausible de dire :
   y n'est pas x
que de dire :
   Les x ne sont pas y

Pour vérifier cette hypothèse, Wason élabora une situation expérimentale où le sujet devait décrire un stimulus, issu d'un ensemble de 8 stimuli numérotés de 1 à 8, étant entendu qu'il y avait 7 stimuli semblables; il y avait, par exemple, 7 cercles bleus et un cercle rouge. Les résultats montrent que les sujets disent plus volontiers :
   Le cercle 3 n'est pas bleu
plutôt que :
   Le cercle 5 n'est pas rouge.

De même, dans une expérience de Cornish (1971), les sujets devaient dire le plus rapidement possible si la phrase suivante était vraie ou fausse :
> Le cercle n'est pas entièrement rouge

et cela en présence de cercles dont la proportion de rouge pouvait être de 11/12, de 6/12, de 1/12 ou de 0/12. Il apparaît que le temps requis est fonction inverse de la proportion de rouge.

Il ressort de toutes ces expériences que la phrase négative est employée de préférence lorsque *le locuteur veut nier une proposition dont il croit que son interlocuteur la tient pour vraie*. La négation sera d'autant plus facile que le locuteur aura de plus amples raisons d'attribuer à son partenaire la proposition qui en fait l'objet. Ainsi, la phrase :
> Le cercle n'est pas entièrement rouge

sera d'autant plus facile que l'on se trouve en présence d'une plus grande proportion de rouge, car dans de telles conditions il est plus vraisemblable que le partenaire ait pu croire que le cercle était *entièrement* rouge. De la même façon, la phrase
> Le ciel n'est pas entièrement bleu

est plus acceptable lorsque le ciel est presque entièrement bleu, plutôt que lorsqu'il est chargé de gros nuages. Ou encore, il sera plus plausible de dire :
> Le train n'est pas en retard ce matin

lorsque le train est habituellement retardé que lorsqu'il est toujours à l'heure.

Après ces brèves considérations sur l'emphase et la négation, on s'attardera quelque peu sur les fonctions propres de la phrase *passive*. On comprendra que cette question ait suscité des recherches particulièrement abondantes. Si, en effet, on conçoit aisément qu'une négative ne puisse être librement substituée à la phrase K correspondante, cela peut paraître moins évident pour la passive, qui a toujours même valeur de vérité que la phrase K ; s'il est vrai (ou faux) que
> Le garçon lance la balle

alors il est également vrai (ou faux) que
> La balle est lancée par le garçon

Certains théoriciens de la GGT avaient d'ailleurs proposé que ces deux formes aient même structure profonde, donc même interprétation sémantique, et que la transformation passive soit considérée comme sémantiquement sans effet. Ce n'est qu'avec beaucoup de réticences que certains ont accepté qu'un marqueur de transformation passive soit introduit au niveau de la sous-composante syntagmatique, — et il ne paraît d'ailleurs pas certain qu'ils aient eu raison de le faire, ainsi qu'on le verra au chapitre IX.

Quand on s'interroge sur les fonctions que remplit une forme syntaxique, il importe de préciser d'abord quelles sont les propriétés qui la caractérisent, et il se trouve que, pour le passif, la chose n'est pas aussi simple que pourrait le faire croire la formulation qu'on lui donne généralement dans la grammaire transformationnelle. Considérons successivement les phrases suivantes :
    L'auditoire a conspué l'orateur
    L'orateur a été conspué par l'auditoire
    L'orateur s'est trouvé conspué par l'auditoire
    L'orateur s'est fait conspuer par l'auditoire
    Le vent gonfle la voile
    La voile se gonfle au vent
    Le soleil sèche la lessive
    La lessive sèche au soleil
    La chaleur fait fondre la cire
    La cire fond sous la chaleur

Dans chacun de ces quatre exemples, la première phrase est une phrase active, les autres sont des passives. Dans le premier cas, il s'agit de passives avec verbe à la voix passive et introduction de la préposition *par* (sauf le dernier cas, où la forme *se faire conspuer* pour *être conspué* est typique du français oral). Dans le deuxième exemple, on emploie un verbe pronominalisé. Dans le troisième, on a affaire à un verbe dit « symétrique »; en réalité, le verbe ne reste inchangé qu'en apparence, car on utilise deux verbes différents sur le plan de l'analyse componentielle, respectivement :
    sécher$_1$ = [faire [devenir [sec]]]
    sécher$_2$ = [devenir [sec]]

Dans le quatrième exemple, enfin, il apparaît qu'une structure avec *fondre*, verbe intransitif, se comporte comme une forme passive, et que cette forme passive, qui est relativement simple, peut être transformée en une forme active, relativement plus complexe, en utilisant l'auxiliaire *faire*; et l'on retrouve alors le cas du verbe *sécher*, puisqu'on peut écrire :
    faire fondre = [faire [devenir [fluide]]]
    fondre   = [devenir [fluide]]

Ces exemples montrent qu'il importe de distinguer soigneusement la forme passive du verbe (passif morphologique) et la forme passive de la phrase (passif syntaxique). Ce que tous les passifs syntaxiques ont de commun quand on les compare aux formes actives correspondantes, ce n'est pas que leurs verbes soient mis à la voix passive, mais bien que *leurs syntagmes nominaux se trouvent permutés*; en outre, cette permutation, qui modifie les fonctions syntaxiques de ces SN, se fait dans la sauvegarde de ce qu'on pourrait appeler leurs « rôles » sémantiques : le SN qui était complément d'objet devient le sujet de la phrase (mais reste l'objet sur lequel l'action s'exerce), et le SN qui était sujet devient, non pas objet, mais agent (et reste

l'agent par lequel l'action est exercée) et cela est indiqué par une préposition. On peut donc écrire :
Actif : SN_1 + GV + SN_2
Passif : SN_2 + GV´ + prép + SN_1

Outre la permutation des deux SN, l'introduction de la préposition est indispensable; elle a précisément pour fonction, ici, d'autoriser cette permutation des SN *en leur conservant leurs rôles sémantiques*; sans cette préposition, on aurait des couples comme :
Le soleil sèche la lessive
La lessive sèche le soleil

dont l'une n'est naturellement pas la forme passive de l'autre.

Pour mieux saisir ce qu'est une forme passive, il est utile aussi de remarquer qu'apparemment certaines phrases ne peuvent jamais être utilisées sous cette forme. Qu'on en juge :
Michel a une auto
Une auto est eue par Michel
Ce livre comporte onze chapitres
Onze chapitres sont comportés par ce livre

Chomsky (1973) avance que la transformation passive ne s'applique qu'aux phrases dont le verbe admet un adverbe de manière; en fait, on peut se demander si ce n'est pas dû à ce que seules ces phrases expriment une *action* exercée par SN_1 sur SN_2 (Hupet et Costermans, 1976). Mais on est alors conduit à penser que seules les phrases véritablement «actives» (au sens sémantique que nous venons de donner à ce terme) peuvent faire l'objet d'une version «passive», et l'on se pose alors le problème de savoir ce qu'est en définitive une phrase «active».

Quoi qu'il en soit, si le passif syntaxique consiste essentiellement à modifier la structure de la phrase de manière à placer l'objet en tête et l'agent à la fin de l'énoncé, le problème des fonctions du passif revient à s'interroger sur les conditions qui rendent un tel agencement préférable. Et ici, il est intéressant d'observer qu'on n'a pas affaire à *une* fonction, mais à de multiples fonctions de la forme passive; on s'aperçoit, en outre, que certaines de ces fonctions apparaissent même lorsque la phrase est prise hors contexte (pour une synthèse, voir Hupet et Costermans, 1976; Granger-Legrand, 1976). Certaines sont, en effet, liées à des traits morpho-syntaxiques appartenant aux lexèmes faisant partie de SN_1 et SN_2 (Dubois, 1966). Si l'un des SN a le trait [+animé] et l'autre le trait [−animé], il semble que l'ordre [+animé] - [−animé] soit préférable. Nous avons dès lors trois cas possibles : soit les SN ont tous deux le trait [+animé] ou le trait [−animé], et nous parlons alors de phrases «neutres»; soit SN_1 est [−animé] et SN_2 est [+animé], et nous considérons alors qu'il y a «facilitation» de la forme passive; soit enfin SN_1 est [+animé] et SN_2 est [−animé], et, puisque c'est à la forme active que

l'ordre préférentiel est réalisé, nous considérons alors qu'il y a une « limitation » particulière à l'emploi du passif. Une situation semblable se présente lorsque l'un des SN est au singulier et l'autre au pluriel, l'ordre singulier-pluriel étant alors préféré. Considérons dès lors les cas suivants :
   Le soleil illumine la cuisine
   La cuisine est illuminée de soleil
   L'éboulement a blessé le mineur
   Le mineur a été blessé par l'éboulement
   Les bandits ont attaqué le piéton
   Le piéton a été attaqué par les bandits

Nous avons demandé à un groupe de sujets d'examiner de telles paires de phrases, et d'indiquer laquelle des deux formes, active ou passive, leur paraissait « la meilleure ». Pour des phrases du premier type, qui sont des phrases « neutres », nous n'observons que 14 % de préférences pour le passif. Pour des phrases du deuxième type, où SN_1 a le trait [−animé] et SN_2 a le trait [+animé], nous obtenons 83 % de préférences pour la forme passive. Enfin, dans le dernier cas, où SN_1 est au pluriel et SN_2 au singulier, nous en avons 50 %. Il faut noter que les phrases dites « neutres » sont, malgré tout, préférées à l'actif dans 86 % des cas, et que ce pourcentage monte encore lorsque nous introduisons des situations de « limitation » de la forme passive.

Par ailleurs, le passif peut assurer une meilleure cohérence de la phrase. Ainsi, dans une phrase où l'un des SN contient une référence à l'autre sous la forme d'un possessif, 84 % des sujets préfèrent la forme qui place en début de phrase le syntagme auquel l'autre se réfère; c'est ainsi que les sujets préféreront l'active dans le cas suivant :
   Le médecin trompe sa femme
   Sa femme est trompée par le médecin
mais ils préféreront la passive dans des cas comme :
   Son avocat réconforte l'accusé
   L'accusé est réconforté par son avocat

Mais les fonctions de la passive ne se révèlent entièrement que si l'on considère les relations de la phrase avec le contexte. Le cas le plus classique à cet égard est celui où SN_1 est, soit connu d'avance (et donc présupposé), soit sans importance; ces deux situations mènent au même résultat en l'occurrence, car elles autorisent la production d'une passive « inachevée », plus économique :
   On a retrouvé le portefeuille
   Le portefeuille a été retrouvé

Dans le cas où SN_1 n'apporte pas d'information utile, les épreuves que nous avons faites nous ont donné 89 % de préférences pour la forme passive. Mais ce n'est ici qu'un cas limite, révélateur d'un phénomène plus large. Comme on l'a vu, dès qu'une phrase est considérée dans son contexte, certains de ses segments font référence à des éléments antérieurement introduits dans le discours. Une règle générale gouvernant la cohésion de ce discours paraît être de placer de tels segments en début de phrase, de manière à minimiser la distance entre le référent et le référé; ceci implique, corollairement, que le foyer assertif est rejeté en fin de phrase.

Tannenbaum et Williams (1968) ont mené à ce propos une expérience fort convaincante. Ils montraient aux sujets des dessins figurant des situations simples (par exemple un train heurtant une voiture), et ils leur demandaient de dire ce que le dessin représentait, soit au moyen d'une active, soit au moyen d'une passive. Mais avant de montrer le dessin, ils leur donnaient un commentaire portant tantôt sur l'agent de l'action (le train), tantôt sur le patient (la voiture); ce commentaire était tantôt à l'actif tantôt au passif. Voici, à titre d'exemples, un commentaire centré sur l'agent (et formulé ici à l'actif) et un autre centré sur le patient (et rédigé au passif):

Le train. Les trains fournissent aux voyageurs un moyen de transport très pratique. Tout d'abord, le train écarte tout problème d'embouteillage; le train peut en outre maintenir une vitesse constante. Le train offre à l'homme d'affaires la possibilité de travailler en voyageant. Etc.

La voiture. La voiture n'est largement utilisée que dans les pays riches. Les voitures sont produites par trois grandes compagnies. Ces voitures sont ensuite vendues par une chaîne nationale d'agents. Les voitures d'occasion sont également remises en état. Etc.

On comprend aisément que lorsqu'il a été question du train, les sujets décrivent plus aisément l'image en disant:

Le train heurte une voiture

et cela même si le commentaire préalable était formulé au passif; en revanche, s'il a été question de la voiture, les sujets disent plus facilement:

La voiture est heurtée par un train

et cela même si le commentaire était à l'actif. A vrai dire, dans l'ensemble, le temps nécessaire à l'élaboration d'une phrase passive reste plus long que pour une active. Cependant, cette différence s'accentue nettement lorsque le commentaire est centré sur l'agent, et elle disparaît lorsque le commentaire est centré sur l'objet.

Ceci permet de comprendre certains résultats observés avec des phrases isolées, mais dont un des syntagmes nominaux contient un déterminant qui fait normalement référence au contexte, tel que *ce, son,* mais aussi, plus simplement, l'article défini *le* par opposition à l'indéfini *un*. Bien qu'on ne lui présente pas de contexte explicite, le sujet se comporte volontiers comme s'il y en avait un, et il manifeste une nette tendance à placer en début de phrase le syntagme qui contient un tel référent. Nous avons montré dans une expérience que 76 % des sujets préfèrent le passif dans des cas comme:

La voisine m'a recommandé ce produit
Ce produit m'a été recommandé par la voisine
L'ouragan a arraché son toit
Son toit a été arraché par l'ouragan

Quant au rôle joué par les articles défini et indéfini, Hupet et Le Bouédec (1975) ont fait à ce sujet une double expérience. Modifiant une technique utilisée par Klenbort et Anisfeld (1974), ils présentaient des phrases du type suivant:

Je pensais que le policier avait été blessé par un gangster, mais je me trompais. En fait, ...

et les sujets étaient invités à compléter la phrase. Leurs réponses étaient classées en trois catégories, selon qu'elles mettaient en cause SN_1, SN_2, ou l'événement E lui-même; pour la phrase qui précède, voici un exemple de chaque catégorie:

N_1 ... c'est le banquier qui a été blessé
N_2 ... il a été blessé par un autre policier
E ... il a été seulement menacé

Comme les présupposés ne sont pas contestables, et que ce sont les SN définis qui sont censés renvoyer à de tels présupposés, la prédiction était que les sujets feraient porter la rectification sur le foyer assertif, donc sur le SN indéfini. Dans l'exemple qui précède, cela conduit à prédire de nombreuses réponses du type N_2. En fait, on présentait quatre types de phrases, selon que SN_1 et SN_2 étaient tous deux définis, tous deux indéfinis, respectivement défini et indéfini, et enfin, indéfini et défini; chacune de ces phrases pouvait être à l'actif ou au passif. Les résultats de cette épreuve sont repris au tableau XII. Il apparaît clairement que lorsque les SN sont tous deux définis ou indéfinis, le sujet tend à mettre en question l'événement lui-même; mais lorsque l'un des deux SN seulement est indéfini, c'est sur celui-là que le sujet fait porter la rectification. Dans une

Tableau XII. Fréquence de diverses catégories de réponses pour huit types de phrases
(d'après Hupet et Le Bouédec, 1975)

Actives:	N_1	E	N_2
Le N_1 + V + le N_2	9	20	7
Le N_1 + V + un N_2	3	7	27
Un N_1 + V + le N_2	24	4	9
Un N_1 + V + un N_2	7	28	5
Passives:	N_2	E	N_1
Le N_2 + V + le N_1	2	23	13
Le N_2 + V + un N_1	4	6	31
Un N_2 + V + le N_1	24	5	10
Un N_2 + V + un N_1	4	29	5

seconde épreuve, les sujets recevaient des paires de phrases, dans lesquelles un des SN était défini et l'autre indéfini, avec la consigne de comparer l'actif et le passif :
Je pensais que le gangster avait blessé un policier
Je pensais qu'un policier avait été blessé par le gangster

Je pensais qu'un gangster avait blessé le policier
Je pensais que le policier avait été blessé par un gangster

Les préférences furent de 78 % en faveur de l'active dans le premier cas, de 81 % en faveur de la passive dans le second. On observe donc une préférence générale pour l'ordre défini-indéfini, qui correspond à un ordre présupposé-posé, et il paraît clair que *la passive se différencie de l'active correspondante en ce que le foyer assertif se trouve localisé dans l'agent.*

Il est curieux de noter que, si la passive met l'accent sur l'agent en le plaçant à la fin de la phrase, il existe d'autres formes syntaxiques, telles les phrases clivées dont nous avons parlé plus haut, où le foyer assertif est placé en tête. Ces deux formes peuvent se combiner :
Le gangster a blessé le policier
C'est le gangster qui a blessé le policier
Le policier a été blessé par le gangster
C'est par le gangster que le policier a été blessé

On obtient de la sorte des énoncés dans lesquels la distinction entre le présupposé et le posé est fortement marquée.

Dans la mesure où l'on connaît les diverses fonctions de la forme passive, il devient possible de construire systématiquement des actives et des passives plus ou moins acceptables; on peut en effet combiner dans une même phrase deux ou plusieurs facteurs susceptibles, soit de faciliter, soit de limiter l'usage du passif. Partons d'une phrase « neutre » :
L'éboulement a détérioré la galerie
La galerie a été détériorée par l'éboulement

et introduisons-y un facteur de facilitation, SN_1 inanimé et SN_2 animé :
L'éboulement a blessé le mineur
Le mineur a été blessé par l'éboulement

Ajoutons-y un deuxième facteur de facilitation : SN_1 pluriel et SN_2 singulier :
Les éboulements ont blessé le mineur
Le mineur a été blessé par les éboulements

Vidons maintenant SN_1 de son contenu sémantique, dans la mesure du possible :
Les circonstances ont blessé le mineur
Le mineur a été blessé

Combinons enfin tout cela avec le facteur SN_1 indéfini - SN_2 défini :
Des circonstances ont blessé le mineur
Le mineur a été blessé

Cela nous donne, en fin de compte, une active parfaitement inusitée, bien que formellement irréprochable, et, en contrepartie, une passive qui s'impose de toute évidence. Dans une expérience que nous avons faite, nous avons présenté à des sujets des paires de phrases contenant respectivement 0, 1, 2, 3 ou 4 facteurs de facilitation, en utilisant à cet effet, à tour de rôle, tous les facteurs que l'on vient de citer et toutes leurs combinaisons. Les pourcentages de préférences pour la passive se sont présentés comme suit :

aucun facteur : 14 %
1 facteur : 77 %
2 facteurs : 86 %
3 facteurs : 91 %
4 facteurs : 97 %

Dans la même ligne, Hupet (1978) a refait l'expérience de mémorisation menée par Mehler (1963), que nous avons rapportée plus haut, et qui est l'une de celles que l'on cite le plus volontiers à l'appui des conceptions transformationnelles; on se rappelle, en effet, que les passives y apparaissaient comme plus difficiles à rappeler que les actives, et que les erreurs tendaient à rapprocher les transformées de la phrase noyau. Hupet a utilisé, pour son expérience, des actives et des passives tantôt «fortes» tantôt «faibles»; voici quelques-unes des phrases employées :

actives fortes : Le chauffeur a oublié des marchandises
actives faibles : Des champignons ont empoisonné sa sœur
passives fortes : Sa sœur a été empoisonnée par des champignons
passives faibles : Des marchandises ont été oubliées par le chauffeur.

On voit aisément que dans les phrases «faibles», on a contrevenu à trois règles : l'ordre animé-inanimé, l'ordre singulier-pluriel, l'ordre défini-indéfini. Les performances au rappel sont données au tableau XIII. On voit que les sujets rappellent aussi bien les passives que les actives, mais qu'ils rappellent beaucoup mieux les «fortes» que les «faibles»; ce n'est donc pas la forme syntaxique en elle-même qui détermine la performance, mais bien le fait que cette forme

Tableau XIII. Pourcentages de rappels corrects pour des phrases actives et passives (Hupet, 1978)

	1er essai	2e essai	3e essai
actives fortes	26,6	52,1	90,0
actives faibles	13,3	40,0	63,3
passives fortes	36,6	80,0	95,2
passives faibles	8,3	41,4	73,3

syntaxique est utilisée ou non dans le respect de ses fonctions propres. L'expérience montre, d'autre part, que lorsque des erreurs sont commises, elles portent généralement sur les phrases «faibles», et elles vont alors dans les deux directions: les passives «faibles» tendent à être rappelées sous forme d'actives, mais les actives «faibles» tendent, elles, à être rappelées sous forme de passives.

Locutoire et illocutoire: les actes de parole

On vient de voir que les phrases déclaratives, outre qu'elles ont un *sens*, ont également une *fonction*, qui est, essentiellement, de *modifier l'univers des propositions que l'interlocuteur tient pour vraies*. Comme le note Récanati (1979), l'énoncé se présente ainsi comme un élément à double face. D'une part, en tant qu'il a un sens, il est la *représentation* d'une proposition, et il peut, à ce titre, être vrai ou faux; d'autre part, l'énoncé indique quel *acte* est accompli par son énonciation. C'est sur le premier aspect que l'on met traditionnellement l'accent, considérant que, lorsque quelqu'un parle, «on fait attention à *ce qu'il dit*, et non au *fait qu'il dise* ce qu'il dit». Depuis les travaux d'Austin (1962; trad. franç. 1970), de Searle (1969; trad. franç. 1972) et d'autres, on considère que «l'énoncé signifie d'abord *qu'il signifie*, avant même de signifier *ce qu'il signifie*». Si cela est exact pour les phrases déclaratives, cela doit l'être, à plus forte raison, pour celles qui expriment des questions, des requêtes, des promesses. Interroger, ordonner, conseiller, promettre, congratuler, tout cela ne peut se limiter à un échange de connaissances: demander l'heure à quelqu'un, c'est autre chose que de lui faire savoir que l'heure m'est inconnue et que je désire la connaître grâce à sa bonne obligeance, c'est l'engager dans un processus d'interaction particulier. La communication, dans cette perspective, devient un mode de vie sociale.

Il est, à cet égard, devenu classique de faire la distinction entre le locutoire, le perlocutoire et illocutoire. Le *locutoire* désigne l'activité cognitive et phonatoire impliquée par le fait de parler, et nécessaire pour rendre la parole possible; le *perlocutoire* désigne l'ensemble des conséquences qui découlent indirectement de cette activité locutoire; l'*illocutoire* désigne *ce que l'on fait par le fait même que l'on parle*. Si ces catégories sont séduisantes dans leur principe, il est difficile, sur le terrain, de décider quelles sont, dans un comportement verbal, les composantes locutoires, perlocutoires et illocutoires. Plus éclairante nous paraît être la distinction entre les énoncés *constatifs* et les énoncés *performatifs* (Austin, 1962): les constatifs sont des énoncés qui «représentent des faits différents d'eux-mêmes», tandis que les performatifs «*sont* les faits dont ils parlent, mais qu'ils ne décrivent pas» (Récanati, 1979). Selon Austin, un énoncé est dit performatif s'il satisfait simultanément à deux conditions: il faut, d'une part,

qu'interprété littéralement, il décrive une action présente de son locuteur; et il faut, d'autre part, que son énonciation même ait pour fonction d'accomplir cette action (Ducrot, 1972). Par exemple, les énoncés
> Je vous promets de venir
> Je vous ordonne de vous taire

et, a fortiori
> Je déclare la séance ouverte
> Je vous déclare unis par les liens du mariage

sont des actes d'énonciation qui, par le fait même qu'on les pose, réalisent ce qui y est déclaré.

Si l'on peut éclairer de la sorte la fonction propre des formes syntaxiques impératives et interrogatives, en tant qu'elles sont des formes typiquement utilisées (mais non les seules) pour énoncer des requêtes ou des questions, on voit bien qu'il en va de même pour les déclaratives; tout énoncé n'a-t-il pas, en définitive, une composante constative et une composante performative? Les déclaratives présentent assurément une «force illocutoire» (Katz, 1977), que l'on pourrait expliciter en disant, par exemple:
> La neige est sale
> J'affirme (je soutiens) que la neige est sale

Observons maintenant que cette déclaration présuppose que:
> Il y a de la neige

et supposons que l'interlocuteur nie la phrase. Comme on l'a vu plus haut, une telle négation ne peut, en principe, porter que sur l'assertion:
> La neige n'est pas sale
> → Il y a certes de la neige, mais elle n'est pas sale

Mais ceci entraîne que le locuteur introduit dans son discours des propositions qui ne peuvent être contestées et qui emprisonnent véritablement son partenaire. Ce faisant, il accomplit authentiquement un acte de langage, car les présupposés qu'il introduit ainsi établissent les limites du dialogue qu'il lui offre: mettre en cause les présuppositions, ce n'est pas seulement refuser ce qui est dit, c'est refuser le dialogue lui-même, et c'est accuser le locuteur «non seulement d'avoir dit des choses fausses, mais d'avoir agi de façon absurde» (Ducrot, 1972). On peut pousser l'analyse un pas plus loin encore, et imaginer que le locuteur introduise des présupposés que son interlocuteur ne partage manifestement pas, mais qu'il n'aura pas la perspicacité (ou l'audace) de mettre en cause. Supposons qu'il pose la question suivante à un fervent partisan du président:
> Que pensez-vous du comportement scandaleux du président?

Ce faisant, il pose un acte de langage qui, pour autant que l'interlocuteur accepte de répondre, lui permettra de lui faire endosser une proposition, restée implicite, qu'il ne partage pas.

Clark et Clark (1977) ont tenté d'analyser, du point de vue de la compréhension, les processus impliqués dans le traitement de phrases déclaratives, de questions et de requêtes. Dans tous les cas, la première étape consisterait à identifier ce qui constitue l'information nouvelle et ce qui doit être considéré comme présupposé, respectivement. Les présuppositions doivent permettre au sujet de relier l'information nouvelle à celle qui a été préalablement emmagasinée. La façon dont est traitée l'information nouvelle varie, elle, avec l'acte de parole. S'il s'agit d'une déclaration, le sujet ajoute l'information nouvelle en mémoire. Si c'est une question demandant réponse par oui ou non, il compare l'information nouvelle avec de l'information en mémoire, et, selon le résultat, répond positivement ou négativement; s'il s'agit d'une question ouverte, il récupère l'information requise en mémoire et compose une réponse véhiculant cette information. Enfin, si l'on a affaire à une requête, le sujet exécute l'action nécessaire pour rendre l'information nouvelle vraie. Les auteurs rapportent un certain nombre d'expériences qui concernent, en particulier, les questions et les requêtes.

On remarquera que les questions par oui ou non créent une situation similaire à celle que l'on met en œuvre dans les épreuves dites de vérification, où l'on demande typiquement de comparer un énoncé à une image et de répondre par VRAI ou FAUX. Supposons que l'on présente au sujet la situation suivante, qui appelle la réponse FAUX:

A est au-dessus de B	B A

Selon les hypothèses de Clark et Clark, les étapes à parcourir seraient les suivantes:

(1) Représenter la phrase par une proposition (logique): AU-DESSUS (A, B)
(2) Faire de même pour l'image: AU-DESSUS (B, A)
(3) Comparer les deux représentations:
  Règle 0: mettre l'index de vérité sur VRAI
  Règle 1: si les représentations ne coïncident pas, changer l'index de vérité: FAUX
(4) Répondre en énonçant la dernière valeur de vérité obtenue: FAUX.

Une des prédictions de ce modèle est que la réponse VRAI doit être plus rapide que la réponse FAUX, puisqu'elle n'implique pas le recours à la règle 1, ce qui a été abondamment observé (par exemple Clark et Chase, 1972, 1974). Dans une expérience dont nous avons déjà fait état, Hornby (1974) a montré que la distinction entre présupposé et asserté est importante dans une tâche de ce genre, car l'opération de vérification porte sur l'asserté, la présupposition passant pour non contestable. Si donc une utilise des clivées, telles que

C'est le garçon qui caresse le chat

et si l'on montre une image qui présente, soit une fille qui caresse un chat (divergence dans le foyer assertif), soit un garçon qui caresse un chien (divergence dans la présupposition), la réponse est plus facile dans le premier cas. Il en va de même lorsque les phrases clivées sont mises au passif.

Supposons maintenant que l'on fasse des épreuves similaires avec des phrases négatives; par exemple:

B n'est pas au-dessus de A	A B

qui appelle la réponse VRAI. D'après le modèle, la stratégie serait la suivante:

(1) Représenter la phrase sous la forme: FAUX [AU-DESSUS (B, A)]
(2) Représenter l'image: AU-DESSUS (A, B)
(3) Comparer:
    Règle 0: mettre l'index sur VRAI
    Règle 1: si les propositions *insérées* ne coïncident pas, changer l'index: FAUX
    Règle 2: si les propositions *insérantes* (celles qui énoncent la valeur de vérité) ne coïncident pas, changer l'index; on revient donc, ici, à VRAI
(4) Enoncer la valeur finale obtenue.

Clark et Chase (1972) ont montré que ce modèle aboutit à prédire qu'une affirmative vraie est plus rapidement vérifiée qu'une affirmative fausse, car la première met en œuvre la seule règle 0, et la seconde les règles 0 et 1; en revanche, une négative fausse, qui met en œuvre les règles 0 et 2, est plus rapidement vérifiée qu'une négative vraie, qui fait appel aux règles 0, 1 et 2. Ceci rejoint des données expérimentales que nous avons déjà mentionnées et en propose une interprétation (Gough, 1966; Smith, 1965; Greene, 1970; Hupet, 1972).

La situation doit être traitée un peu différemment dans le cas de questions ouvertes. Mettons que l'on demande au sujet:

Qui a donné le livre à Mary?

La démarche décrite par Clark et Clark se présente comme suit:
(1) Identifier la présupposition, ce qui donnera une proposition lacunaire; en l'occurrence:
    X a donné le livre à Mary
(2) Chercher en mémoire une proposition (complète) dans laquelle tous les éléments de la proposition en (1) se retrouvent; par exemple:
    John a donné le livre à Mary
(3) Prélever et énoncer l'information spécifique à la proposition en (2):
    John.

En ce qui concerne les requêtes, on peut citer une expérience de Huttenlocher et Weiner (1971), dans laquelle on demandait au sujet d'exécuter une instruction. On plaçait devant lui deux blocs portant les lettres A et B, qui pouvaient être encastrés ou non dans une sorte de grille; on manipulait à cet égard trois situations :

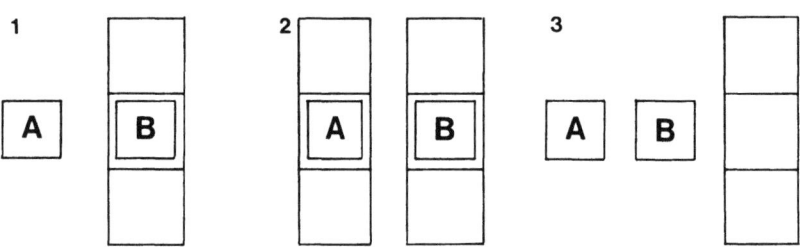

Deux instructions pouvaient être données :
a) Faites en sorte que A se trouve au-dessus de B
b) Faites en sorte que B se trouve au-dessus de A

Or, on observe que la formulation de la requête confère un statut différent aux blocs A et B. En effet, dans la première situation, il apparaît que l'instruction *a* est plus facile que l'instruction *b*, et cela est attribué au fait que la phrase-cible
    A se trouve au-dessus de B
fait de A, et non de B, la pièce que l'on demande de placer. Dans la deuxième situation, où le sujet peut au choix mouvoir A ou B, on observe que c'est A qu'il déplace en réponse à l'instruction *a*, et B en réponse à *b*. Dans la troisième situation, où le sujet doit nécessairement déplacer les deux blocs, c'est l'ordre qui varie : il déplace A, puis B, en réponse à la requête *a*, mais il procède dans l'ordre inverse pour la requête *b*.

Dans toutes ces recherches sur les actes de langage, il est important de distinguer les actes eux-mêmes et les formes syntaxiques qui leur sont le plus typiquement associées : toutes les requêtes n'ont pas la forme impérative, toutes les questions n'ont pas la forme interrogative, et il s'en faut même de beaucoup. Cette question des actes dits « indirects » retient actuellement l'attention des chercheurs, qu'il s'agisse de voir quelles sont les diverses formulations qui peuvent, dans une culture donnée, exprimer des requêtes, des questions ou d'autres actes de langage, ou qu'il s'agisse d'examiner comment et à quelles conditions le sujet peut reconnaître un énoncé comme étant une requête, une question, etc., quand il n'en a pas la forme canonique.

Searle (1975) a fait, à propos des requêtes, des suggestions intéressantes. Pour que John fasse à Mary une requête telle que
    Fermez la fenêtre
il faut, selon Searle, que quatre conditions soient remplies :

- que John croie que Mary est à même de fermer la fenêtre;
- que John désire que Mary ferme la fenêtre;
- que John croie que Mary fermera la fenêtre s'il le lui demande;
- que John ait de bonnes raisons à faire valoir, le cas échéant, pour que Mary ferme la fenêtre.

Cela peut donner lieu à quatre formes indirectes:

Pouvez-vous fermer la fenêtre?
J'apprécierais beaucoup que vous fermiez la fenêtre
Vous voudrez bien fermer la fenêtre
Pourquoi ne fermez-vous pas la fenêtre? il fait froid ici

Par ailleurs, Clark (1979) a mené à ce propos diverses expériences. Dans l'une d'elles, des appels téléphoniques étaient adressés à des magasins, en vue de connaître l'heure de fermeture. Supposons que l'on pose la question comme suit:

Pouvez-vous me dire à quelle heure vous fermez ce soir?

On peut concevoir que l'on reçoive trois types de réponses:
(1) Oui, certainement.
(2) Oui, certainement; nous fermons à six heures.
(3) Nous fermons à six heures.

La première paraîtra peu appropriée, et pourtant elle répond à la question dans son interprétation littérale; la deuxième y ajoute l'information indirectement requise et montre que l'interlocuteur est allé au-delà de l'interprétation littérale; la dernière se limite à l'information indirecte. Voici les questions posées dans l'expérience, suivies des pourcentages obtenus pour ces trois types de réponses:

What time do you close tonight?	0	0	97
Could you tell me what time you close tonight?	0	0	97
Would you mind telling me what time you close tonight?	0	23	70
Do you close before seven tonight?	13	57	27
I was wondering whether you close before seven tonight?	3	60	37

Il est intéressant de noter que la formulation a beaucoup d'influence sur les réponses, et la question se pose dès lors de savoir quels sont les indices que les sujets utilisent pour saisir dans des énoncés des questions qui n'y sont pas ouvertement exprimées.

La question des actes dits «indirects» est particulièrement éclairante, en ce qu'elle montre que ce qui importe, en dernière analyse, dans le traitement des énoncés verbaux, ce n'est pas seulement leur forme syntaxique et lexicale, ce n'est même pas leur contenu sémantique, mais c'est le type de relation qu'ils instaurent entre les interlocuteurs. Or, cet aspect des choses ne peut être dégagé que par une analyse fonctionnelle de la communication, qui va bien au-delà de la prise en compte des variables proprement linguistiques qui caractérisent les énoncés qui sont échangés. Ainsi que nous l'avons indiqué au début de ce chapitre, la psychologie du langage en revient ainsi à des préoccupations qui étaient à l'avant-plan durant les années cinquante, et qui ont particulièrement nourri la réflexion d'un Skinner (1957); sa distinction entre les «mands» (les requêtes, ordres, menaces) et les «tacts» (les dits) préfigure assez les développements actuels en cette matière.

Chapitre IX
Vers des structures profondes sémantiques

Durant toute une décennie, la grammaire transformationnelle a profondément marqué l'orientation des recherches en psycholinguistique. Mais à force de monter des expériences destinées à établir si les règles transformationnelles correspondent à des opérations mentales qui gouvernent la production et l'interprétation des phrases, on a mis en évidence, occasionnellement d'abord, puis d'une manière de plus en plus concertée, des observations que la GGT n'avait pas prédites, puisqu'il apparaissait, en fin de compte, que des formes décrites comme plus « complexes » parce qu'obtenues par transformation de formes plus « simples », ne sont pas nécessairement plus difficiles à utiliser par les sujets.

Cependant, comme nous l'avons déjà souligné, l'introduction, dans la grammaire, d'une sous-composante transformationnelle implique la distinction entre une structure profonde et une structure de surface, c'est-à-dire entre la suite qui résulte de l'application des règles de réécriture, et cette même suite réaménagée par les règles de transformation. Or, curieusement, les expériences tendent à consolider une telle distinction. Nous commencerons par en passer quelques-unes en revue, avant d'examiner la situation, à première vue paradoxale, ainsi créée, puisqu'il nous faut, à la fois, mettre en cause les règles transformationnelles en tant qu'opérations mentales, et accepter tout de même que le sujet utilise quelque chose comme une structure profonde dans la production, la compréhension et la mémorisation des phrases. Nous n'en sortirons qu'en réexaminant la nature de la structure profonde, et, corrélativement, des opérations qui mènent à la structure de surface.

Structures de surface et structures profondes

Quelques travaux, directement inspirés par la GGT, ont montré d'une manière convaincante que des phrases ayant même structure de surface, mais des structures profondes différentes, sont traitées différemment par les sujets. Ainsi, Mehler et Carey (1967) ont examiné le rôle de la structure profonde dans la perception. Les auteurs ont utilisé des phrases comme :
    a_1 They are delightful to embrace
    a_2 They are hesitant to travel

qui ont même structure de surface (même parenthétisation), mais diffèrent en structure profonde, où *they* est objet de *embrace* en a_1 mais sujet de *travel* en a_2. Ils construisirent par ailleurs des phrases différant à la fois en surface et en profondeur :
    b_1 They are forecasting cyclones
    b_2 They are conflicting desires

On voit aisément que l'analyse en constituants donne ici des résultats différents :
    b_1 They [(are forecasting) cyclones)]
    b_2 They [are (conflicting desires)]

On faisait entendre, dans du bruit, une liste de dix phrases ayant toutes même structure, soit a_1, soit b_1, avec la consigne de les identifier correctement. Pour la onzième phrase, si les phrases précédentes étaient du type a_1 on donnait, soit une autre phrase a_1, soit une phrase a_2; de même, si les dix premières phrases étaient du type b_1, la onzième pouvait être une b_1 ou une b_2. L'idée des auteurs était que le sujet qui a entendu une série de phrases d'une même structure développe une stratégie de compréhension appropriée qu'il applique systématiquement à chacune de ces phrases; si la structure change soudainement, l'intelligibilité sera moindre. Les résultats ont confirmé cette hypothèse; ils l'ont confirmée même dans le cas de phrases de type a, ne différant que par la structure profonde; mais la perte d'intelligibilité fut plus grande pour les phrases b, où la structure de surface changeait également.

Segui et Kail (1971) ont fait une recherche du même genre, en utilisant une tâche de production. On présentait au sujet une liste de dix nominalisations, qui étaient toutes, soit des nominalisations objet (NO), soit des nominalisations sujet (NS). On a vu au chapitre VII qu'une nominalisation est une transformation appliquée à la structure profonde d'une phrase déclarative, dans laquelle le verbe devient un nom, tandis que le sujet ou l'objet du verbe deviennent compléments de ce nom; par exemple, une NO serait :
    nom [on exécute le traître] ⟹ l'exécution du traître

tandis que l'exemple suivant serait une NS :
    nom [l'usine produit] ⟹ la production de l'usine

Ces phrases diffèrent en structure profonde mais non en structure de surface. Après avoir donné au sujet dix nominalisations de même type, on lui présente les mots :
la perquisition...
et on lui demande de les compléter le plus rapidement possible sur le modèle de ce qui précède. Les sujets ont donc la possibilité de produire une NS ou une NO, par exemple :
NS : la perquisition de la police
NO : la perquisition de l'appartement
étant entendu que l'on avait préalablement établi que les mots utilisés donnaient, hors contexte, un nombre équivalent de réponses de chaque sorte. Parmi les sujets qui avaient reçu dix NS, 20 donnèrent encore une NS et 4 seulement une NO; parmi ceux qui avaient reçu des NO, 19 fournirent une NO et 2 une NS.

Conformément aux propositions de Chomsky, il semble donc que l'on doive accepter que le sujet est sensible aux différences en structure profonde entre des phrases ayant par ailleurs la même structure de surface. Mais si la réalité de la structure profonde se trouve ainsi confirmée, il y a quelque difficulté à concevoir qu'elle ait la forme d'une phrase noyau (assortie de marqueurs de transformation éventuels), dès lors qu'une transformée (emphatique, négative, passive) n'est pas nécessairement plus difficile que la phrase noyau correspondante. En fait, au lieu d'être composée d'une phrase noyau simple, active, affirmative, la structure profonde ne devrait pas être plus proche d'une déclarative simple que d'une emphatique, d'une active que d'une passive, d'une affirmative que d'une négative, ni, d'une façon générale, *d'aucune forme syntaxique particulière*. Mais ceci ne paraît possible que si l'on définit la structure profonde comme une structure *sémantique* et non plus syntaxique. Or, on dispose d'un certain nombre d'observations expérimentales qui viennent appuyer cette façon de voir les choses.

Dans le cadre de la grammaire transformationnelle, nous avons relaté des expériences qui prétendaient montrer que des phrases qui ont la même structure syntaxique profonde sont effectivement évaluées comme similaires par les sujets, et qu'elles sont aisément confondues lorsqu'on demande de les retenir. L'interprétation en était que ces énoncés sont précisément emmagasinés sous la forme de leur structure profonde, c'est-à-dire sous la forme d'un noyau accompagné de marqueurs de transformation éventuels, et que c'est l'identité des noyaux qui est à l'origine des similitudes et des confusions (hypothèse dite de codage). Mais nous avons relevé à ce moment que, dans les termes mêmes de la GGT, des phrases qui ont même structure profonde doivent avoir même interprétation sémantique. Il n'est donc pas possible de déterminer dans quelle mesure les résultats sont attribuables aux parentés syntaxiques ou aux parentés sémantiques. Pour le faire, il faudrait utiliser des phrases qui auraient le même contenu sémantique, sans cependant que l'une ne soit obtenue par transformation de l'autre. Or, il semble bien que de telles paires de phrases puissent être trouvées.

Nous avons relaté déjà l'expérience de Koplin et Davis (1966), qui ont observé des confusions entre des paires de phrases comme :
> La pièce m'a plu
> J'ai bien aimé la pièce

Mais on trouve dans la littérature d'autres travaux de ce type. En particulier, Sachs (1967) a fait entendre aux sujets un texte dans lequel se trouvait incorporée une phrase-cible. Voici le début d'un des 28 textes composés à cet effet :

> There is an interesting story about the telescope. In Holland, a man named Lippershey was an eye-glass maker. One day his children were playing with some lenses. They discovered that things seemed very close if two lenses were hold about a foot apart. Lippershey began experimenting and his « spyglass » attracted much attention. *He sent a letter about it to Galileo, the great Italian scientist.* Galileo at once realized the importance of the discovery and ... (etc.)

La phrase-cible que nous avons mise en italiques, est donc, dans sa traduction française ;
> Il envoya une lettre à ce sujet à Galilée, le grand savant italien.

Le sujet recevait ensuite une phrase-test, qui pouvait être soit exactement la même que cette phrase-cible, soit légèrement modifiée, et il devait dire s'il avait déjà entendu cette phrase. La modification éventuelle pouvait être de trois sortes : ou bien elle était « sémantique » :
> Galileo, the great Italian scientist, sent him a letter about it

ou bien il s'agissait de la transformation d'une active en passive ou vice versa :
> A letter about it was sent to Galileo, the great Italian scientist

ou bien la modification était « formelle » :
> He sent Galileo, the great Italian scientist, a letter about it.

La phrase-test était présentée, soit immédiatement après la phrase-cible, soit après 80 ou 160 syllabes constituant la suite du texte. Il était demandé au sujet de déterminer si la phrase-test était exactement la même que la phrase-cible, et, en cas de réponse négative, de dire, si possible, si la différence portait sur le sens ou sur la forme ; il lui était également demandé d'indiquer, sur une échelle à 5 points, son degré de confiance dans sa propre réponse.

Quand la phrase-test était présentée immédiatement après l'original, elle était classée correctement comme identique ou différente dans près de 90 % des cas, et cela pour les quatre types de phrases-tests. Il est intéressant de noter que, dans ces mêmes conditions, la transformation actif/passif fut classée comme une modification de

forme, et non de sens, dans 83 % des cas, les modifications dites
« formelles » l'étant dans 82 %. Après un délai, qu'il soit de 80 ou 160
syllabes, la reconnaissance d'une modification resta bonne s'il s'agissait d'une modification « sémantique », mais la performance ne dépassa pas significativement le niveau du hasard dans les trois autres
cas, y compris le cas de phrases identiques.

Dans une expérience de Begg (1971), dans laquelle les sujets devaient comparer des phrases et exprimer un jugement d'équivalence
sémantique, on a observé également que deux phrases qui se différencient tantôt syntaxiquement, tantôt lexicalement, mais sans modification du sens, ne sont pas jugées plus différentes que deux phrases strictement identiques en surface, et cela, qu'elles soient présentées auditivement ou par écrit.

De telles observations ont pu être faites, avec quelques nuances,
par d'autres chercheurs encore. Ainsi Graesser et Mandler (1975) ont
confirmé que dans l'usage courant du discours, où les sujets s'intéressent essentiellement à son contenu, des modifications autres que
sémantiques ne peuvent être détectées avec des chances supérieures
au hasard; toutefois, lorsque la consigne les amène à être attentifs à
la forme de l'énoncé au moment où ils le reçoivent (par exemple, s'ils
ont à émettre des jugements de grammaticalité), ils sont capables de
repérer des modifications de ce type. Dans la même ligne, Plas, Segui
et Kail (1979) ont montré que la possibilité de détecter des changements de forme dépend de l'ampleur de ces changements d'une part,
de la situation expérimentale de l'autre; les changements sémantiques sont certes plus efficacement repérés que les changements formels, mais ces derniers sont mieux détectés s'il s'agit d'une différence actif/passif que s'ils sont dus au remplacement d'un mot par un
synonyme, et mieux aussi en reconnaissance avec choix forcé qu'en
reconaissance simple. De même, Honeck (1971) a demandé à ses sujets d'évaluer la similitude sémantique entre des paires de phrases
qui se différenciaient soit sur le plan syntaxique (actif/passif ou ordre
des mots), soit sur le plan lexical (synonymes), soit sur les deux
plans à la fois. Les résultats montrent que les différences lexicales
introduisent des différences sémantiques plus importantes que les
différences syntaxiques; mais il est sans doute assez difficile de remplacer un lexème par un autre qui soit véritablement un synonyme.

Quoi qu'il en soit, de telles recherches ont conduit les auteurs à
substituer à l'hypothèse de codage telle qu'elle a été formulée par
Mehler (1963), — qui est une hypothèse du codage syntaxique, une
hypothèse du codage sémantique. Ce n'est que pour une durée très
brève, et en mémoire immédiate, que les sujets retiendraient les formes syntaxiques et lexicales d'un énoncé, du moins dans les conditions ordinaires; au-delà, *la phrase serait stockée sous la forme d'une
structure sémantique*. Si, dès lors, on maintient que l'énoncé est
stocké sous la forme de sa structure profonde, il convient alors de

redéfinir cette structure profonde comme une structure sémantique et non pas syntaxique. Eu égard aux confusions observées, tant en cas de différences lexicales que de différences syntaxiques, dès l'instant où il n'en résulte pas de modification sémantique, *cette structure profonde ne doit contenir ni formes syntaxiques, ni formes lexicales.*

Quelle est la profondeur de la structure profonde ?

Il se trouve que la position que nous venons de définir a été avancée également par certains linguistes, pour des raisons partiellement différentes. Si, en effet, comme le stipule la GGT, des phrases ayant même structure profonde doivent être sémantiquement équivalentes, on peut se demander si, réciproquement, des phrases sémantiquement équivalentes ne devraient pas avoir la même structure profonde. Si cela n'est pas le cas lorsque la structure profonde est définie dans les termes de la GGT, cela ne montre-t-il pas que la structure profonde doit être conçue différemment ?

Il nous faut considérer ici les travaux relevant de l'orientation connue sous le nom de *sémantique générative*, tels ceux de Lakoff (1968), Mc Cawley (1968), ou encore Postal (1970); voir à ce sujet tout le n° 27 de la revue *Langages* (Dubois-Charlier et Galmiche, 1972). La thèse des tenants de la sémantique générative repose sur deux arguments principaux, qui tous deux remettent en cause la structure profonde telle qu'elle a été définie par Chomsky.

Tout d'abord, comme nous venons de le dire, il leur semble que des phrases sémantiquement équivalentes n'aient pas nécessairement, en grammaire transformationnelle, la même structure profonde. Que l'on considère la paire suivante (Lakoff, 1968) :

a Paul a coupé le salami avec le couteau
b Paul a utilisé le couteau pour couper le salami

Dans le système de Chomsky, de telles phrases ont des structures profondes sensiblement différentes : la première est une phrase noyau composée d'un SN sujet, et d'un prédicat constitué lui-même d'un SV et d'un Sprép; la seconde est le résultat d'une transformation généralisée, opérée sur deux noyaux N_1 et N_2 qui correspondent aux suites terminales de :

N_1 Paul a coupé le salami
N_2 Paul a utilisé le couteau pour N_1

Selon Lakoff, puisque ces phrases sont sémantiquement équivalentes, elles doivent avoir une structure profonde identique. Mais elle doit être alors notablement plus éloignée des diverses structures de surface auxquelles elle donnera lieu. Chomsky (1971), il est vrai, a montré que l'on peut rendre compte de la parenté entre ces deux phrases en considérant que les structures profondes sont constituées des suites correspondant à :

N₁ Paul a coupé le salami *avec le couteau*
N₂ Paul a utilisé le couteau pour N₁

La présence de Sprép en N₁ est attestée, selon lui, par la possibilité de dire (en anglais en tout cas, sinon en français) :

Paul a utilisé le couteau pour couper le salami *avec*

Dans ce cas, la parenté réside en ce que la structure profonde de *a* est tout entière incorporée dans la structure profonde de *b*. Mais il ne s'agit pas, selon les tenants de la sémantique générative, de montrer que les structures profondes sont apparentées, mais qu'elles sont *identiques*. Ils alignent d'ailleurs d'autres exemples, fort nombreux, de phrases comme

Paul a donné des coups à Jacques
Jacques a reçu des coups de Paul

qui devraient avoir la même structure profonde.

Une structure sémantique doit pouvoir être décrite sous la forme d'une ou plusieurs propositions, au sens que ce terme reçoit en logique (en anglais, *proposition* et non *clause*). Ainsi que nous l'avons montré dès le chapitre I, en logique, une proposition est composée d'un prédicat et d'arguments (le terme *prédicat* devant lui aussi être entendu dans son sens logique et non comme un constituant syntaxique de la phrase). Les structures profondes des phrases qui précèdent seraient alors, en première approximation, les suivantes :

COUPER (Paul, salami, couteau)
FRAPPER (Paul, Jacques)

Comme c'est le cas en GGT, de telles structures seraient générées par des règles de réécriture; la règle principale serait alors :

Phrase → Préd + Arg₁ + Arg₂ + Arg₃ ...

et cette expansion pourrait se représenter sous la forme d'un indicateur syntagmatique (fig. 30).

Il est important de noter que l'usage d'items lexicaux fait surgir ici de graves problèmes, puisque la structure profonde ne doit pas contenir d'items lexicaux, pas plus que de structures syntaxiques. Elle ne doit contenir que des items sémantiques et des relations sé-

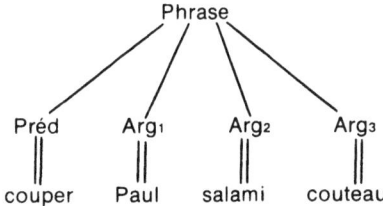

Figure 30. Exemple d'une structure profonde sémantique élémentaire.

mantiques qui les organisent; ce sont des règles transformationnelles, appelées aussi *dérivationnelles*, qui auront pour objet de mettre en place ces formes lexicales et ces formes syntaxiques.

En s'orientant dans cette direction, la sémantique générative met fondamentalement en cause la place assignée à l'insertion lexicale dans la théorie standard de la GGT, et ceci constitue le second aspect de son argumentation. Selon Chomsky, en effet, la suite terminale est censée contenir tous les items lexicaux nécessaires à l'interprétation sémantique; leur insertion précède donc l'application des règles transformationnelles. Selon des linguistes comme McCawley (1968), une telle position ne peut être tenue. Dans la ligne de l'analyse componentielle du lexique, telle que nous l'avons pratiquée plus haut et telle qu'elle est d'ailleurs pratiquée aussi dans la GGT, un item comme *tuer* peut être décomposé en une suite hiérarchisée d'attributs (nous avons déjà développé cet exemple au chapitre III):

tuer = (faire) {(devenir) [(non) (vivant)]}

étant entendu que ces attributs, qui sont ici nommés par des lexèmes par mesure de commodité, doivent être compris comme des entités sémantiques infra-lexicales. La structure profonde d'une phrase comme

Paul tue Jacques

serait dès lors représentée comme à la figure 31. On y voit comment une série de transformations successives (appelées *montée du prédicat*) sont nécessaires *avant* que l'unité lexicale *tuer* ne puisse être insérée dans la phrase. S'il en est ainsi, l'insertion lexicale ne peut précéder l'application des règles transformationnelles; elle doit être conçue elle-même comme faisant l'objet de telles règles: un item comme *tuer*, ne figurant pas dans la structure profonde, doit être considéré comme un item lexical de surface.

La grammaire casuelle

Quand le prédicat est accompagné de plusieurs arguments, la notation de la structure profonde reste ambiguë si l'on ne précise pas à quelle classe ces arguments appartiennent. Il apparaît, en effet, que les relations entre les arguments et le prédicat peuvent être de types divers; Fillmore a proposé de les désigner du terme de *cas*, mais on pourrait aussi les appeler *rôles* pour indiquer qu'il s'agit bien ici de fonctions sémantiques et non de positions morpho-syntaxiques. Les premières publications de Fillmore sur la *grammaire casuelle* datent de 1965 (pour une introduction en français, on peut consulter Dubois-Charlier, 1975).

Une des principales différences entre les modèles de Chomsky et de Fillmore vient de ce que Fillmore a montré que les fonctions syntaxiques ne correspondent pas à des invariants sémantiques. En par-

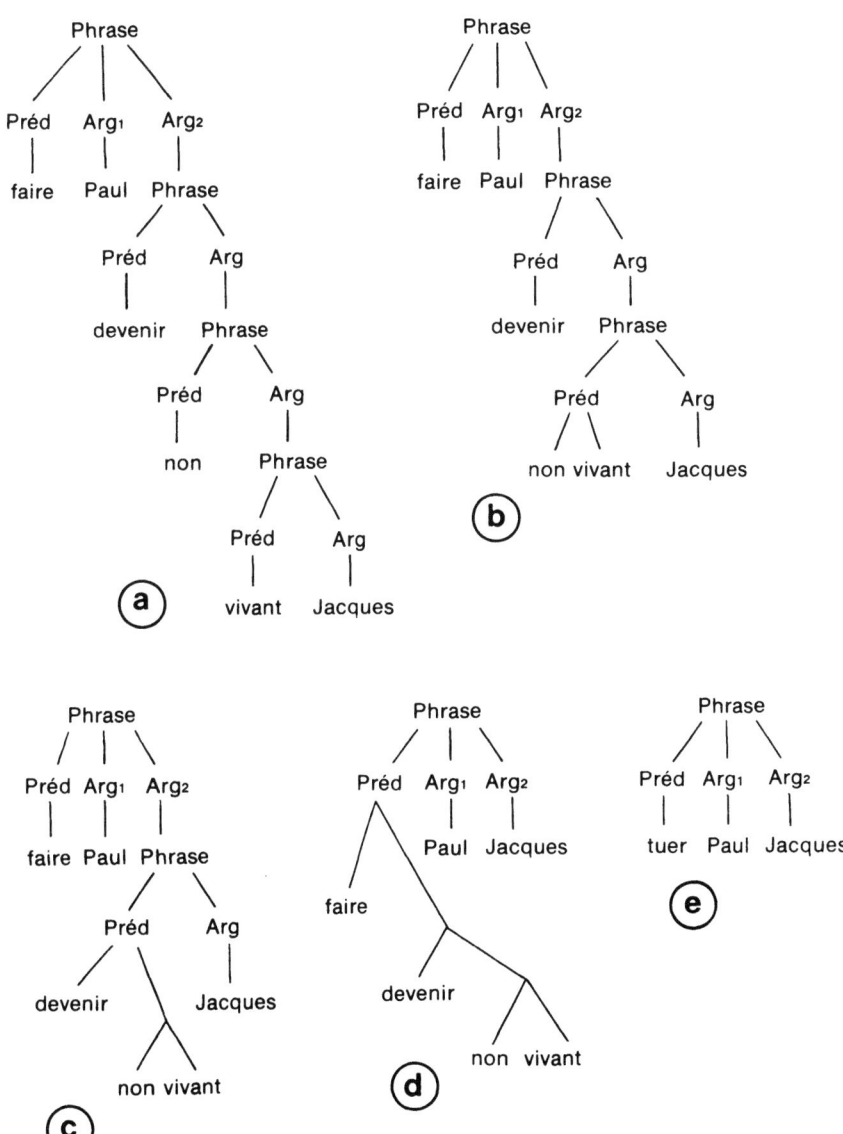

Figure 31. Suite de transformations du type « montée du prédicat », préalables à l'insertion de l'item lexical tuer *(adapté d'après McCawley, 1968).*

ticulier, les fonctions de sujet et d'objet, entendues comme fonctions syntaxiques, ne peuvent être considérées comme appartenant au niveau de la structure profonde; on ne peut, en effet, leur attribuer de valeur sémantique constante. Dans les phrases suivantes:
>Jean a donné un coup
>Jean a reçu un coup

le rôle sémantique de *Jean* est différent, bien qu'il soit le sujet syntaxique des deux phrases. Il en va de même pour *table* qui est objet syntaxique dans:
>Jean a détruit la table
>Jean a construit la table

dans le premier cas, *table* est l'objet sur lequel l'action s'exerce, mais dans le second il est le résultat de cette action. Inversement, un même rôle sémantique peut apparaître sous diverses positions syntaxiques; c'est le cas de *clé* dans:
>Jean ouvre la porte avec la clé
>La clé ouvre la porte

où *clé* joue sémantiquement le rôle d'instrument, bien que syntaxiquement il figure tantôt dans le syntagme prépositionnel, tantôt dans le syntagme sujet.

Une des grandes difficultés de la grammaire casuelle est qu'on a beaucoup de peine à s'entendre sur une nomenclature des cas; les propositions initiales de Fillmore ont été maintes fois remises sur le métier (voir notamment les travaux d'Anderson, 1971). Godin (1976) a proposé une liste de cas pour la langue française; reprenant une idée de McCoy (1969), il les définit au moyen d'une série de *traits casuels* qui peuvent aider à les reconnaître dans un énoncé. Nous pouvons les passer rapidement en revue.

Une distinction préliminaire s'impose ici. Tels que Fillmore les décrit, les cas relient les arguments d'une proposition au prédicat; ces cas relationnels jouent un rôle à l'intérieur de la proposition et déterminent le *cadre casuel* du prédicat; Godin les appelle *cas propositionnels*. Il est cependant d'autres arguments qui n'entretiennent pas de relation privilégiée avec le prédicat; ce sont, d'une part, les *cas modaux*, qui incluent le mode et le temps du verbe, l'aspect (*probablement, malheureusement*), ainsi que des éléments comme interrogatif ou *négatif*; ce sont, d'autre part, les *cas adverbiaux* tels que le temps, le lieu, la manière. Ainsi, dans la phrase:
>Paul lui a certainement donné un livre hier

le prédicat *donner* demandant trois arguments ou cas propositionnels (celui qui donne, ce qui est donné, celui à qui on donne), *Paul, livre* et *lui* sont des cas propositionnels, tandis que *certainement* est cas modal (de même que le cas *accompli*), et *hier* est cas adverbial. Nous ne nous occuperons ici que des seuls cas propositionnels, et nous verrons plus loin comment on peut traiter les autres.

Tableau XIV: Les cas définis en termes de traits
(d'après Godin, 1976)

	S	A	F	I	E	D	O	L	N	R	B
Participatif	−	+	+	+	+	−	−	−	−	−	−
Source	+	+	+	+	−	−	−	−	−	−	−
Contrôleur	+	+	+	+	−	−	−	−	−	−	−
Cause	+	±	±	±	−	−	−	−	−	−	−
Performateur	−	±	−	−	−	−	−	−	−	−	−
Contrôlé	−	−	−	+	−	−	+	−	−	+	−
Affecté	−	−	−	−	+	+	+	±	−	−	−
But	−	−	−	+	−	−	+	−	−	+	+
Lieu	−	−	−	−	−	−	−	+	−	−	−

Le tableau XIV donne, en tête de colonnes, les onze cas propositionnels retenus par Godin; chacun d'eux est défini par un ensemble de traits qui figurent en ordonnée. Les cas sont les suivants:

S = Stimulus   D = Datif
A = Agentif   O = Objectif
F = Force   L = Locatif
I = Instrumental   N = Neutre
E = Experiencer   R = Résultatif
                   B = Bénéfactif

Voici une brève explication des divers traits, assortie de quelques exemples, dans lesquels l'argument qui possède le trait figure chaque fois en position de sujet syntaxique:

+ Participatif: impliqué de manière active dans l'action ou le processus exprimés par le prédicat
   Jean s'amuse

+ Source: à l'origine de l'action ou du processus
   Jean fait construire sa maison

+ Contrôleur: exerçant un effet sur le déroulement de l'action ou du processus
   Jean construit une maquette

+ Cause: cause de l'action ou du processus
   Le feu a détruit la grange

+ Performateur: cause première
   Jean a détruit la grange par le feu

+ Contrôlé: objet sur lequel l'action est exercée
   La porte s'ouvre

+ Affecté: influencé par l'action ou le processus
Jean a gagné le gros lot
+ But: finalité de l'action
La maison se construit peu à peu
+ Lieu: lieu de l'action, du processus ou de l'état exprimés par le prédicat
La caisse est pleine de jouets

On observe dans le tableau XIV une redondance des traits [Source] et [Contrôleur], et une quasi-redondance des traits [But] et [Contrôlé]; cela est dû au fait que n'y sont mentionnés que les cas propositionnels; pour les cas adverbiaux, seuls [Source] et [But] sont pertinents.

Nous pouvons maintenant tenter d'identifier les cas de quelques arguments propositionnels. Considérons d'abord les arguments qui ont les traits [+ Participatif], [+ Source] et [+ Contrôleur]: cela correspond aux cas Agentif, Force et Instrument. L'Agentif peut être en outre [+ Cause] et [+ Performateur], c'est-à-dire cause première, tandis que les deux autres ne peuvent pas être [+ Performateur]. Ainsi, *Jean* est Agentif dans:

Jean a coupé les branches

mais *le vent* est Force dans:

Le vent a cassé les branches

Le cas Instrumental, lui, se distingue des deux premiers par les traits [+ Contrôlé] et [+ But]; comparons les phrases:

Pierre a été guéri par le médecin
Pierre a été guéri par les médicaments

où on voit aisément que *le médecin* est Agentif, tandis que *les médicaments* est Instrumental, ainsi qu'en témoigne d'ailleurs la possibilité de dire:

Pierre a été guéri par le médecin au moyen de médicaments

Assez apparenté à ces trois premiers cas, il y a encore le cas Stimulus, qui est également [+ Source], [+ Contrôleur] et [+ Cause]. Ce cas exprime l'argument qui occasionne une action ou une situation, non pas en la faisant lui-même survenir, mais en faisant en sorte qu'elle survienne; contrairement aux trois cas précédents, il est [− Participatif], mais en revanche toujours [+ Cause]:

Michel fait ouvrir la porte
Jules César construisit un pont

Quant au cas Experiencer, il est [+ Participatif], mais uniquement en tant que [+ Affecté], tel *Charles* dans:

Charles a contracté le typhus

Nous en venons ainsi aux cas qui sont [− Participatif], et parmi lesquels nous avons tout d'abord le cas Objectif, qui est [+ Contrôlé], [+ Affecté] et [+ But]. Il faut le distinguer du Datif, qui est [+ Affecté], mais [− Contrôlé] et [− But]. En principe, comme le

suggérait déjà Fillmore, le Datif sera [+ animé] tandis que l'Objectif sera [− animé]. Ainsi, dans:
Jean a renversé un passant
Jean a cueilli des cerises

un passant est Datif, tandis que *des cerises* est Objectif. Ces deux cas sont à distinguer encore du Résultatif, qui, lui, est [− Affecté], mais qui a en revanche les deux autres traits de l'Objectif, [+ Contrôlé] et [+ But]; ainsi de *une armoire* dans:
Pierre a fabriqué une armoire

où l'armoire ne peut être affectée par l'action pour la simple raison qu'elle ne préexiste pas à cette action. Le Bénéfactif n'a, lui, que le trait [+ But], sans avoir le trait [+ Contrôlé], tandis que le Locatif se caractérise essentiellement par le trait [+ Lieu]. *Pierre* est Bénéfactif dans:
Pierre a reçu un cadeau

Et nous avons un Locatif dans des phrases comme:
Chicago est venteux
Marie a pincé le nez de John
Le stade comporte 3000 places

et même:
C'est Pierre qui a la clé

ainsi que l'attestent les paraphrases:
Il fait venteux à Chicago
Marie a pincé John sur le nez
Il y a 3000 places dans ce stade
La clé est chez Pierre

Enfin, le cas Neutre est celui qui n'est positif pour aucun des traits; ainsi en est-il pour *un poème* dans:
Michel a lu un poème.

Dans la mesure où les arguments peuvent être caractérisés de la sorte (et il faut bien dire que cela ne va pas sans problèmes, quelquefois), il convient que la formalisation propositionnelle de la phrase indique à quels cas appartiennent ses divers arguments. Par exemple:
La moto escalade la colline
ESCALADER (I: moto, L: colline)
Madeleine aime les drames
AIMER (N: drames, D: Madeleine)
Charles a cassé la radio en mille morceaux
CASSER (A: Charles, O: radio, R: mille morceaux)
Ce bruit me rappelle la guerre
RAPPELER (F: bruit, E: moi, N: guerre)

Nous ne prenons pas en considération, ce faisant, les problèmes posés par l'usage d'items lexicaux de surface, mais il serait inopportun de les perdre de vue.

Ceci posé, la grammaire casuelle rejoint la GGT quand elle considère que la structure profonde est générée par des règles de réécriture, et que le passage de la structure profonde à la structure de surface fait l'objet de règles transformationnelles (ou dérivationnelles). Evidemment, ces règles ne sont plus les mêmes. Les premières règles de réécriture pourraient être énoncées comme suit:

Phrase → (A) + Ph
Ph → M + P

où A désigne les cas adverbiaux, M les cas modaux, et P la proposition (logique). Nous aurions ensuite:

P → Préd + Cas_1 + Cas_2 + ... + Cas_n

$$Cas \rightarrow \begin{cases} K + SN \\ K + Phrase \end{cases}$$

Le symbole K est un «marqueur casuel»; il est souvent représenté par une préposition, telle que *par* pour l'Agentif, *avec* pour l'Instrumental, *à* pour le Datif, ou simplement ∅ pour l'Objectif. Le cas contient par ailleurs, soit un syntagme nominal (qui pourra être développé comme dans la GGT), soit une phrase entière, ce qui permet d'enchâsser des phrases dans d'autres phrases. En guise d'illustration, la figure 32 représente les indicateurs syntagmatiques des phrases suivantes:

Jean a ouvert la porte avec la clé
Pierre ne pense pas que Paul viendra

cette dernière étant composée de deux propositions de base:

P_1 PENSER (A: Pierre, O: P_2)
P_2 VENIR (A: Paul)

assorties respectivement des modalités de la négation et du futur.

A partir de la structure profonde ainsi formulée, on pourra obtenir diverses structures de surface au moyen de règles dérivationnelles. Contrairement à ce qui se passe en GGT, comme la structure profonde sémantique ne précise pas les fonctions syntaxiques, ces règles auront notamment pour objet de sélectionner l'un des cas pour lui assigner la fonction de sujet, et un autre, éventuellement, pour lui assigner la position de complément d'objet: ce sont les règles dites de *subjectivisation* et d'*objectivisation*.

La subjectivisation se fait selon une règle générale de «hiérarchie des cas»: le sujet est préférentiellement l'Agentif, puis l'Instrumental, puis l'Objectif. Partant de la première structure représentée à la figure 32, cela mènera aux phrases suivantes, respectivement:

Jean a ouvert la porte avec la clé
La clé a ouvert la porte
La porte s'est ouverte

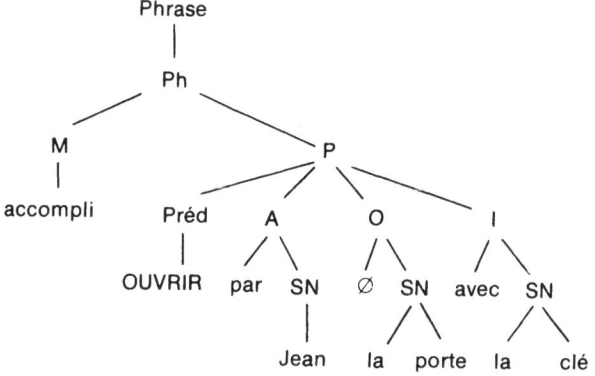

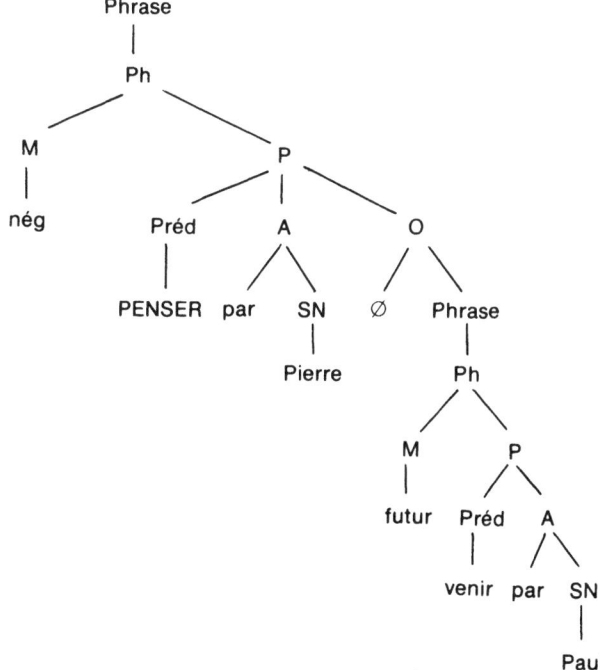

Figure 32. Deux indicateurs syntagmatiques, en termes de grammaire casuelle.

La création du sujet s'effectue par le déplacement du nœud casuel choisi, qui, après avoir perdu son marqueur K, passe à gauche du constituant de modalité, et vient se placer sous la dépendance directe de Ph; par exemple:

Subj.: M + Préd + A + O + I $\Longrightarrow$ A + M + Préd + O + I

L'objectivisation, elle, forme l'objet de surface en mettant directement après le prédicat un nœud casuel également dépourvu de son marqueur. Prenons la structure profonde suivante:

TARTINER (A: Jean, I: beurre, L: pain)

Nous pouvons prendre comme objet, soit l'Instrumental, soit le Locatif, et cela nous mènera respectivement à des phrases comme:

Jean tartine du beurre sur son pain
Jean tartine son pain avec du beurre

Les paraphrases

Dans une expérience que nous avons faite, nous avons proposé aux sujets deux groupes de phrases, dont on verra bientôt ce qui les différencie, et dont voici les prototypes:

type I: Le musicien a découvert le portefeuille par hasard
type II: Le concierge a revu le gendarme avec émotion

Utilisant une technique que nous avons déjà exposée au chapitre VI, on leur a demandé de grouper les mots de telle manière que ceux qui leur paraissaient «liés dans la phrase» se trouvent ensemble; pour chaque paire de mots, contigus ou non, on a dénombré combien de fois ils ont été placés ensemble, et l'on a appliqué l'analyse des grappes (Johnson, 1967) à la matrice de liaisons ainsi construite. La figure 33 montre les représentations hiérarchiques obtenues de la sorte. Il est intéressant de noter que les sujets organisent ces deux types d'énoncés de manières différentes en ce qui concerne la position du syntagme prépositionnel: il fait partie du syntagme verbal dans les phrases de type I, mais du syntagme sujet dans les phrases de type II:

type I: (Le musicien) {[(a découvert) (par hasard)] (le portefeuille)}
type II: [(Le concierge) (avec émotion)] [(a revu) (le gendarme)]

Comme ces deux types de phrases ont la même structure syntaxique, les différences observées sont le reflet de relations sémantiques différentes en structure profonde. Dans les termes de la grammaire casuelle, pour les phrases de type I, la proposition de base est:

DECOUVRIR (E: musicien, N: portefeuille)

et le prédicat est accompagné, outre du cas modal *accompli*, d'un cas adverbial: *par hasard*. Il en va tout autrement dans les phrases de type II, qui sont en fait composées de deux propositions de base:

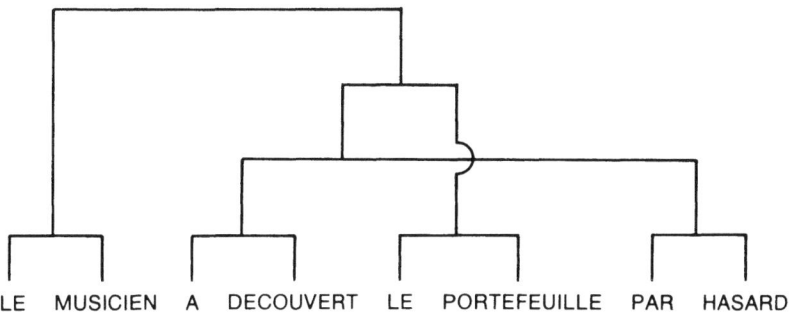

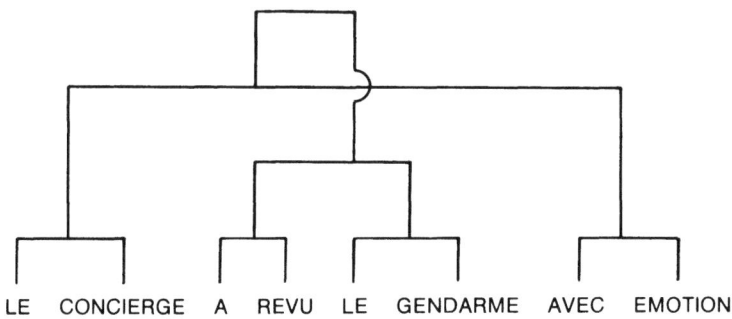

Figure 33. Indicateurs syntagmatiques subjectifs pour deux phrases ayant la même structure syntaxique.

P_1: EMU (E: concierge)
P_2: REVOIR (E: concierge, N: gendarme)

étant entendu que P_2 est enchâssée dans P_1 comme cas adverbial (de temps), comme on le voit bien quand on formule la phrase comme suit:

Le concierge était ému quand il a revu le gendarme

Que de telles relations se répercutent sur la façon dont les sujets organisent l'énoncé montre bien qu'ils utilisent, dans l'interprétation de la phrase, un niveau qui correspond à la structure profonde telle que nous l'avons définie.

Si la structure profonde ne contient ni formes syntaxiques ni formes lexicales, elle ne peut être constituée que par *un ensemble organisé de traits sémantiques*. Elle peut généralement donner lieu à toute une famille d'énoncés de surface, qui pourront différer les uns des autres tant par les structures syntaxiques que par les items lexicaux qu'ils utilisent; pour autant qu'ils aient en commun une même structure sémantique profonde, ils constituent une famille de *paraphrases*. C'est là une notion qui prend aujourd'hui beaucoup d'importance en psychologie du langage (Vezin, 1976).

Deux paraphrases, bien que sémantiquement équivalentes, ne sont pas nécessairement substituables dans tous les contextes et toutes les situations : *elles peuvent avoir le même contenu sémantique, mais n'avoir pas le même statut pragmatique*. Considérons d'abord le cas de paraphrases lexicales ; par exemple :
 Son ami arrive à bicyclette
 Son copain s'amène en bécane

Voilà deux phrases qui sont de même structure profonde, mais qui ne sont pas nécessairement substituables dans une situation donnée, en tant qu'elles appartiennent à des « niveaux de langue » différents. Mais voici un autre exemple, qui concerne l'anaphore :
 Paul a dit à Jacques que Guy ne serait pas invité
 Il le lui a dit

Là aussi, les phrases ont même contenu sémantique, mais l'usage de la seconde nécessite un nombre bien plus élevé de présuppositions. On voit ainsi qu'au départ d'une même structure profonde, la sélection d'une paraphrase plutôt que d'une autre sera largement fonction des propositions que l'on pourra considérer comme partagées par les interlocuteurs.

Tel sera tout spécialement le cas si l'on compare les paraphrases syntaxiques. Ainsi, une phrase noyau et ses diverses formes emphatiques peuvent être considérées comme formant un ensemble de paraphrases ; ayant même contenu sémantique, elles se différencient sur le plan pragmatique en ce qu'elles impliquent des présuppositions différentes, ainsi que nous l'avons vu au chapitre VIII :
 Paul sera présent demain
 C'est Paul qui sera présent demain
 C'est demain que Paul sera présent

La négative n'est assurément pas une paraphrase de la phrase noyau correspondante :
 Paul sera présent demain
 Paul ne sera pas présent demain

mais une paraphrase négative est possible si l'on combine la négation syntaxique avec une négation lexicale, obtenant de la sorte une double négation :
 Paul ne sera pas absent demain

La passive peut, en revanche, être considérée comme une paraphrase de la phrase noyau correspondante. De nouveau, on se référera au chapitre VIII pour voir l'incidence des présuppositions sur l'usage de la négative plutôt que de l'affirmative, de la passive plutôt que de l'active. Il est cependant intéressant de noter que dans la perspective que nous venons de développer, seul le marqueur de négation devra figurer dans la structure profonde. Les formes emphatique et passive n'ont pas à être signalées par un tel marqueur; les différences seront introduites par les dérivations, puisqu'elles proviennent de la façon dont les arguments ont été sélectionnés pour occuper les diverses positions syntaxiques. Par exemple, partant de la proposition :

RÉPARER (A : quelqu'un, O : toit)

assortie de la modalité «accompli», on aura une active si c'est l'Agentif qui devient sujet, et une passive si c'est l'Objectif :

Quelqu'un a réparé le toit
Le toit a été réparé

et ce choix sera fonction de ce que la présupposition porte sur l'un ou sur l'autre.

Nous en arrivons ainsi à postuler que la structure profonde, telle qu'elle est générée par les règles de réécriture, est une structure sémantique insensible au jeu des variables pragmatiques; celles-ci exercent leur influence sur les règles dérivationnelles, qui déterminent les formes syntaxiques et lexicales utilisées.

Diverses observations expérimentales peuvent venir appuyer cette façon de voir, vu qu'elles confirment la différence de traitement qui en résulte en ce qui concerne la passive et la négative. Clifton, Kurcz et Jenkins (1965) ont fait apprendre, en quatre essais, une liste de douze phrases, composée de trois phrases noyaux, trois passives, trois négatives, et trois passives-négatives, toutes ces phrases étant dérivées de noyaux différents. Ils présentaient ensuite une liste de 96 phrases : les 12 phrases-noyaux et leurs 36 dérivées, ainsi que 48 phrases entièrement différentes. Les sujets avaient à reconnaître les phrases déjà vues. Il est apparu que les confusions sont bien plus importantes entre les formes active et passive d'une même phrase, qu'entre les formes affirmative et négative. De même, Bregman et Strasberg (1968) ont présenté une seule fois 16 phrases : quatre noyaux, quatre passives, quatre négatives et quatre interrogatives. Suivait alors une épreuve de reconnaissance : chaque phrase apparaissait sous ces quatre formes syntaxiques, et le sujet devait reconnaître la forme qu'il avait vue auparavant. De nouveau, la confusion entre actives et passives fut nettement plus grande. De telles observations confirment l'idée que les actives et les passives (de même que les emphatiques) ont la même structure sémantique, tandis qu'il en va différemment pour les autres formes, qui impliquent la présence, en structure profonde, d'un marqueur qui, en grammaire casuelle, aura la forme d'un cas modal.

Les processus par lesquels les structures profondes ainsi définies donnent naissance à des énoncés de surface n'ont encore été explorés que de manière fragmentaire. Le modèle de Hutchins (1971), qui relève des recherches sur l'intelligence artificielle, peut donner une idée de ce que doit être l'articulation générale de la démarche dérivationnelle, vu que les postulats de base utilisés par l'auteur sont exactement dans la ligne de ce qui vient d'être développé.

Le modèle de Hutchins est un modèle génératif, visant, à partir de structures sémantiques, à engendrer des familles de paraphrases en passant par une série de niveaux ou « strates » depuis le niveau le plus profond jusqu'au niveau de surface. Au départ, on postule un réseau d'attributs ayant rang de sèmes, et ces éléments sont combinés de manière à former un certain nombre d'ensembles ayant rang de sémèmes. Certains sémèmes seront réalisés (ultérieurement) sous forme de lexèmes, d'autres sous forme de fonctions syntaxiques. Ceci donne lieu à une structure, dite « formule sémémique », similaire à ce que nous avons appelé structure casuelle.

La première étape de cette dérivation consiste à transformer le graphe en une séquence: c'est la « linéarisation ». A cet effet on sélectionne l'un des nœuds comme étant le « thème », un autre comme étant le « pivot ». Un premier principe de linéarisation apparaît si l'on place à gauche le thème, à droite le pivot (ou le contraire, ce qui donnera naissance à des phrases « clivées »), chacun étant accompagné des autres éléments de structure qui lui sont liés. Une même structure profonde peut donc être linéarisée de diverses façons, selon ce qui a été sélectionné comme thème et comme pivot. Des règles ultérieures permettent ensuite de linéariser le thème d'une part, le pivot d'autre part, de manière à obtenir une suite de nœuds et de liaisons se développant strictement de gauche à droite. La génération de la structure syntaxique se fait alors en suivant la chaîne ainsi formée, et en appliquant des règles de réécriture aux divers symboles qu'elle contient, puis éventuellement aux nouveaux symboles ainsi introduits et ainsi de suite, selon un processus représentable par une structure en arbre. Il restera à utiliser enfin une série de règles morphologiques et phonémiques.

Comme on le voit, s'il s'agit bien d'un modèle génératif, ce n'est cependant pas un modèle transformationnel, en ce sens qu'il n'y a pas de règles pour passer d'une structure syntaxique à une autre; il y est rendu compte de la parenté entre structures syntaxiques à partir de la parenté (voire de l'identité) des structures sémantiques dont elles sont dérivées.

L'ouvrage de Hutchins a pour mérite d'expliciter complètement toutes les règles nécessaires en anglais pour générer l'ensemble des phrases déclaratives; ces règles sont au nombre de plusieurs centaines, et il serait difficile d'entrer ici plus avant dans les détails techniques. Le concept le plus intéressant nous semble être le concept de linéarisation. Une structure casuelle est une structure multidimensionnelle; l'énoncé verbal, lui, est linéaire. D'une structure dans laquelle les éléments sont représentés simultanément, il faut donc passer à une structure où ils sont pris séquentiellement. Or, une structure casuelle peut, en principe, être parcourue en divers sens; ces divers sens donneront lieu à diverses «paraphrases» d'un même énoncé.

Un autre point intéressant du modèle est qu'il fournit une réponse à la question de savoir comment se coordonnent dans un énoncé les décisions lexicales et les décisions syntaxiques. Ces processus apparaissent comme étroitement imbriqués. Au départ, nous avons un ensemble de sèmes; certains groupes ou sous-ensembles de sèmes donneront naissance à des lexèmes, d'autres se traduiront en surface sous la forme de relations syntaxiques. On peut imaginer que la constitution de ces sous-ensembles puisse se faire de plusieurs façons, et que cela dépende des variables situationnelles; par exemple, la répartition des fonctions lexicales et syntaxiques pourrait être différente, au départ d'une même structure profonde, si l'on compare:
Son arrivée ne tardera pas
Il arrivera bientôt

Plus récemment, Ehrlich (1979) a approfondi cette idée que la structure sémantique de base peut consister en une collection de traits relativement «libres», non pas au sens qu'elle serait inorganisée (car elle comprend de toutes façons des traits dont la fonction est d'établir des relations entre d'autres traits), mais au sens qu'elle serait «composable» de diverses manières. Au moment d'une activité telle que la production d'un énoncé (mais aussi d'une autre activité éventuellement non verbale), certains de ces éléments seraient utilisés et combinés selon une ou plusieurs constellations appropriées à la situation. Ceci met en cause, on le comprendra aisément, les théories selon lesquelles les structures cognitives seraient organisées sous la forme de réseaux, de hiérarchies catégorielles, etc., fixés une fois pour toutes (cf. chap. I et III). D'après Ehrlich, certaines de ces constellations, particulièrement prototypiques et d'usage fréquent, pourraient avoir ce caractère de relative permanence et n'auraient dès lors plus à être recombinées à chaque coup; mais d'autres, de faible probabilité et qualifiées de circonstancielles, demanderaient une activité constructive propre.

Chapitre X
L'articulation du discours

Nous avons, dans cet ouvrage, consacré pas mal de place, d'abord aux opérations de sélection lexicale, ensuite au traitement de la phrase. Depuis quelques années, on s'intéresse beaucoup aux propriétés et à la genèse de structures cognitives intégrant un nombre élevé d'entités conceptuelles, et qui donnent lieu, sur le plan du langage, à des énoncés plus complexes que la phrase. C'est à de tels énoncés que nous nous réfèrerons maintenant en utilisant le terme de *discours*, ou encore de *texte*.

S'il ne fait pas de doute que de tels énoncés posent des problèmes particuliers sur le plan de l'organisation verbale, il n'est pas certain que les structures profondes appellent un traitement spécifique sur le plan cognitif. Il est bien rare qu'une phrase se limite, en structure profonde, à une seule proposition, c'est-à-dire à un prédicat accompagné de ses arguments; il y en a généralement plusieurs, et le discours en contient davantage encore. Il semble donc que les structures discursives ne se différencient de celles de la phrase que par leur plus grande complexité : différence de degré, plus que de nature. Dans des cas-limites, on peut concevoir, d'ailleurs, qu'une même structure profonde, pourvu qu'elle ne soit pas trop compliquée, puisse être verbalisée, soit sous la forme d'une seule phrase un peu longue, soit sous la forme d'une suite de phrases. Comparons les énoncés suivants :

Il faisait nuit. La lune était pleine. L'homme s'approcha sans bruit. Il était vêtu de noir. Il se faufila sous la fenêtre ouverte.

Par une nuit de pleine lune, l'homme vêtu de noir se faufila sans bruit sous la fenêtre ouverte.

Discours d'un côté, phrase unique de l'autre : ce sont là différences de surface; ayant même structure profonde (dans le sens défini au chapitre IX), ces deux versions peuvent être considérées comme des paraphrases.

Dans les pages qui suivent, nous verrons d'abord comment représenter de telles structures sémantiques profondes. Mais le problème proprement psycholinguistique, à ce niveau, concerne le passage de ces grandes structures profondes aux structures du discours, et vice versa. Comment de telles dérivations sont-elles menées à bien, et pourquoi le sujet est-il amené à produire une version de surface plutôt qu'une autre ? Ces questions-là, nous les avons posées déjà à propos de la phrase élémentaire, mais elles surgissent ici avec une vigueur nouvelle, du fait qu'un discours un tant soit peu étoffé peut donner lieu à un très grand nombre de paraphrases.

La micro-structure du texte

On a vu, au chapitre IX, qu'en l'état actuel de nos connaissances, la structure profonde d'une phrase peut être décrite sous la forme d'une ou plusieurs propositions, au sens logique du terme. Dans sa version la plus simple, une telle proposition est composée d'un prédicat, et, généralement, d'un ou plusieurs arguments. Les arguments présentent avec le prédicat des relations de divers types, et nous avons suggéré de nous référer, pour les caractériser, aux catégories de la grammaire casuelle, en dépit de la difficulté que l'on éprouve à établir une nomenclature et à l'appliquer sans arbitraire. Rappelons encore que les arguments, comme le prédicat, doivent être conçus comme des ensembles de traits sémantiques, même si nous nous trouvons obligés, pour les besoins de la notation, de les écrire au moyen de formes lexicales. Le lecteur se rapportera aux chapitres qui précèdent pour le cheminement qui nous a conduits à définir la structure profonde comme une structure sémantique ne contenant pas plus de formes lexicales que de formes syntaxiques.

Cette notation, que nous avons utilisée jusqu'ici pour décrire la structure profonde de la phrase, nous pouvons l'appliquer aussi au discours; cela ne demande pas de modifications fondamentales, à ceci près que l'accent sera mis sur la façon dont les propositions élémentaires sont liées les unes aux autres, tant il est vrai qu'un discours n'est pas une juxtaposition, mais une combinaison de phrases. Dans la ligne des travaux de Kintsch (1974) et de Le Ny (1979), nous proposerons un certain nombre de conventions à cet effet, qui ne s'alignent exactement ni sur l'un ni sur l'autre, mais les rejoignent néanmoins dans une très large mesure. La notation d'un texte sous forme de propositions élémentaires constitue, dans la terminologie de Kintsch (1976), la *base* du texte, ou encore, sa *microstructure*. Nous exposerons pas à pas comment il nous paraît convenable de procéder, en tâchant d'aller du plus simple au plus complexe, — bien que nous n'ayons nullement l'ambition de résoudre, au moyen de ces quelques indications, tous les cas possibles et imaginables.

La proposition: cas propositionnels, cas modaux, cas adverbiaux

On notera d'abord que les unités lexicales utilisées pour nommer le prédicat ne doivent pas appartenir à une catégorie lexicale particulière. Dans les exemples suivants, les prédicats sont rendus, en surface, par un verbe, un adjectif, une préposition, et un nom:
Il pleut
PLEUVOIR
La table est basse
BASSE (N table)
Il y a du pain dans l'armoire
DANS (N pain, L armoire)
Le mangoustan est un fruit
FRUIT (N mangoustan)

Le premier exemple représente une situation relativement rare, puisqu'il s'agit d'un prédicat dépourvu d'arguments propositionnels. Les deux exemples suivants énoncent des relations d'attribution, c'est-à-dire des relations dans lesquelles un élément se voit attribuer un trait sémantique (que l'on se reporte au chapitre III). Ce trait forme le prédicat, et, comme on ne note pas la copule, il prend ici l'apparence d'un adjectif ou d'une préposition. L'item qui fait l'objet d'une telle attribution peut être considéré comme un cas Neutre, étant entendu qu'une indication de lieu appelle en outre un cas Locatif. Le dernier exemple illustre une relation d'inclusion; comme on l'a vu au chapitre III, une relation d'inclusion n'est autre chose qu'un ensemble de relations d'attribution: dire que *le mangoustan est un fruit*, c'est attribuer à cet item *mangoustan* l'ensemble des traits appartenant à l'item *fruit*. C'est donc aussi placer l'item dans une classe, et l'on pourrait écrire, plus explicitement:
Le mangoustan est un fruit
cl FRUIT (N mangoustan)

Comme on l'a vu, nous indiquons le cas devant chacun des arguments propositionnels; cependant, dorénavant, pour simplifier l'écriture, nous omettrons cette indication chaque fois qu'il s'agira du cas Neutre.

Outre les cas propositionnels qui font l'objet de la nomenclature décrite précédemment et sur lesquels nous ne reviendrons pas ici, le prédicat est généralement accompagné de cas modaux et de cas adverbiaux. Comment convient-il de les traiter?

Les cas modaux, tels que nous les entendons ici, concernent le temps, l'aspect, ainsi que le mode, en tant qu'ils sont inséparables du

prédicat lui-même. Il ne s'agit nullement ici de marques morphologiques, mais bien d'éléments de la structure sémantique qui se traduisent très diversement en surface. Nous proposons de les noter comme des arguments *devant* le prédicat; nous les noterons explicitement chaque fois que nous aurons affaire à des valeurs marquées. Par exemple :
> J'ai vu un jour des extra-terrestres
> Il m'est arrivé de voir des extra-terrestres
> (accompli) VOIR (D moi, O extra-terrestres)
> Vous fermerez la porte à clé
> (futur, ordre) FERMER (A vous, O porte, I clé)
> Je boirais volontiers quelque chose
> (souhait) BOIRE (A moi, O ∅)
> La mariée est-elle prête?
> (question) PRETE (mariée)
> Il se peut que la mariée soit en retard
> (futur, possibilité) EN RETARD (mariée)

Rappelons-nous qu'il n'y a pas lieu de faire cas ici du passif, ni de l'emphase, ces paraphrases étant apparues précédemment comme ayant des structures sémantiques communes et comme devant se différencier seulement sur le plan pragmatique. On aura donc :
> La tempête a arraché l'antenne
> L'antenne a été arrachée par la tempête
> C'est la tempête qui a arraché l'antenne
> C'est l'antenne qui a été arrachée par la tempête
> (accompli) ARRACHER (F tempête, O antenne)

En revanche, la négation, en inversant le sens de la phrase, doit figurer dans la base :
> La tempête n'a pas arraché l'antenne
> (accompli, non) ARRACHER (F tempête, O antenne)

Quand la négation ne porte pas sur le prédicat, mais plutôt sur l'un ou l'autre argument, Kintsch (1974) propose une notation qui consiste à nier la proposition tout en affirmant par ailleurs les éléments qui échappent à cette négation; on aurait ainsi :
> Ce n'est pas la tempête qui a arraché l'antenne
> (accompli, non) ARRACHER (F tempête, O antenne)
> (accompli) ARRACHER (F ∅, O antenne)
> Ce n'est pas l'antenne qui a été arrachée par la tempête
> (accompli, non) ARRACHER (F tempête, O antenne)
> (accompli) ARRACHER (F tempête, O ∅)

Une théorie plus détaillée et plus systématique des cas modaux, *entendus comme éléments sémantiques,* serait nécessaire pour préciser les suggestions qui précèdent (voir Jackendoff, 1972). Pour le temps, outre le présent, qui peut être considéré comme le cas non marqué et dont nous pouvons faire l'économie dans la notation, peut-être suffira-t-il de distinguer un passé accompli (noté simplement *accompli*),

un non accompli, et un futur, par rapport au moment de l'énonciation; les relations de simultanéité, d'antériorité et de postériorité pourront être explicitées lorsque nous traiterons des relations temporelles entre propositions. Le problème est notablement plus complexe en ce qui concerne le mode. Outre le déclaratif simple, qui sera le cas non marqué, nous avons assurément à distinguer l'ordre et la question :
   Le président prononcera un discours
   Je tiens absolument à ce que le président prononce un discours
   Le président prononcera-t-il un discours ?
Mais que ferons-nous des énoncés suivants ? indiquerons-nous, en tant que cas modaux, la possibilité, la croyance, le doute, le souhait, la crainte ?
   Le président prononcera peut-être un discours
   Le président prononcera vraisemblablement un discours
   Je me demande si le président prononcera un discours
   J'espère que le président prononcera un discours
   J'ai peur que le président ne prononce un discours

De telles questions ne pourront être tranchées, tant que l'on ne disposera pas d'une étude systématique portant sur la structure sémantique des *attitudes* du locuteur vis-à-vis de l'énoncé qu'il prononce. Quant à l'aspect, enfin, la situation n'est guère plus confortable. L'instantané pourrait être considéré comme le cas non marqué, et il s'oppose assurément au duratif; mais il est vraisemblable qu'il faille distinguer d'autres catégories, parmi lesquelles on aurait l'itératif, l'inchoatif, le perfectif, l'imperfectif, et peut-être d'autres encore. Qu'on en juge :
   Michel lit
   Michel est en train de lire
   Michel lit et relit sans cesse
   Michel se met à lire
   Michel finit de lire
   Michel s'efforce de lire
Force nous est, dans l'état présent de nos connaissances, de nous en tenir à quelques propositions de principe.

Pour ce qui est des cas dits adverbiaux, il s'agit d'indications, le plus souvent de lieu, de temps ou de manière, qui n'appartiennent pas au cadre casuel du prédicat; nous les traiterons comme s'il s'agissait de propositions distinctes, mais subordonnées. Ces éléments ne seront donc pas notés comme des cas, mais plutôt comme autant de prédicats nouveaux, dont le prédicat principal deviendra un argument. Par exemple :
   Hier il n'a pas cessé de pleuvoir
   (accompli, duratif) PLEUVOIR
       t HIER (pleuvoir)
       m SANS ARRET (pleuvoir)

Le gangster a délicatement souffleté le policier au visage avec un gant
(accompli) SOUFFLETER (A gangster, D policier, L visage, I gant)
    m DELICATEMENT (souffleter)

Pour indiquer qu'une proposition est subordonnée à une autre, nous l'écrivons en dessous de celle-ci, en respectant un décalage vers la droite. Il faut noter que la présence de cas adverbiaux peut rendre la notation des cas modaux redondante. Dans les exemples qui précèdent, on peut considérer que *hier* implique l'accompli et que *sans arrêt* implique le duratif; on peut alors, sans perte d'information, simplifier l'écriture:

Hier il n'a pas cessé de pleuvoir
PLEUVOIR
    t HIER (pleuvoir)
    m SANS ARRET (pleuvoir)

De même, la notation de cas adverbiaux peut influencer celle du prédicat lui-même; si nous considérons que *souffleter* est équivalent à *gifler délicatement*, on pourra se contenter de l'une des notations suivantes:

Le gangster a délicatement souffleté le policier
(accompli) SOUFFLETER (A gangster, D policier)

ou:

(accompli) GIFLER (A gangster, D policier)
    m DELICATEMENT (gifler)

On préférera, en règle générale, une notation sans redondances. Par ailleurs, certains auteurs ont proposé que les cas adverbiaux soient traités comme des prédicats ayant comme argument, non pas le prédicat principal, mais toute la proposition; ils écriraient dès lors:

(accompli) GIFLER (A gangster, D policier) = p1
    m DELICATEMENT (p1)

Nous verrons plus loin que ceci est d'une pratique malaisée, du fait qu'une proposition qui figure comme argument dans une autre proposition doit être considérée comme lui étant subordonnée, alors que nous avons ici l'inverse.

Un cas adverbial peut être formé d'une proposition entière, et ceci ne présente aucune difficulté, puisque tous les cas adverbiaux sont d'emblée traités comme des propositions. Une telle proposition sera naturellement considérée comme subordonnée. La notation qui en résulte est un peu plus complexe; elle doit être, pensons-nous, la suivante:

L'accident s'est produit à l'endroit où la route traverse la voie ferrée
p1 (accompli) ACCIDENT
p2   l p3 (accident)
p3   TRAVERSER (route, L voie ferrée)

L'automobiliste freina quand il vit le tracteur
p1 (accompli) FREINER (A automobiliste)

p2   t p3   (freiner)
p3   VOIR (D automobiliste, tracteur)
Le conducteur fonçait comme un bolide sur un circuit de course
p1 (accompli, duratif) FONCER (A conducteur)
p2   m p3   (foncer)
p3   FONCER (A bolide, L circuit de course)

Il semble à ce niveau qu'il nous faille ajouter deux autres types de cas adverbiaux, en l'occurrence le *but* et la *condition*:
L'automobiliste freina pour éviter le tracteur
p1 (accompli) FREINER (A automobiliste)
p2   b p3   (freiner)
p3   EVITER (A automobiliste, tracteur)

S'il n'a pas de fracture du crâne, le conducteur pourra être sauvé
p1 (possibilité, futur) SAUVER (D conducteur)
p2   c p3   (sauver)
p3   (non) FRACTURE (D conducteur, L crâne)

Les deux phrases qui précèdent n'énoncent pas que le tracteur a été évité, ni que le conducteur n'avait pas de fracture du crâne, et c'est pourquoi les propositions p1 et p3 ne peuvent être tenues pour coordonnées. On ne peut en effet pas dire:
L'automobiliste ayant freiné, le tracteur fut évité
N'ayant pas de fracture du crâne, le conducteur pourra être sauvé

Tel ne sera pas le cas de la plupart des autres couples de propositions dont nous aurons à traiter plus loin, qui, bien que syntaxiquement subordonnées dans bien des cas, pourront être considérées comme coordonnées sur le plan sémantique.

Relations entre propositions

Il n'y a pas que le prédicat d'une proposition qui puisse être modifié par un autre prédicat; cela peut se produire également pour un ou plusieurs de ses arguments. Les relations entre de telles propositions nous paraissent devoir reposer sur une distinction importante. Une proposition modifiant un argument d'une autre proposition lui est *subordonnée* si elle énonce une détermination; elle est simplement *coordonnée* si elle énonce une qualification. Que l'on compare les deux phrases suivantes:
Guy aime les Suédoises blondes
Guy aime les Suédoises qui sont blondes
AIMER (E Guy, Suédoises)
    BLONDES (Suédoises)
Guy aime les Suédoises, qui sont blondes
AIMER (E Guy, Suédoises)
BLONDES (Suédoises)

Dans le premier cas, l'énoncé n'affirme pas que les Suédoises sont

blondes, mais seulement que Guy aime celles qui le sont. Dans le second exemple, au contraire, on affirme tout à la fois que Guy aime les Suédoises et que les Suédoises sont blondes; ces deux propositions sont à mettre sur un pied d'égalité, ainsi qu'en atteste la possibilité de former la paraphrase suivante:
> Les Suédoises sont blondes, et Guy les aime

Dans un cas comme dans l'autre, nous observons que des relations s'établissent entre des propositions par le fait qu'elles contiennent des arguments communs. Dans une base de texte, un argument qui se répète de la sorte est censé référer à un même élément, sauf indication contraire. Une telle indication sera nécessaire dans:
> Guy aime une Suédoise et en déteste une autre
> AIMER (E Guy, Suédoise$_1$)
> DETESTER (E Guy, Suédoise$_2$)

En surface, un argument qui est introduit pour la première fois dans le discours sera flanqué, en principe, d'un déterminant indéfini; il sera au contraire défini lors des usages ultérieurs. La distinction n'a donc pas à être autrement précisée dans la base.

Nous avons vu, jusqu'à présent, des propositions dont certains items (prédicat ou arguments) sont modifiés par d'autres propositions, c'est-à-dire fonctionnent comme arguments d'un autre prédicat. Il nous faut examiner maintenant les propositions dont un ou plusieurs arguments sont formés eux-mêmes de propositions. Nous avons là une nouvelle forme de subordination, car une proposition qui est un argument d'une autre proposition doit être considérée comme subordonnée par rapport à cette proposition. Voyons-en quelques exemples; il nous faudra, pour ce faire, prendre l'habitude de numéroter chacune des propositions de la base.
> Jules a vu partir la fusée
> p1 (accompli) VOIR (E Jules, O p2)
> p2   PARTIR (F fusée)
> Jules m'assure avoir vu débarquer des Martiens
> p1 DIRE   (A Jules, D moi, O p2)
> p2   (accompli, certainement) VOIR (E Jules, O p3)
> p3   DEBARQUER (A Martiens)

En un tel cas, la négation pourra porter sur l'une ou l'autre de ces propositions:
> Je regrette que Marie ne soit pas ici
> p1 REGRETTER (E moi, O p2)
> p2   (non) ICI (Marie)
> Je ne regrette pas que Marie soit ici
> p1 (non) REGRETTER (E moi, O p2)
> p2   ICI (Marie)

Très souvent, on aura un mélange des deux types de subordination que nous venons de distinguer: la subordination qui est due au fait qu'un prédicat ou un argument sont modifiés par une proposition, et

celle qui est due au fait qu'un argument consiste lui-même en une proposition ; par exemple :
> Jules a traîné dans un magasin de disques
> p1 (accompli) TRAINER (A Jules, L p2)
> p2   DANS (Jules, L magasin)
> p3   VENDRE (L magasin, O disques)

Le dernier cas qu'il nous reste à envisager est celui de la liaison entre propositions *coordonnées*, mais c'est également celui sur lequel nous avons actuellement le moins de lumières. De telles propositions, qu'elles aient ou non des arguments en commun, sont liées par des *connecteurs*. Ces connecteurs peuvent être traités comme des prédicats (Le Ny, 1979), dont les propositions seraient les arguments, et, dans ces conditions, en accord avec ce qui précède, ces propositions doivent être considérées comme subordonnées par rapport à celle qui énonce leur coordination. La notation se présentera dès lors comme suit :
> Guy aime les Suédoises, qui sont blondes
> p1 ET (p2, p3)
> p2   AIMER (E Guy, Suédoises)
> p3   BLONDES (Suédoises)

Nous réserverons le symbole ET au connecteur de simple coordination, en l'absence de toute autre indication sémantique complémentaire. S'agissant du cas non marqué, nous pourrons éventuellement en faire l'économie, sauf s'il figure lui-même comme argument dans une proposition superordonnante, comme il en va ci-après :
> Guy m'a dit : j'aime les Suédoises, qui sont blondes
> p1 (accompli) DIRE (A Guy, D moi, O p2)
> p2   ET (p3, p4)
> p3   AIMER (E Guy, Suédoises)
> p4   BLONDES (Suédoises)

La liste des connecteurs sémantiquement distincts est chose très malaisée à établir, dans l'état actuel de nos connaissances. Bien entendu, un symbole comme ET ne coïncide pas avec l'item de surface *et*, non seulement parce que la structure sémantique ne doit pas contenir de tels éléments lexicaux, mais aussi parce que l'item de surface *et* peut correspondre à des connecteurs sémantiques très divers. La conjonction *et* est d'une ambiguïté notoire, mais tel est aussi le cas des autres conjonctions. Il est facile d'en donner des exemples, sans prétendre à l'exhaustivité. Ainsi, l'item *et* peut traduire, entre autres, la succession temporelle, que nous symboliserons par le prédicat PUIS, ou une relation de cause à effet (PCQ), ou encore, une relation de prémisse à conclusion (DONC). L'item de surface *ou* peut indiquer une alternative (que nous symboliserons par SOIT), mais aussi une réunion (OU). Malheureusement, nous ne disposons guère d'études systématiques portant sur les connecteurs interpropositionnels, tels qu'ils fonctionnent dans la structure sémantique profonde ;

la plupart des travaux qui concernent les conjonctions s'en tiennent aux quelques opérateurs classiques de la logique booléenne, à moins qu'il ne s'agisse d'examiner la production et la compréhension de tel type de subordonnée dans une perspective syntaxique (pour les variables sémantiques déterminant la dichotomie ET/MAIS, voir cependant Osgood, 1978; certains connecteurs ont aussi fait l'objet des travaux de Ducrot, 1980).

Dans ces conditions, on se limitera à quelques exemples dont le bien-fondé ne paraisse pas trop douteux à première vue. On observera l'ordre assigné aux propositions coordonnées quand elles figurent comme arguments d'un connecteur; dans un certain nombre de cas, cet ordre n'est pas indifférent.

Le député a insulté le ministre et est sorti
Le député a insulté le ministre; ensuite il est sorti
Le député a insulté le ministre, avant de sortir
Après avoir insulté le ministre, le député est sorti
p1 PUIS (p2, p3)
p2   (accompli) INSULTER (A député, D ministre)
p3   (accompli) SORTIR (A député)

Le député a insulté le ministre et a été expulsé
p1 PCQ (p2, p3)
p2   (accompli) INSULTER (A député, D ministre)
p3   (accompli) EXPULSER (A ∅, D député)

Le ministre exigea que le député sorte ou s'excuse
p1 (accompli) EXIGER (A ministre, O p2, D député)
p2   SOIT (p3, p4)
p3   SORTIR (A député)
p4   S'EXCUSER (A député)

Le député ne s'excusa pas mais sortit
Le député choisit de sortir plutôt que de s'excuser
p1 MAIS (p2, p3)
p2   (accompli, non) S'EXCUSER (A député)
p3   (accompli) SORTIR (A député)

Je vais boire une limonade ou sucer une glace, dit le député
p1 (accompli) DIRE (A député, O p2)
p2   OU (p3, p4)
p3   (futur) BOIRE (A député, O limonade)
p4   (futur) SUCER (A député, O glace)

Puisque le député est sorti, dit le ministre, je ne lui répondrai pas
p1 (accompli) DIRE (A ministre, O p2)
p2   DONC (p3, p4)
p3   (accompli) SORTIR (A député)
p4   (non) REPONDRE (A ministre, D député)

Une illustration

Les indications qui précèdent ne nous permettront assurément pas de décomposer n'importe quel discours en un ensemble de propositions correctement hiérarchisées, car il y a trop de problèmes restés sans solution satisfaisante. On peut néanmoins tenter de les mettre en pratique sur l'un ou l'autre texte. Nous avons choisi, à cet effet, le premier alinéa des «Exercices de Style» de Raymond Queneau, dans la version intitulée «Récit» (p. 27 de la nouvelle édition © Ed. Gallimard). Le texte de Queneau se présente comme suit:

«Un jour vers midi du côté du parc Monceau, sur la plate-forme arrière d'un autobus à peu près complet de la ligne S (aujourd'hui 84), j'aperçus un personnage au cou fort long qui portait un feutre mou entouré d'un galon tressé au lieu de ruban. Cet individu interpella tout à coup son voisin en prétendant que celui-ci faisait exprès de lui marcher sur les pieds chaque fois qu'il montait ou descendait des voyageurs. Il abandonna d'ailleurs rapidement la discussion pour se jeter sur une place devenue libre.»

Nous suggérons au lecteur de s'y essayer lui-même, avant d'examiner le tableau XV. Nous obtenons, pour notre part, une base de texte comprenant 40 propositions, hiérarchisées les unes par rapport aux autres sur 9 niveaux différents. Cette illustration présente un certain nombre de caractéristiques qui méritent d'être commentées, et c'est pourquoi elle nous servira de point d'appui, à diverses reprises, dans les pages qui suivent.

Le lecteur ne s'étonnera pas outre mesure de ne pas aboutir à la même description que nous. Cela est attribuable à la conjonction de deux causes bien distinctes. Il est vraisemblable que le texte soumis à l'analyse n'échappe pas à l'ambiguïté inhérente à tout énoncé verbal quelque peu élaboré, et qu'il puisse donc faire l'objet de plus d'une lecture sémantique; dans cette mesure, il est normal, et même nécessaire, que l'on aboutisse à différentes descriptions. Mais il est à craindre que les divergences ne résultent aussi, et même surtout, de l'imperfection de notre instrument d'analyse. Nous avons souligné à plusieurs reprises que nous n'avons pas de nomenclature satisfaisante pour les cas propositionnels, et moins encore pour les cas modaux et adverbiaux. Mais nous n'avons pas non plus une vision claire de ce que recouvre la notion de prédicat. On le trouve quelquefois défini comme l'élément qui «exprime une propriété», et les arguments seraient alors les éléments auxquels cette propriété est attribuée; ceci concerne les relations d'attribution et, par extension, les relations d'inclusion. Malheureusement, la grammaire des cas ne les envisage guère; le prédicat y apparaît plutôt comme un élément exprimant un événement ou une activité, et les arguments sont alors les éléments qui, de façons diverses, ont une part dans cet événement ou cette activité; la nomenclature des cas ne paraît conçue que pour s'appliquer à ce type de structure. Enfin, un prédicat consistant en un connecteur est vraisemblablement d'une autre nature encore, — une sorte de prédicat de second ordre.

Bien entendu, un certain nombre de notions peuvent être empruntées avec fruit à la logique formelle (logique des propositions, logique modale, etc.); mais, en dépit des apparences, nous ne quittons pas ici

Tableau XV. *La micro-structure d'un alinéa extrait des « Exercices de Style » de Raymond Queneau*

p1	(accompli) VOIR (D narrateur, L p2, O p12)
p2	DANS (voir, L autobus)
p3	t MIDI (voir)
p4	VERS (midi)
p5	1 DU COTE DE (voir, L Parc Monceau)
p6	1 SUR (voir, L plate-forme)
p7	1 ARRIERE (plate-forme, L autobus)
p8	COMPLET (L autobus)
p9	A PEU PRES (complet)
p10	cl S (autobus)
p11	(présent) cl 84 (S)
p12	ET (p13, p20)
p13	ET (p14, p16)
p14	LONG (L cou, D X)
p15	TRES (long)
p16	COIFFER (D X, I feutre)
p17	MOU (feutre)
p18	1 AUTOUR (tresse, L feutre)
p19	REMPLACER (I tresse, L ruban)
p20	PUIS (p21, p32)
p21	PUIS (p22, p31)
p22	DIRE (A X, D Y, O p25)
p23	m TOUT A COUP (dire)
p24	PRES (Y, L X)
p25	ECRASER (A Y, D X, L pieds)
p26	m EXPRES (écraser)
p27	t p28 (écraser)
p28	OU (p29, p30)
p29	MONTER (voyageurs)
p30	DESCENDRE (voyageurs)
p31	DISCUTER (A X, A Y)
p32	ET (p33, p35)
p33	ARRETER (A X, O discuter)
p34	m RAPIDEMENT (arrêter)
p35	PUIS (p36, p39)
p36	PUIS (p37, p38)
p37	OCCUPE (siège)
p38	LIBRE (siège)
p39	S'ASSEOIR (A X, L siège)
p40	m RAPIDEMENT (s'asseoir)

la psychologie du langage, car les éléments et les relations sémantiques que nous avons examinés nous intéressent en tant qu'entités cognitives et en tant qu'opérations mentales. Seules d'abondantes données expérimentales pourront nous informer sur ces questions, et, s'il est vrai qu'elles font actuellement défaut, il faut espérer que les années qui viennent nous en apporteront une ample moisson.

Chapitre XI
L'intégration sémantique

Quand on parle d'intégration sémantique, il peut s'agir de deux choses assez différentes, bien que liées, puisqu'on peut désigner de la sorte une propriété des *structures* sémantiques, mais aussi les *processus* mêmes par lesquels cette intégration se réalise dans les activités de compréhension, de mémorisation ou de production (Hupet, 1978). Nous examinerons successivement chacun de ces aspects.

Dans les structures sémantiques telles que nous venons de les décrire, l'intégration se manifeste à chaque niveau. La proposition élémentaire se présente comme une combinaison de relations reliant les arguments au prédicat. Mais chacun des arguments, de même que le prédicat, apparaissent déjà comme des combinaisons de traits sémantiques. Ceci ne laisse pas de poser de multiples problèmes quant à la représentation correcte de ces combinaisons de traits. A en croire la figure 31 (chap. IX), s'il est exact que *tuer* est un item de surface seulement, et que

tuer = (faire) {(devenir) [(non) (vivant)]}

nous ne pouvons pas considérer comme entièrement satisfaisante une représentation comme la suivante :
Paul tue Jacques
TUER (A Paul, D Jacques)

et il faudrait se rallier à quelque chose comme ceci :
p1 FAIRE (A Paul, O p2)
p2   DEVENIR (p3)
p3   (non) VIVANT (Jacques)

Mais la même décomposition devrait être appliquée à chacun des arguments, qui devraient être notés comme des ensembles de traits, auxquels la notation du cas viendrait s'ajouter comme un trait supplémentaire. En fait, en l'absence d'une analyse componentielle satisfaisante de l'ensemble du lexique (à supposer qu'une telle entreprise soit possible), il n'y a guère moyen de noter les choses autrement que nous l'avons fait. Cela ne va pas sans un certain arbitraire, dont les exemples suivants sont les témoins :

    Pierre ignore les mathématiques
    IGNORER (E Pierre, mathématiques)
ou   (non) SAVOIR (E Pierre, mathématiques)
    Pierre adore les mathématiques
    ADORER (E Pierre, mathématiques)
ou   AIMER (E Pierre, mathématiques)
      m FORTEMENT (aimer)
    Pierre travaille dans un magasin de chaussures
    TRAVAILLER (A Pierre, L magasin)
    VENDRE (O chaussures, L magasin)
mais
    Pierre travaille dans une boulangerie
    TRAVAILLER (A Pierre, L boulangerie)
ou   TRAVAILLER (A Pierre, L magasin)
    VENDRE (O pain, L magasin)

Mais la notion d'intégration sémantique, dans la première acception du terme — et a fortiori dans la seconde, s'applique surtout à la façon dont les propositions sont reliées les unes aux autres, et c'est cet aspect des choses qui va nous retenir dans ce chapitre.

L'intégration des propositions

Comme on l'a vu au chapitre X, les propositions qui forment la micro-structure d'un texte ou d'un discours sont liées de plusieurs manières. Des propositions peuvent avoir des arguments en commun. Une proposition peut avoir comme argument le prédicat d'une autre. Une proposition peut être tout entière le prédicat d'une autre proposition, ou un de ses arguments. Enfin, deux propositions peuvent être conjointement les arguments d'un prédicat qui en énonce la coordination. Cet ensemble diversifié de relations fait apparaître la structure profonde comme un réseau de liaisons étiquetées, dans lequel les éléments sont fréquemment partie prenante dans plusieurs propositions à la fois. Pour illustrer cela, nous avons construit la figure 34, qui représente la micro-structure du « Récit » de Raymond Queneau tel que nous l'avons décomposé au tableau XV. On sera particulièrement frappé par la multiplicité des rôles sémantiques tenus par le personnage que nous avons nommé X (et dans une moindre mesure par Y), ainsi que par la fonction de charnière que jouent les connecteurs dans l'ossature du texte.

L'INTEGRATION SEMANTIQUE   201

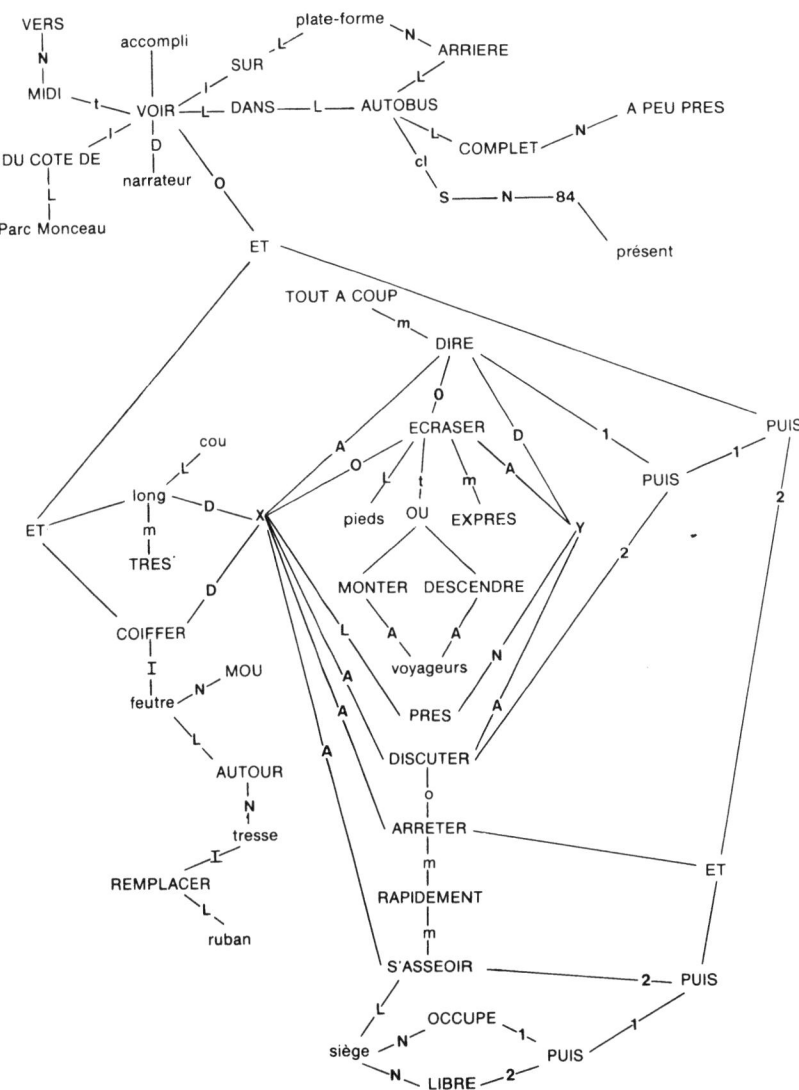

Figure 34. Graphe représentant la micro-structure du passage de R. Queneau, au moyen d'items sémantiques et de liaisons étiquetées.

Si les structures profondes se présentent, généralement, comme des ensembles d'entités reliées les unes aux autres, et non pas comme une série de sous-ensembles de moindre format qui seraient juxtaposés, il faut s'attendre à ce qu'elles soient plus fidèlement rendues par une phrase complexe unique plutôt que par une succession de phrases. En outre, on peut faire l'hypothèse que si on présente à des sujets une succession de phrases, l'interprétation de ce discours consiste précisément à relier l'ensemble des entités de ces diverses phrases sous la forme d'une «construction» unique et complexe, un peu comme nous l'avons fait en construisant la figure 34.

Dans une expérience devenue classique et d'ailleurs souvent reproduite (voir Bransford et Franks, 1972, et aussi Hupet, 1978, pour une revue critique), Bransford et Franks (1971) ont tenté de montrer qu'il en va bien ainsi. Dans ce type d'expériences on utilise un matériel verbal constitué de la façon suivante:

phrases simples: Les pierres dévalèrent la montagne
  Les pierres détruisirent la cabane
  La cabane était branlante
  La cabane se trouvait à la lisière du bois

doublets: Les pierres qui dévalèrent la montagne détruisirent la cabane
  Les pierres détruisirent la cabane branlante
  La cabane branlante se trouvait à la lisière du bois
  etc.

triplets: Les pierres qui dévalèrent la montagne détruisirent la cabane branlante
  Les pierres détruisirent la cabane branlante à la lisière du bois
  Etc.

quadruplet: Les pierres qui dévalèrent la montagne détruisirent la cabane branlante à la lisière du bois

On voit que les doublets intègrent deux phrases simples en une seule; les triplets en intègrent trois; le quadruplet intègre les quatre phrases simples. Ce dernier est, par hypothèse, supposé être le plus proche de la structure cognitive profonde, qui est, elle, intégrée. On construit plusieurs séries sur ce modèle.

L'expérience se déroule comme suit. Dans une première phase, qui est la phase d'acquisition, on présente 2 phrases simples, 2 doublets et 2 triplets de chaque série. Dans une seconde phase, qui est une phase de reconnaissance, on présente certaines des phrases que le sujet a déjà reçues, d'autres qui font partie des séries utilisées mais qui n'ont pas encore été présentées (notamment les quadruplets), d'autres enfin qui n'ont rien à voir avec le matériel utilisé; on demande au sujet de repérer les phrases déjà vues, et d'indiquer pour chaque réponse un niveau de confiance de 1 à 5. Il apparaît que le sujet rejette correctement les phrases non pertinentes. En revanche, il lui est très difficile de distinguer entre les phrases déjà vues et celles, non encore vues, qui appartiennent aux mêmes séries; mieux encore, le niveau de confiance croît avec le niveau de complexité des phrases, si bien que ce sont les quadruplets, qu'il n'a jamais vus, qu'il pense avoir déjà rencontrés avec le plus d'assurance. L'interprétation est que les phrases qui avaient été présentées ont été intégrées au niveau profond sous la forme d'une structure globale correspondant le mieux aux quadruplets.

Considérons maintenant la notion d'intégration sémantique dans la seconde acception du terme, c'est-à-dire comme l'ensemble des *processus* par lesquels s'opère cette intégration. A en croire des observations comme celles de Bransford et Franks (1971), il nous faut admettre que le contenu de ce petit ouvrage sur la psychologie du langage, — et pour autant qu'on veuille bien considérer que ses éléments forment un tout, n'aura été pleinement compris par le lecteur que quand il aura construit un réseau sémantique dans lequel il y ait un maximum de liaisons, et que, réciproquement, pour arriver le plus efficacement à cette fin, l'auteur aurait dû en formuler le contenu en une seule phrase démesurément longue, dans laquelle toutes ces liaisons seraient énoncées. S'il ne peut manifestement pas en être ainsi, c'est parce que nous avons affaire à certaines limitations imposées aux processus de traitement de l'information, et qui s'inscrivent d'ailleurs pour une bonne part dans les structures de la langue elle-même. Nous pensons, en particulier, au fait que des structures sémantiques d'une telle envergure ne peuvent être disponibles dans leur totalité en mémoire à court terme; que l'on se reporte au concept de « profondeur de phrase » proposé par Yngve (chapitre VI): nous en avons ici une version sémantique, dont la version syntaxique n'est peut-être que la face manifeste. Le problème se pose alors de savoir comment de telles structures sont mises en place, « parcourues », et en définitive, « linéarisées ».

On se rappellera que dans le cas d'une phrase relativement simple déjà, on a souvent diverses façons de linéariser la structure profonde qui y correspond, sous la forme d'une famille de paraphrases, et que c'est au niveau pragmatique, dans l'articulation de l'énoncé en présupposition et assertion, que l'on trouve les variables qui déterminent la réalisation d'une paraphrase plutôt que d'une autre. De même, s'agissant du discours, cette articulation entre présupposition et assertion nous fournira un fil conducteur, étant entendu que, plus la structure profonde est complexe, plus les paraphrases peuvent être nombreuses et variées.

Dans cette ligne, Haviland et Clark (1974), étudiant les processus de compréhension du discours, ont proposé l'hypothèse suivante, dénommée *the Given-New Comprehension Strategy*: le traitement sémantique de l'information reçue repose sur une analyse continue qui a pour fonction d'identifier, dans les informations d'entrée, ce qui est présenté comme information connue et ce qui est présenté comme information nouvelle; une fois identifiée, l'information connue est traitée comme une « adresse » dans la structure sémantique en mémoire, à laquelle l'information nouvelle puisse être « accrochée ». Ce processus de *construction* et donc de réorganisation de données sémantiques s'accompagne, selon Miller (1978), d'un processus de *sélection* qui consiste en une activité de testing d'hypothèses: dans l'idée de Miller, l'identification d'une partie de l'information amène le sujet à anticiper un ensemble de filières possibles, compatibles avec cette information, et il extraira des données ultérieures celles qui doivent lui permettre d'éliminer certaines de ces possibilités et d'en sélectionner d'autres.

Dans ces conditions, si l'on reprend la procédure expérimentale imaginée par Bransford et Franks (1971), la performance des sujets à l'épreuve de mémoire doit être influencée par l'ordre dans lequel les phrases élémentaires sont présentées. Comparons les deux conditions suivantes:

Les pierres dévalèrent la montagne
Les pierres détruisirent la cabane
La cabane était branlante
La cabane se trouvait à la lisière du bois
La cabane était branlante
Les pierres dévalèrent la montagne
La cabane était à la lisière du bois
Les pierres détruisirent la cabane

La figure 35 permet de comparer comment les structures sémantiques sont censées s'élaborer dans l'un et l'autre cas: à gauche, on voit que chaque information nouvelle vient se greffer sur des structures antérieures; à droite, des structures parcellaires sont mises en place, et la synthèse ne se réalise qu'au dernier moment. On peut faire l'hypothèse que la première procédure est bien plus facile.

Une telle hypothèse a été mise à l'épreuve dans une expérience de Hupet et Le Bouédec (1977). Sur le modèle du matériel verbal qui précède, les auteurs ont élaboré sept ensembles de quatre propositions, et les ont présentés, deux fois, dans trois ordres de succession différents: l'ordre UN (*unmixed*), l'ordre OM (*orderly mixed*), et l'ordre RM (*randomly mixed*). Dans le premier cas, les quatre propositions d'un même ensemble sont énoncées l'une après l'autre (et dans l'ordre apparemment le plus favorable); les 28 propositions se présentent donc comme suit:

A1 A2 A3 A4 B1 B2 B3 B4 C1 C2 C3 ... G3 G4

Dans le deuxième cas, les sept premières propositions sont énoncées, puis les sept suivantes, et ainsi de suite:

A1 B1 C1 D1 E1 F1 G1 A2 B2 C2 D2 ... F4 G4

Ceci doit normalement mener le sujet à construire d'abord sept structures parcellaires, à les compléter ensuite chacune par une nouvelle donnée, etc., ce qui l'oblige à mener de front l'intégration progressive de sept ensembles distincts. Dans le troisième cas, les conditions paraissent encore plus difficiles, car les 28 propositions se succèdent entièrement au hasard. On expliquait au sujet qu'il aurait affaire à une sorte de «puzzle» de phrases, que certaines pouvaient

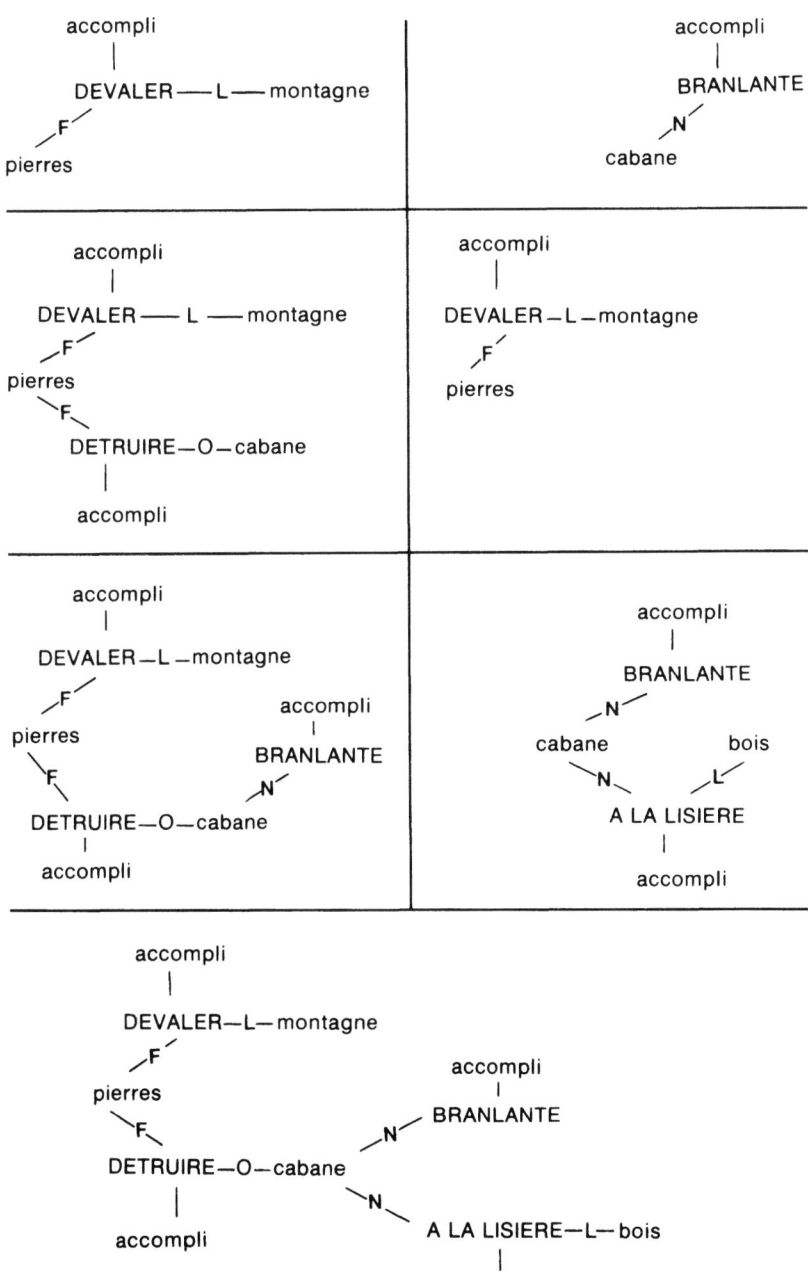

Figure 35. Intégration sémantique de quatre propositions, présentées dans deux ordres de succession.

s'intégrer en des idées complexes, et que sa tâche consisterait, à la fin de chaque présentation, à énoncer ces idées complexes. La figure 36 montre les principaux résultats de cette expérience. On observe que l'intégration, que traduit la fréquence respective des différents niveaux de complexité, est meilleure pour la première condition que pour la seconde, et qu'elle est d'ailleurs tout à fait déficiente pour la troisième, bien que la situation s'améliore quelque peu à la suite d'une seconde présentation du matériel. Ceci vient entièrement appuyer les hypothèses formulées par Haviland et Clark (voir également les expériences de Foos et al., 1976).

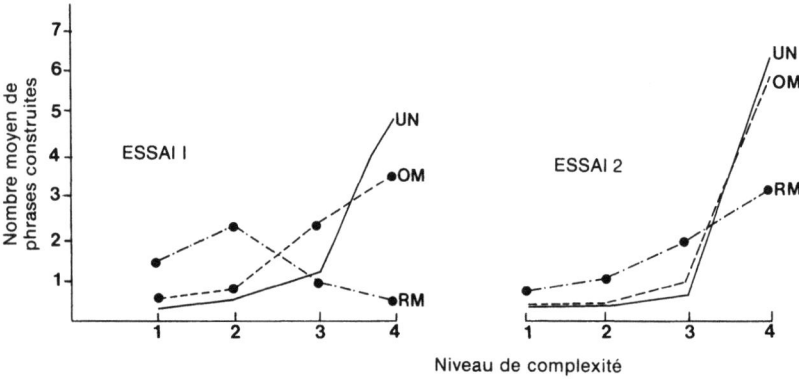

Figure 36. Nombre moyen et complexité des phrases (phrases simples, doublets, triplets, quadruplets) construites après une ou deux présentations de phrases simples, dans trois ordres de succession (d'après Hupet et Le Bouédec, 1977).

La presque totalité des travaux sur le traitement des structures sémantiques complexes portent sur des tâches de compréhension et de mémorisation. Pourtant, nous référant à la structure représentée à la figure 34, il ne nous est pas interdit de nous mettre à la place de celui qui aurait à la verbaliser. A en juger par les résultats qui précèdent, il pourra entrer dans cette structure par de multiples endroits, et, partant de l'un deux, la parcourir dans de nombreuses directions; mais, puisque le posé d'une proposition est appelé à devenir un présupposé pour la suivante, il ne sera pas recommandé de sauter d'un item à un autre sans suivre la filière qui les unit. Cela laisse assurément assez de possibilités. L'une d'entre elles nous servira d'illustration: elle consiste à entrer dans la structure par l'autre bout, c'est-à-dire par la partie inférieure droite, et à remonter pas à pas jusqu'au coin supérieur gauche. Cela donne quelque chose comme ceci:

« L'individu se jeta sur une place devenue libre. Il mit ainsi rapidement fin à une discussion, engagée avec son voisin, qu'il avait interpellé tout à coup en prétendant que, chaque fois qu'il descendait ou montait des voyageurs, il faisait exprès de lui marcher sur les pieds. C'était un personnage qui, au lieu de ruban, portait un galon tressé autour de son feutre mou, et qui avait un fort long cou. Voilà ce que j'ai vu un jour, sur la ligne 84 (à l'époque, S), sur la plate-forme arrière d'un autobus à peu près complet, du côté du Parc Monceau vers midi ».

Il est amusant de noter que Raymond Queneau avait songé à cette possibilité; son texte, intitulé « Rétrograde », figure à la page 12 des Exercices de Style.

Les inférences

Puisque nous en sommes revenus au texte de R. Queneau, nous allons retourner à la décomposition propositionnelle que nous en avons faite (tableau XV); mais ce sera, cette fois, pour accorder une attention toute spéciale aux propositions p2, p31 et p37. Ces trois propositions ont ceci de particulier, qu'elles ne figurent pas explicitement dans le texte analysé; elles peuvent être *déduites*, ou *inférées*, à partir des autres propositions, et, dans certains cas, elles *doivent* l'être pour conférer à la base toute sa cohérence. Le texte dit, en effet, que le personnage dont on décrit le comportement se trouvait « sur la plate-forme arrière d'un autobus », et le lecteur comprend, d'emblée, que l'observateur se trouvait, lui aussi, dans cet autobus, sinon sur sa plate-forme arrière; d'où :

p2 DANS (voir, L autobus)

Le texte dit encore que l'individu « interpella tout à coup son voisin », puis « abandonna la discussion », ce qui laisse entendre que ce voisin lui avait donné la réplique et qu'une controverse était née, d'où :

p31 DISCUTER (A X, A Y)

Le texte dit enfin que l'individu se jeta « sur une place devenue libre» (et non « sur une place libre »), ce qui indique qu'il s'agissait d'une place assise précédemment occupée, d'où :

p37 OCCUPE (siège)

Remarquons que le terme *inférence* est ambigu de la même façon que l'était *intégration sémantique*, puisque par inférences, on entend, tantôt les propositions implicitement contenues dans le discours, tantôt les processus mêmes qui permettent au sujet de les en tirer (pour une revue, voir Dubois et Kekenbosch, 1978).

Il semble qu'il nous faille distinguer entre trois types d'inférences : présuppositionnelles, logiques et pragmatiques. Les inférences *présuppositionnelles* présentent le double caractère d'être légitimes sur le plan de la logique formelle, et d'être indispensables dans l'identification de la structure profonde, dont certaines propositions seraient inintelligibles sans elles. Les inférences *logiques* sont légitimes mais non indispensables, étant utiles seulement pour enrichir le réseau des liaisons entre les propositions. Les inférences *pragmatiques*, enfin, ne sont pas formellement autorisées, et sont donc risquées voire hasardeuses; elles résultent de l'insertion de la structure sémantique dans un cadre plus large de données en mémoire. Dans ces conditions, il est plausible que les inférences présuppositionnelles soient faites au moment même de la réception du texte ou du discours, tandis que les inférences logiques et pragmatiques pourraient faire l'objet de processus cognitifs appliqués ultérieurement sur les structures ainsi mises en place. Les distinctions que nous venons de faire se retrouvent dans la littérature expérimentale sous diverses appellations (par exemple Just et Clark, 1973; Harris, 1974).

On a vu au chapitre VIII que la présupposition est une proposition dont le locuteur suppose qu'elle est acceptée par son interlocuteur préalablement à l'énoncé qu'il lui adresse. Ainsi, si je dis à quelqu'un :
  Mon frère a acheté une voiture

je me comporte comme s'il lui était préalablement connu que j'ai un frère. Il se peut toutefois que je me trompe sur ce point, et que mon interlocuteur ignore que j'ai un frère. Dans ce cas, mon énoncé ne peut pas être intelligible pour lui, à moins que, se refusant à croire que je puisse lui adresser un énoncé inintelligible, il ne consente à construire, séance tenante, le chaînon manquant (une opération que Clark, 1975, a appelée *bridging*). L'énoncé sera alors traité comme une double assertion, dont le premier élément servira de présupposé au second :
  J'ai un frère
  Ce frère a acheté une voiture

On dit alors que la présupposition, au lieu d'être préalablement acceptée, a été *inférée* à partir de l'énoncé lui-même, étant une condition indispensable pour qu'une valeur de vérité puisse être attribuée à cet énoncé. Il s'agit, en somme, d'une faille dans le déroulement de la Given-New Comprehension Strategy décrite par Haviland et Clark (1974) : ne trouvant pas, dans les structures en mémoire, de donnée ancienne pouvant servir d'adresse à laquelle « accrocher » la donnée nouvelle, le sujet se met à construire de toutes pièces l'antécédent nécessaire, comblant ainsi une lacune dans la structure cognitive.

Diverses expériences ont montré que le sujet se livre à des processus d'inférence de ce type. Une recherche de Haviland et Clark (1974) peut en fournir une bonne illustration. On présente au sujet deux types de phrases :
  type 1 : On a donné à Ed un alligator pour son anniversaire
  L'alligator est son cadeau préféré

type 2: On a donné à Ed un tas de choses pour son anniversaire
L'alligator est son cadeau préféré

Dans les phrases de type 1, on précise d'abord qu'Ed a reçu un alligator, puis on dit que c'est son cadeau préféré; *alligator*, foyer assertif de la première phrase, sert de présupposé, donc d'adresse en mémoire où accrocher l'information contenue dans la deuxième. Dans les phrases de type 2, il n'en va pas ainsi; pour pouvoir intégrer les deux informations successives, une inférence doit être tirée:
Parmi ces nombreux cadeaux il y avait un alligator

Lorsque de telles séquences étaient présentées, une consigne demandait au sujet d'appuyer sur un bouton dès qu'il estimait avoir compris la seconde phrase. Il apparaît que les temps de compréhension sont de l'ordre de 835 msec pour le type 1 et de 1016 msec pour le type 2. L'opération d'inférence est donc attestée par le délai supplémentaire. Ajoutons, pour répondre à une possible objection, que la brièveté du premier temps ne paraît pas dû à la répétition du simple mot commun *alligator*. Dans le cas suivant:
Luc voulait un alligator pour son anniversaire
L'alligator fut son cadeau préféré

où *alligator* est repris, mais où une inférence s'impose néanmoins, le temps de compréhension se trouve allongé.

Les inférences dites *logiques* sont d'une tout autre nature. Que l'on examine les énoncés suivants:
Tous les chiens aboient, et les caniches sont des chiens
→ Les caniches aboient
Les chiens sont des mammifères, et les mammifères sont des vertébrés
→ Les chiens sont des vertébrés
La main est une partie du bras, et le bras est une partie du corps
→ La main est une partie du corps

Comme on le voit, il s'agit d'énoncés auxquels on applique certaines démarches autorisées par les lois de la logique de l'implication, et qui reposent sur la présence de certaines propriétés, comme, par exemple, la transitivité qui caractérise les relations d'inclusion ou d'appartenance. Sans être indispensables pour interpréter l'énoncé, elles viennent compléter l'ensemble des relations sémantiques que l'énoncé permet de construire.

Dans une expérience non encore publiée, Le Bouédec (communication personnelle) a fait entendre à des sujets des phrases du type suivant:
L'oiseau jaune est dans la cage à côté de la fenêtre en face de la porte

Dans la situation A, quatre phrases de ce type étaient présentées deux fois. Dans la situation B, les phrases étaient les mêmes, mais décomposées en propositions simples:
L'oiseau est dans la cage

La cage est à côté de la fenêtre
La fenêtre est en face de la porte
L'oiseau est jaune

les quatre éléments d'une même phrase complexe étant présentés à la suite les uns des autres. Dans la situation C, les 16 propositions simples (4 phrases complexes décomposées en 4 propositions) étaient mélangées au hasard. Après cela, le sujet recevait par écrit une série de 16 propositions, dont certaines figuraient explicitement dans le matériel entendu, dont d'autres constituaient des inférences, tantôt « simples », tantôt « complexes », et dont certaines enfin n'étaient ni explicites ni inférées; par exemple :

textuelle : L'oiseau est dans la cage
inférence simple : L'oiseau est à côté de la fenêtre
inférence complexe : L'oiseau est en face de la porte
fausse : L'oiseau est sur la chaise

Pour chaque proposition, le sujet devait décider si oui ou non elle était « reliée à une des histoires » lues précédemment, et indiquer son degré de confiance dans sa réponse sur une échelle à 5 points.

Si les réponses des sujets sont recodées au moyen de scores allant de − 5 (*certainement non*) à + 5 (*certainement oui*), on peut calculer un score moyen pour chaque type de proposition, dans les trois situations. Les résultats sont donnés au tableau XVI. On observe que, si le sujet n'éprouve guère de problèmes à reconnaître les phrases textuelles et à rejeter les phrases fausses (et spécialement dans la situation A), il n'en va pas de même en ce qui concerne les propositions inférées : les scores sont plus élevés pour les inférences simples que pour les inférences complexes, et plus élevés aussi en situation A qu'en situation B, et en situation B qu'en situation C. Il apparaît donc que des inférences de ce type ne se font pas toujours, et qu'il y a davantage de chances qu'elles se fassent lorsqu'elles sont moins « médiates », d'une part, et lorsque le discours présente une structure de surface mieux intégrée, d'autre part.

C'est un matériel du même genre qui a été utilisé par Ehrlich et Leluc (1978). On présentait aux sujets un texte suivi, d'une dizaine de lignes, traitant d'astronomie; il s'y trouvait quatre phrases-cibles :

Tableau XVI : Niveau de reconnaissance de phrases
(d'après Le Bouédec, commun. person.)

	Phrases textuelles	Inférences simples	Inférences complexes	Phrases fausses
Sit. A	4,95	3,79	2,06	- 4,85
Sit. B	4,49	0,14	- 1,23	- 4,24
Sit. C	4,56	- 1,17	- 2,27	- 4,34

Les novae sont des galaxies irrégulières
Les galaxies irrégulières sont des nébuleuses
Les nébuleuses sont des constellations
Les constellations sont des astérismes

Les sujets étaient ensuite testés quant à la véracité ou fausseté d'une série de propositions, représentant quatre «niveaux d'inférence»; par exemple:

N0 Les novae sont des galaxies irrégulières
N1 Les novae sont des nébuleuses
N2 Les novae sont des constellations
N3 Les novae sont des astérismes

Il y avait toutefois deux conditions de lecture du texte. On demandait au sujet de le lire de manière telle à pouvoir vérifier une proposition qui se trouvait en haut de la page (et qui avait été choisie pour qu'il soit obligé de lire le texte en entier). Dans le groupe A, cette proposition était de niveau N0:

Les constellations sont des astérismes

Dans le groupe B, il s'agissait d'une proposition de niveau N2:

Les galaxies sont des astérismes

On visait par là à induire chez les sujets deux façons de lire, selon que la proposition à vérifier se trouvait ou non explicitement dans le texte.

Effectivement, les temps de lecture furent différents: le temps médian fut de 55 secondes dans le groupe A, et de 76 secondes dans le groupe B, ce qui suggère que le groupe B s'est livré à une activité inférentielle plus importante durant la lecture. Quant aux résultats de l'épreuve portant sur la véracité des phrases (fig. 37), on observe,

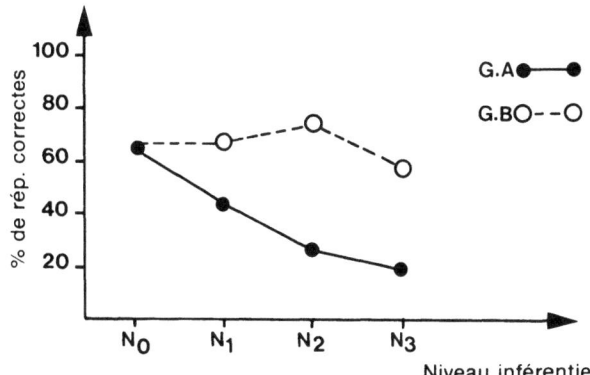

Figure 37. Pourcentages de réponses correctes dans une épreuve portant sur la véracité de phrases explicites (N0) ou inférées (N1, N2, N3), dans deux conditions de lecture (d'après Ehrlich et Leluc, 1978).

dans le groupe A, que le score est d'autant plus bas que l'inférence est plus complexe; mais il n'en va pas de même dans le groupe B, où les inférences ne sont pas moins bien évaluées que les phrases textuelles. Il semble donc que les inférences de type logique ne soient pas indispensables pour une compréhension « littérale » du texte, et que leur abondance soit fonction d'un certain nombre de variables. Mais cela suggère, par la même occasion, que le terme *compréhension* est ambigu, et qu'il peut y avoir de multiples *niveaux* de compréhension (Craik et Tulving, 1975); notamment, une compréhension « littérale » demanderait que les propositions explicites soient identifiées et reliées en un ensemble cohérent, ce qui peut exiger des inférences présuppositionnelles; une compréhension plus approfondie demanderait des inférences supplémentaires, logiques et pragmatiques, qui exploiteraient davantage les implications de ce qui est dit et lieraient encore davantage les propositions du discours entre elles et par rapport aux structures antérieures dans lesquelles elles viennent s'insérer.

Pour illustrer ce qu'il faut entendre par inférences *pragmatiques*, enfin, considérons les exemples suivants:

La dent a été plombée sans douleur
→ La dent a été plombée *par le dentiste*
Le satyre a tué à nouveau
→ Le satyre a tué *une femme*
Oscar peint tous les dimanches
→ Oscar peint *des tableaux*
John a enfoncé un clou
→ John a utilisé *un marteau*
Le maître d'hôtel posa le couvert devant le client
→ Le maître d'hôtel posa le couvert *sur la table*

Si l'on considère le verbe de chacune de ces propositions, on observe que son « cadre casuel » (c'est-à-dire l'ensemble des cas dont il est normalement accompagné) n'est pas complet, puisque nous avons:

PLOMBER	[— A O],	avec A indéterminé
TUER	[— A D],	avec D indéterminé
PEINDRE	[— A R],	avec R indéterminé
ENFONCER	[— A O I],	avec I indéterminé
POSER	[— A O L],	avec L indéterminé

La structure profonde offre ainsi des « positions casuelles » qui ne figurent pas dans l'énoncé de surface, et que le sujet sera tenté de remplir, compte tenu de la structure générale de ses connaissances. Formellement, ce sont là des inférences pragmatiques, en ce sens qu'elles ne sont autre chose que des hypothèses plus ou moins plausibles; mais le sujet n'en aperçoit pas nécessairement le caractère incertain, et on peut concevoir qu'il les traite alors exactement comme il traiterait les inférences logiques.

Bien entendu, de telles inférences ne portent pas seulement sur des

éléments qui font défaut à l'intérieur d'une proposition; il est fréquent qu'une proposition donne lieu à une ou plusieurs autres propositions, comme c'est le cas ci-dessous :
John a giflé Dorothée
→ John était fâché avec Dorothée
Anne laissa tomber la coupe de cristal
→ La coupe se brisa
Bernadette jeta la photo dans l'âtre
→ La photo brûla

Il s'agit ici d'inférences portant sur les causes ou les conséquences présumées d'un événement, et l'on pourra aisément en imaginer qui concerneraient les conditions, les buts, les circonstances de temps et de lieu. Ceci est possible pour autant que la structure sémantique correspondant à l'énoncé s'insère dans un cadre préalable plus large, ainsi que l'ont par ailleurs montré divers modèles élaborés en matière d'intelligence artificielle (Winograd, 1971; Minsky, 1975).

Moins encore que pour les inférences logiques, il n'est pas certain que les inférences pragmatiques soient réalisées au moment de la réception du discours, et on a même quelques données qui suggèrent qu'elles se font, au moins en partie, au moment du rappel ou de la reconnaissance (Singer, 1976, 1979). Ainsi, dans une des expériences de Singer (1979), les sujets voyaient apparaître sur un écran, pour un temps fixe de 2,5 secondes, une phrase comme nous en avons citées plus haut, dans laquelle soit l'Agentif, soit l'Objectif, soit encore l'Instrumental étaient tantôt explicites, tantôt implicites. Ils recevaient, immédiatement après, une phrase-test, et ils devaient signaler le plus rapidement possible si elle était vraie ou fausse, étant donné la phrase qu'ils venaient de lire. Quatre situations pouvaient se présenter, selon le canevas suivant (les exemples concernent l'Agentif) :

Textuel vrai : The dentist filled the tooth painlessly
A dentist filled the tooth
Textuel faux : The dentist filled the tooth painlessly
A principal filled the tooth
Inféré vrai : The tooth was filled painlessly
A dentist filled the tooth
Inféré faux : The tooth was filled painlessly
A principal filled the tooth

Les temps de latence sont repris au tableau XVII. Outre le fait qu'il faut plus de temps pour établir la fausseté d'une proposition que sa véracité, nous remarquons surtout que les inférées exigent un délai plus long que les phrases non inférées, non pas cette fois lors de la lecture (où le temps imparti est fixe), mais lors de la réponse au test. Cela suggère qu'une activité inférentielle a lieu à ce moment (sur les inférences pragmatiques, voir aussi Harris et Monaco, 1978; Thorndyke, 1976).

Tableau XVII: Temps requis pour évaluer la véracité de propositions textuelles ou inférées (en msec) (d'après Singer, 1979)

Cas	Vrai		Faux	
	Textuel	Inféré	Textuel	Inféré
Agentif	1948	2225	2433	2648
Objectif	1979	2147	2349	2606
Instrumental	1850	2130	2126	2187

La presque totalité des travaux sur les inférences portent sur des tâches de compréhension. Si nous nous tournons vers les processus de production du discours, la question est de savoir pourquoi le locuteur omet d'expliciter un certain nombre d'éléments sémantiques. Cela est fonction, assurément, de ce qu'il croit pouvoir attribuer à l'interlocuteur en fait de connaissances préalables; mais il semble bien que l'implicite reçoive, dans le discours, quelques autres fonctions. Comme le souligne Ducrot (1972), certaines choses ne sont pas bonnes à dire, mais on peut les faire comprendre à son interlocuteur en faisant confiance à ses activités inférentielles. C'est une façon élégante de décocher une rosserie et de manier l'ironie:

Untel est venu me voir; il a donc des ennuis
→ Il ne saurait venir que par intérêt

comme aussi de refuser une requête:

Ne me demande pas mon avis
→ Ma réponse te déplairait

Le maniement de l'inférence présuppositionnelle permet, en particulier, de piéger l'interlocuteur de belle façon, en lui faisant endosser une proposition qu'il réfuterait en d'autres circonstances. Comme on l'a vu au chapitre VIII, au lieu de se tromper de bonne foi sur les connaissances de son interlocuteur, le locuteur se comporte quelquefois comme si telle proposition pouvait être considérée comme présupposée, ce qui lui permet de la mettre à l'abri de la contestation. Par exemple, si je demande à la secrétaire de Monsieur Dupont:

Ne trouvez-vous pas que Dupont est un monsieur désagréable?

elle ne se risquera peut-être pas à abonder dans mon sens; mais si je lui demande:

A quelle heure serai-je reçu par ce désagréable Monsieur Dupont?

et si elle a l'imprudence de me répondre:

A six heures

je pourrai prétendre qu'elle a admis que son patron est un homme désagréable, puisqu'elle a accepté le dialogue sur cette base.

Les macro-structures du discours

Quand on examine le tableau XV, qui représente la base du texte de Raymond Queneau, il apparaît aisément que toutes les propositions qui y figurent n'ont pas la même importance; il suffit de considérer, à cet égard, que certaines propositions sont subordonnées par rapport à d'autres, de manière à former non moins de 9 niveaux différents. Ces inégalités de statut entre les propositions se traduisent, au moins en partie, dans les chances qu'elles ont d'être retenues par des sujets qui auraient à raconter à leur tour cette histoire, ou qui auraient à la résumer. Diverses expériences de Kintsch (1976) le confirment. Typiquement, on raconte une histoire à des sujets, et on leur demande ensuite de la raconter, eux aussi. Si l'on a procédé au préalable à la décomposition propositionnelle, il est facile de relever le pourcentage de fois que chaque proposition de la base a été rappelée. On observe alors (fig. 38) que la probabilité de rappel d'une

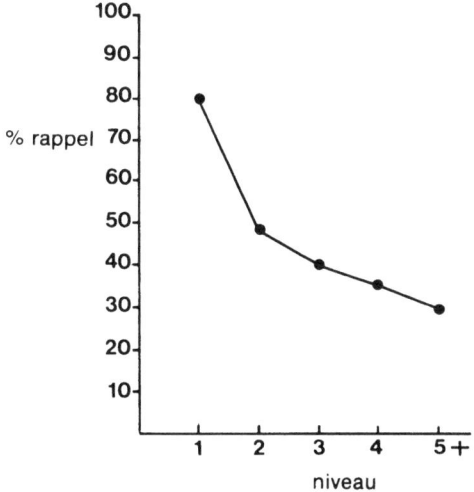

Figure 38. Pourcentages de rappel en fonction du niveau hiérarchique des propositions dans la micro-structure, d'après Kintsch. (Tiré de: The structure of human memory. Édité par N. Cofer, W.H. Freeman & Cy, © 1976.)

proposition est d'autant plus grande que cette proposition est plus élevée dans la hiérarchie. En outre, la probabilité de rappel d'une proposition est sensiblement plus élevée si le sujet a rappelé la proposition dont elle dépend hiérarchiquement (fig. 39), ce qui suggère que, non seulement le sujet stocke le récit sous une forme hiérarchique, mais qu'il parcourt cette hiérarchie de haut en bas lorsqu'il tente

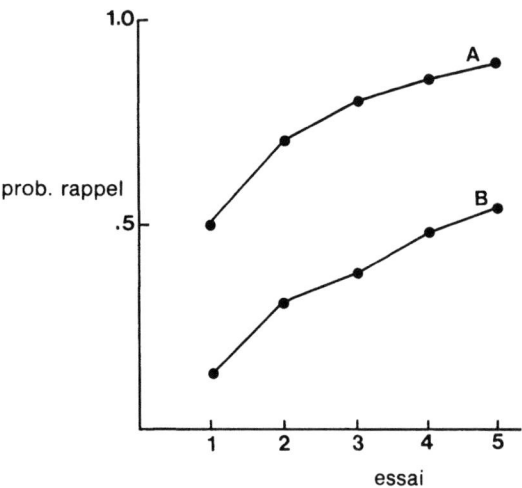

Figure 39. En A, probability de rappel d'une proposition si la proposition hiérarchiquement supérieure est rappelée; en B, probabilité de rappel dans le cas contraire; d'après Kintsch. (Tiré de : The structure of human memory. Edité par N. Cofer, W.H. Freeman & Cy, © 1976.)

de le reproduire (à noter que la subordination d'une proposition par rapport à une autre est fixée ici par des règles un peu différentes de celles que nous avons décrites au chapitre X; en particulier, une proposition qui reprend un argument d'une autre proposition lui est d'office subordonnée, ce qui rend l'organisation de la base sémantique dépendante de la linéarisation particulière présentée par le texte de surface).

Dans ces conditions, s'il se trouve qu'un texte doit être résumé, on sera tenté de croire que la manière la plus appropriée de le faire sera d'omettre les propositions au-delà d'un certain rang de subordination. C'est là probablement un point de vue un peu simpliste. Il y a en effet des propositions qui en incluent d'autres, en tant que prédicat ou en tant qu'arguments, et il n'est alors pas possible d'éliminer les subordonnées sans rendre la principale inintelligible. Si, dans le tableau XV, nous prenons la proposition p1, qui est la plus élevée dans la hiérarchie, nous observons qu'elle a pour arguments les propositions p2 et p12; mais celles-ci nous renvoient à leur tour à d'autres propositions, et ainsi de suite. Si nous suivons strictement cette filière, nous obtenons une version condensée qui figure au tableau XVIII. La base se trouve ramenée de 40 à 19 propositions, mais elles continuent de se répartir sur 7 niveaux hiérarchiques différents (au lieu de 9); on notera aussi que sept connecteurs sur huit ont été conservés, ainsi que les trois propositions inférées. Voici une des paraphrases que l'on peut obtenir en formulant verbalement le ré-

Tableau XVIII: Version abrégée de la base de texte représentée au tableau XV

p1	(accompli) VOIR (D narrateur, L p2, 0 p12)	
p2	DANS (voir, L autobus)	
p12	ET (p13, p20)	
p13	ET (p14, p16)	
p14	LONG (L cou, D X)	
p16	COIFFER (D X, I feutre)	
p20	PUIS (p21, p32)	
p21	PUIS (p22, p31)	
p22	DIRE (A X, D Y, O p25)	
p25	ECRASER (A Y, D X, L pieds)	
p31	DISCUTER (A X, A Y)	
p32	ET (p33, p35)	
p33	ARRETER (A X, 0 discuter)	
p35	PUIS (p36, p39)	
p36	PUIS (p37, p38)	
p37	OCCUPE (siège)	
p38	LIBRE (siège)	
p39	S'ASSEOIR (A X, L siège)	

sumé ainsi obtenu (on peut la comparer avec la version « Télégraphique » de R. Queneau, p. 95):

« Un jour, dans un autobus, j'aperçus un personnage au long cou et qui portait un feutre. Il dit à un autre qu'il lui marchait sur les pieds. Puis il abandonna la discussion et s'assit à une place devenue libre. »

Notons qu'on ne peut exclure, ce faisant, que certains éléments *sémantiques* éliminés de la sorte n'aient, sur le plan *pragmatique*, une importance considérable; par exemple, si l'individu n'avait eu un galon tressé au lieu de ruban autour de son feutre, toute la scène aurait pu échapper à l'attention du narrateur. Bien entendu, de telles variables ne doivent pas jouer dans l'analyse de la structure profonde de l'énoncé; il serait néanmoins intéressant de voir dans quelle mesure elles peuvent être prises en compte à la faveur d'une « analyse de contenu », au sens classique du terme, mais c'est là un domaine dans lequel nous n'entrerons pas ici (voir, pour une synthèse, l'ouvrage de Bardin, 1977).

Le simple fait de réduire la liste des propositions échoue cependant à faire apparaître ce que Kintsch et Van Dijk (1976) ont appelé la *macro-structure* du texte. On trouve, dans les Exercices de Style, une page intitulée « Analyse logique » (p. 40), et qui se présente comme suit (© Ed. Gallimard):

« Autobus.
Plate-forme.
Plate-forme d'autobus. C'est le lieu.
Midi.
Environ.

Environ midi. C'est le temps.
Voyageurs.
Querelle.
Une querelle de voyageurs. C'est l'action.
Homme jeune.
Chapeau. Long cou maigre.
Un jeune homme avec un chapeau et un galon tressé autour. C'est le personnage principal.
Quidam.
Un quidam.
Un quidam. C'est le personnage second.
Moi.
Moi.
Moi. C'est le tiers personnage. Narrateur.
Mots.
Mots.
Mots. C'est ce qui fut dit.
Place libre.
Place occupée.
Une place libre ensuite occupée. C'est le résultat. »

C'est en ces termes que Queneau ironise à propos d'une démarche dont on s'apercevra bientôt qu'elle est celle qui mène à la macrostructure.

L'idée qui est à la base des travaux récents sur les macro-structures (Kintsch, 1974; Rumelhart, 1975; Abelson, 1975; Minsky, 1975; Bower, 1976) est que, pour comprendre et retenir un texte ou un discours, comme aussi pour le produire, il nous est nécessaire de recourir à une sorte de *schème* abstrait, c'est-à-dire à un ensemble de principes organisateurs qui seraient communs à tout discours du même type. Par exemple, un *Récit* comporte, en principe, un Cadre, un Problème, une Intrigue et une Résolution. Le Cadre décrit les Protagonistes de l'histoire, ainsi que les conditions de Lieu et de Temps. Le Problème définit l'Objectif général, qui rend compte de ce que les événements qui sont rapportés forment ensemble une seule histoire et non pas une série d'histoires distinctes; cet Objectif surgit généralement à la suite de quelque Evénement. L'Intrigue est une succession d'Episodes, dont chacun se compose d'un Objectif secondaire, de certaines Actions tendant vers cet Objectif, et de leur Résultat. On aboutit ainsi à une sorte de *grammaire du récit*, qui peut prendre la forme d'un ensemble de règles de réécriture, c'est-à-dire une forme générative. Voici quelques-unes parmi les règles possibles, telles qu'en proposa notamment Bower (1976) à la suite des travaux de Thorndyke (comme en grammaire générative, les éléments entre parenthèses sont facultatifs, tandis que les accolades indiquent des alternatives) :

(1) Récit → Cadre + Problème + Intrigue + Résolution
(2) Cadre → Protagoniste(s) + Lieu + Temps
(3) Problème → (Evénements) + Objectif

(4) Intrigue → Episode(s)
(5) Episode → Objectif secondaire + Action(s) + Résultat
(6) Action → { Evénement(s)
              Episode(s)
(7) Résultat → { Evénement(s)
               Etat
(8) Résolution → { Evénement
                 Etat

On observera que certaines de ces règles sont des règles récursives, c'est-à-dire qu'elles peuvent être réappliquées à leur propre produit; par exemple, les règles 5 et 6, prises ensemble, décrivent un Episode comme composé, notamment, d'une ou plusieurs Actions, qui peuvent être elles-mêmes composées d'un ou plusieurs Episodes. Ceci permet à la grammaire de générer, théoriquement, un nombre infini de variantes pour un même schème.

S'il en est ainsi, un schème se présente comme une structure hiérarchique, à la manière d'un indicateur syntagmatique. Pour en donner une illustration, voici un récit fréquemment utilisé par Bower et par Thorndyke dans leurs expériences; il est intitulé « Circle Island » :

(1) Circle Island is located in the middle of the Atlantic Ocean, (2) north of Ronald Island. (3) The main occupations on the island are farming and ranching. (4) Circle Island has good soil, (5) but few rivers and (6) hence a shortage of water. (7) The island is run democratically. (8) All issues are decided by a majority vote of the islanders. (9) The governing body is a senate, (10) whose job is to carry out the will of the majority. (11) Recently, an island scientist discovered a cheap method (12) of converting salt water into fresh water. (13) As a result, the island farmers wanted (14) to build a canal across the island, (15) so that they could use water from the canal (16) to cultivate the island's central region. (17) Therefore, the farmers formed a pro-canal association (18) and persuaded a few senators (19) to join. (20) The pro-canal association brought the construction idea to a vote. (21) All the islanders voted. (22) The majority voted in favour of construction. (23) The senate, however, decided that (24) the farmers' proposed canal was ecologically unsound. (25) The senators agreed (26) to build a smaller canal (27) that was 2 feet wide and 1 foot deep. (28) After starting construction on the smaller canal, (29) the islanders discovered that (30) no water would flow into it. (31) Thus the project was abandoned. (32) The farmers were angry (33) because of the failure of the canal project. (34) Civil War appeared inevitable.

La figure 40, reprise de Bower (1976), représente le schème, dans lequel les propositions de ce récit peuvent être insérées. On observera que le schème lui-même forme une hiérarchie de sept niveaux, mais que les trois niveaux supérieurs sont trop abstraits pour correspondre à des propositions déterminées appartenant au texte; ces dernières se répartissent, en fait, dans les quatre niveaux inférieurs.

En fait, s'ils ne contiennent guère de propositions textuelles, les niveaux supérieurs du schème correspondent à des propositions *qui en sont inférées et qui les résument*. Contrairement à ce que nous

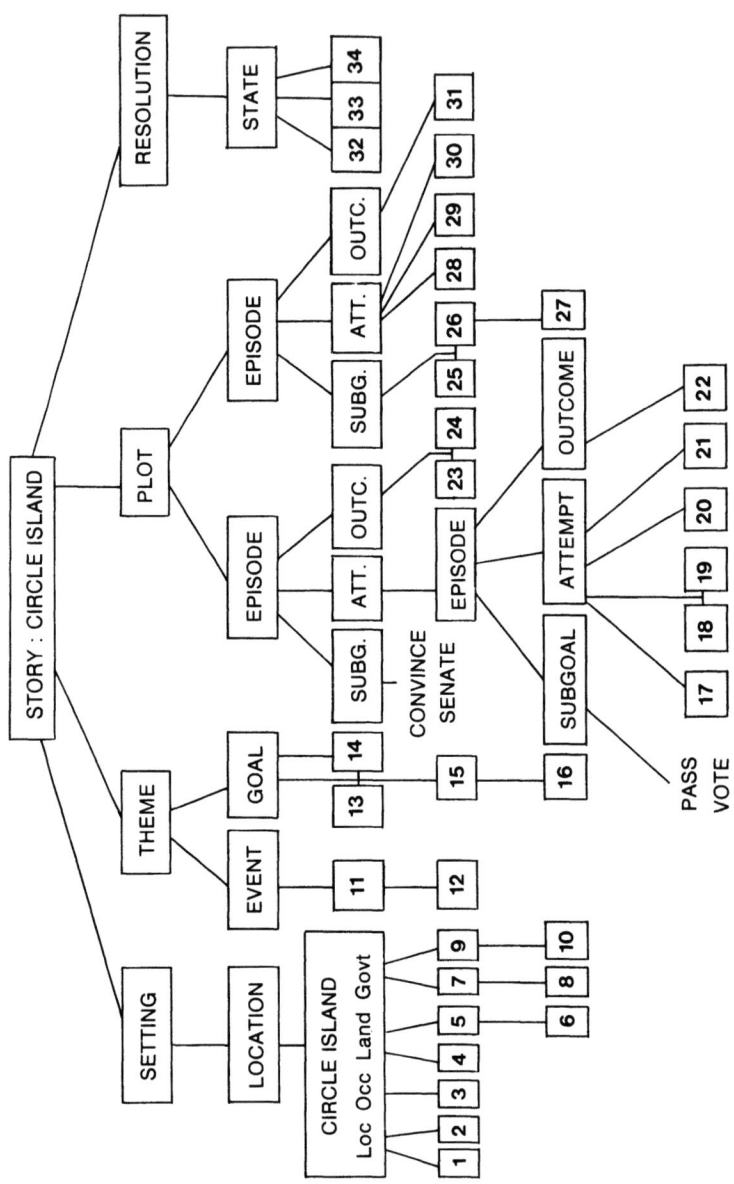

Figure 40. Structure hiérarchique assignée par la grammaire aux propositions du récit « Circle Island » (les nombres renvoient aux propositions du texte) (d'après Bower, 1976).

avions fait au départ (tableau XVIII), quand il s'agit de dégager une macro-structure, il s'agit moins de faire un *tri* parmi les propositions de la base que d'en faire une *synthèse*. Les règles qui permettent de le faire ne sont que très imparfaitement connues. En voici cependant quelques-unes, suggérées en partie par Kintsch et Van Dijk (1976):

Règle 1. Omettre les propositions qui ne seront pas nécessaires à la cohérence sémantique, parce qu'elles ne devront pas servir de présuppositions à d'autres propositions; par exemple:
Denis jouait avec une balle bleue et brisa la vitre
→Denis jouait avec une balle et brisa la vitre

Règle 2. Omettre les propositions inférables. Rendre certaines propositions inférables en transférant dans d'autres propositions ceux de leurs éléments qui ne le seraient pas:
Denis jouait avec une balle et brisa la vitre
→ Denis brisa la vitre avec une balle

Règle 3. Généraliser les prédicats ayant les mêmes arguments, c'est-à-dire les remplacer par un concept surordonnant dont les attributs correspondent à l'intersection de leurs attributs respectifs; faire de même pour des arguments que l'on retrouve dans des propositions par ailleurs identiques:
Philippe a la grippe et il a de la fièvre
→ Philippe est malade
Isabelle a reçu une poupée et une balle
→ Isabelle a reçu des jouets
Un voisin a entendu du bruit et un passant a entrevu de la lumière
→ Des témoins ont perçu divers indices

Règle 4. Si une série de prédicats décrivent une séquence d'actions, les remplacer par un prédicat qui décrit l'activité dans sa globalité; généraliser, le cas échéant, les arguments:
René a maçonné des murs, posé un toit, ...
→ Réné a construit une maison

Comme on le voit, l'ensemble de ces règles satisfait au principe de l'implication: dégager une macro-structure, c'est encore une manière de faire des inférences. Les propositions nouvelles qui en résultent seront, en principe, moins nombreuses que les propositions de la base, mais surtout, elles seront différentes. Cette séquence de propositions nouvelles pourra, à son tour, faire l'objet d'une nouvelle synthèse, et ainsi de suite jusqu'à ce que la base se trouve résumée en une seule proposition qui en serait en quelque sorte le meilleur intitulé. C'est la raison pour laquelle la macro-structure se présente sous la forme d'un arbre.

Depuis quelques années, divers auteurs ont rapporté des expériences visant à montrer que les macro-structures correspondent bien à des schèmes cognitifs que les sujets utilisent dans la compréhension et le rappel de textes, et spécialement de récits. Thorndyke et Bower

(Bower, 1976) ont fait lire le récit « Circle Island », en avertissant les sujets qu'ils auraient à le rappeler, autant que possible textuellement, une minute après la fin de la lecture. L'hypothèse était que les propositions auraient d'autant plus de chances d'être rappelées qu'elles appartiennent à un niveau hiérarchique plus élevé de la macrostructure. On utilisait cinq versions différentes du même texte. La première (*story*) se composait du récit tel qu'il figure plus haut. Dans la deuxième (*after-theme*), on a déplacé les propositions énonçant le Problème (l'Objectif général, qui était essentiellement de construire un canal), pour les rejeter à la fin du texte; par hypothèse, il manque ainsi l'élément qui confère au texte son unité, et le rappel devrait être moins satisfaisant. Dans une troisième version (*no-theme*), ce passage traitant de l'Objectif général était tout bonnement supprimé. Une quatrième version (*description*), tout en laissant les propositions dans l'ordre, supprimait les relations causales et temporelles entre les événements. Enfin, dans une cinquième version (*random passages*), les propositions étaient mélangées de manière à former une suite aléatoire.

La figure 41 donne les résultats de cette expérience. On observe que le rappel se dégrade progressivement si l'on passe de la première à la cinquième version, ce qui suggère que le sujet doit pouvoir intégrer les propositions dans un schème qui en assure l'articulation gé-

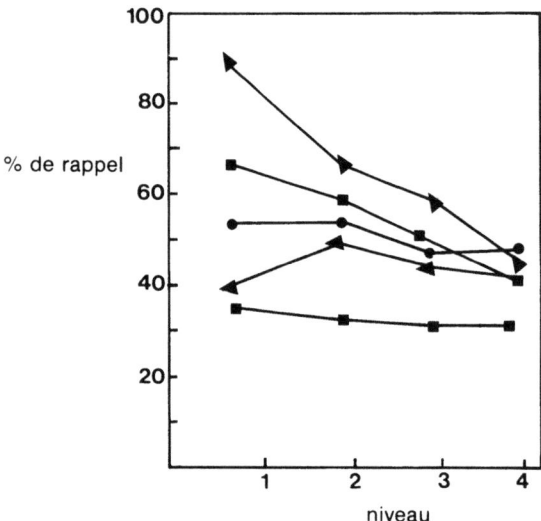

Figure 41. Pourcentages de rappel pour les propositions du récit « Circle Island », en fonction de leur niveau hiérarchique; il y a cinq versions du même texte, qui, pour le niveau 1, se suivent ainsi (de haut en bas): story, after-theme, no-theme, description, random passages (d'après Bower, 1976).

nérale. Par ailleurs, on observe une relation entre l'efficacité du rappel d'une proposition et son niveau hiérarchique, mais seulement pour les deux premières versions, c'est-à-dire pour autant qu'un schème hiérarchique ait pu être dégagé.

Une autre manière de tester la validité de la notion de macro-structure en tant qu'instrument cognitif consiste à demander aux sujets de *résumer* une histoire, plutôt que de la reproduire. On doit alors s'attendre à ce que ce soient les propositions hiérarchiquement les plus importantes qui soient sauvegardées. Pour «Circle Island», Thorndyke obtint les résultats de la figure 42. Après l'avoir lue, les sujets devaient d'abord rappeler l'histoire en entier aussi exactement que possible, puis en écrire un résumé. La probabilité qu'une proposition figure dans le résumé, pourvu qu'elle ait été reprise lors du rappel, est, en effet, fonction de son niveau hiérarchique, et cela d'une manière importante.

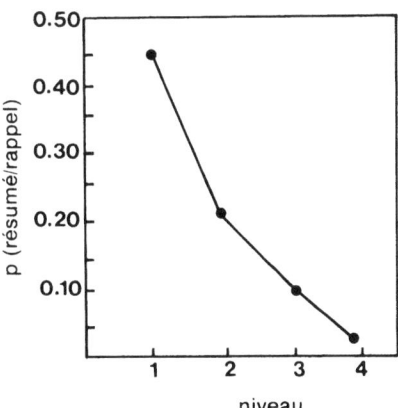

Figure 42. Probabilité qu'une proposition soit reprise dans un résumé, pourvu qu'elle ait été donnée dans le rappel, en fonction de son niveau hiérarchique (d'après Bower, 1976).

De telles observations laissent entrevoir pourquoi l'intelligibilité d'un texte se trouve améliorée par la présence de ce que Ausubel (1963) a appelé des *advance organizers*, c'est-à-dire des items organisateurs préalables, sortes de points d'ancrage conceptuels susceptibles de favoriser l'identification d'une macro-structure (Ehrlich, 1978). Le titre donné à un récit peut, à lui seul, jouer un tel rôle, mais il en va de même, a fortiori, pour des questions qui seraient posées au lecteur à tel et tel endroit (Anderson et Biddle, 1975), ou des problèmes que le texte serait censé aider à résoudre (Frederiksen, 1972).

Il est vraisemblable que la grammaire du récit ne puisse pas être appliquée à d'autres types de discours, tels qu'un rapport scientifique, une description (voir les expériences de Linde et Labov, 1975, sur la description topographique d'un site), ou encore une conversation, où il y a lieu d'envisager des règles pour ouvrir ou terminer une conversation, des règles gouvernant l'alternance des rôles, etc. (Sachs, Schlegloff et Jefferson, 1974). Mais même en ce qui concerne le récit, outre que certains travaux n'ont pas confirmé ceux que l'on vient de passer en revue (Monaco et Harris, 1978), il n'est pas certain qu'il n'en faille distinguer diverses formes. Le « schème du récit » ne serait, au mieux, qu'une forme prototypique, dont se rapprochent ou s'écartent plus ou moins les récits dont nous prenons effectivement connaissance. Il y a lieu de tenir compte, ici, de variables sociales et culturelles. Kintsch et van Dijk (1976) ont demandé à des sujets de culture occidentale de résumer des contes du Décaméron de Boccace, d'une part, et des contes populaires indiens (apaches), d'autre part : comme on l'avait prévu, l'accord entre les sujets fut meilleur pour les contes de Boccace, qui répondent mieux à la structure classique du récit en Occident.

Parmi les diverses questions que nous avons soulevées à propos du discours, il en est peu qui ne se posent déjà, à une moindre échelle, au niveau de la phrase. Il semble, toutefois, que la macro-structure doive être considérée comme une propriété qui appartienne spécifiquement au discours. Il paraît donc particulièrement important d'étudier le rôle qu'elle tient, non seulement dans la compréhension et la mémorisation de récits et d'autres formes de textes, mais aussi dans leur genèse.

La psychologie du langage
aujourd'hui et demain

Nous avons, dans cet ouvrage, tenté de brosser un tableau de ce qui, pour les psychologues concernés par les processus généraux qui gouvernent la production et la compréhension de l'énoncé, constitue en quelque sorte l'univers des connaissances qu'ils partagent et qui leur sert de cadre; ce tableau a, bien entendu, été brossé à grands traits, de manière à présenter au moins les concepts les plus fondamentaux et les données empiriques les plus caractéristiques.

Nous espérons donc que le lecteur, supposé profane au départ, aura pu se frayer un chemin dans cette forêt de questions et d'hypothèses, d'expériences et de théories. Le dialogue devrait lui être devenu possible avec le spécialiste, et la littérature en cette matière devrait lui être désormais ouverte. Les processus mentaux impliqués dans la production et l'interprétation des énoncés verbaux méritent bien quelque attention de la part du psychologue, de l'enseignant, de l'audiophonologiste, ou du neurologue. Même s'il n'a pas été traité ici de l'acquisition du langage, ni de sa pathologie, les connaissances que nous pouvons réunir à propos des processus mentaux impliqués dans le langage sont assurément de la plus haute importance si l'on veut établir les fondements d'une pratique éducative ou thérapeutique efficace.

A cet égard, — et cela nous paraît être le second volet de l'entreprise, nous avons tenté de faire le point, dans l'espoir de dégager, au travers de propositions et contre-propositions dont le caractère incertain et transitoire n'aura pas échappé au lecteur, quelques lignes de force susceptibles d'orienter les recherches à venir vers des questions correctement posées. C'est que les processus que l'on tente de comprendre en psychologie du langage ne sont pas précisément ce qu'il y a de plus simple. Aussi s'accordera-t-on facilement pour dire que nous n'en connaissons, en définitive, pas encore tellement de choses. Et pourtant, en parcourant les chapitres de cet ouvrage, et en tentant d'en intégrer les éléments les plus solides et les plus cohérents, on doit constater qu'un énorme travail a été accompli durant ces trente dernières années.

On aura observé que quelques tournants décisifs ont été pris, qui n'ont plus guère été remis en cause. Lors de sa renaissance au début des années cinquante, la psychologie du langage formulait encore volontiers ses hypothèses dans les termes d'une psychologie stimulus-réponse, traitant du langage comme d'une activité phonatoire, déclenchée dans des situations appropriées, en fonction de liaisons sensori-motrices antérieurement acquises. Cette façon de voir a été mise en cause dès avant la grammaire générative, encore que Chomsky et Miller y aient joué un rôle déterminant; elle a été mise en cause dès l'instant où les données expérimentales ont amené les chercheurs à faire appel à des entités verbales n'appartenant pas à la chaîne phonétique, tels que les syntagmes comme constituants de la phrase. Accorder un statut psychologique à des entités et à des processus qui ne sont pas des segments de l'activité phonatoire, c'était ouvrir la voie à l'étude des opérations cognitives impliquées dans le comportement verbal, et reconnaître que l'énoncé présente d'autres niveaux d'organisation, plus «profonds» que le niveau des contiguités de surface.

Un autre tournant décisif a été pris quand on a mis en question, devant l'abondance des données expérimentales, la nature syntaxique de la structure profonde : elle se présenterait, au contraire, comme un ensemble d'éléments sémantiques, engendré par des règles appartenant à la classe des règles de réécriture. Il en découle que la génération des structures proprement verbales, qu'elles soient syntaxiques ou lexicales, relève de processus de transformation et de dérivation. C'est là une façon de voir qui permet d'harmoniser dans une large mesure les conceptions que l'on peut avoir sur la génération et la compréhension du lexème, de la phrase et d'énoncés plus amples. Si, en effet, on s'accorde pour reconnaître qu'une forme syntaxique est une structure de surface, dont la structure profonde est constituée d'un ensemble d'éléments sémantiques, on observera qu'il n'en va pas autrement pour les unités lexicales; elles apparaissent, elles aussi, comme des unités de surface, et, étant décomposables en des ensembles de traits sémantiques, elles présentent une structure profonde dont la nature rejoint la structure profonde des formes syntaxiques.

Cette compatibilité fondamentale entre les vues les plus récentes en matière de lexique et de syntaxe nous paraît être un événement majeur de ces dernières années, et qui n'a pas été suffisamment mis en lumière; la convergence qui existe entre une description componentielle de l'item lexical et une conception sémantique de la structure profonde de la phrase (et du discours) paraît, en effet, avoir échappé aux spécialistes tant du lexique que de la syntaxe, tant il est vrai que cette double compétence est trop rarement réunie dans les mêmes personnes. Et pourtant, elle ne manque pas de nous apporter des lumières sur le statut psychologique des structures sémantiques que l'on postule ainsi de part et d'autre. Nous avons montré, en effet, que les attributs sémantiques du lexème correspondent, par définition, aux critères que le sujet utilise lorsqu'il sélectionne un item en délimitant pas à pas le champ lexical, au point que l'on pourrait soutenir, abolisant la dichotomie entre données et programmes trop légèrement empruntée à l'informatique, que les attributs sémantiques *sont* véritablement ces étapes elles-mêmes dont les opérations mentales sont composées. De même, et par analogie, on peut faire l'hypothèse que les éléments sémantiques qui forment la structure profonde de la phrase ne sont pas autre chose que les étapes des processus par lesquels une telle structure est élaborée. Les éléments de la structure auraient alors le statut d'opérations dans les processus de traitement d'information, c'est-à-dire, en dernière analyse, d'activités dont le cerveau est le siège.

Ceci, toutefois, ouvre de nouveaux problèmes. Si l'on avait une idée relativement précise de ce que pouvait être une structure profonde syntaxique dans la grammaire générative, la forme que revêtent les structures profondes sémantiques, et les processus par lesquels elles sont engendrées ou interprétées, ne nous sont connus que d'une manière très approximative; nous sommes tributaires, pour en savoir davantage, de progrès décisifs dans le domaine plus général de la psychologie cognitive, particulièrement en ce qui concerne le fonctionnement de la mémoire. D'autre part, nous connaissons encore moins bien les processus de transformation ou de dérivation par lesquels il est possible de passer de telles structures profondes sémantiques à des structures lexico-syntaxiques de surface, et inversement. Or, ce sont là, précisément, les processus les plus spécifiquement verbaux, les premiers étant davantage apparentés à des processus cognitifs également en jeu dans des activités non verbales.

Ainsi, si l'on a conscience qu'un grand chemin a été parcouru, et que des travaux fort remarquables ont été réalisés, on a, tout à la fois, l'impression de se trouver, encore et toujours, au seuil du voyage.

Références bibliographiques

ABELSON R.P., « Concepts for representing mundane reality in plans. » In : Bobrow D.G. & COLLINS A. (Eds). *Representation and understanding.* New York, Academic Press, 1975.
ALLPORT G.W. & PETTIGREW T.F., « Cultural influence on the perception of movement: the trapezoidal illusion among Zulu », *Journal of abnormal & social Psychology*, 1957, 55, 104-113.
ANDERSON J., *The grammar of case: towards a localistic theory.* Cambridge, Studies in Linguistics, 4, 1971.
ANDERSON J.R. & BOWER G.H., *Human associative memory.* Washington D.C., Winston, 1973.
ANDERSON R.C. & BIDDLE W.B. « On asking people questions about what they are reading ». In: Bower G. (Ed), *Psychology of learning and motivation*, Vol. 9, New York, Academic Press, 1975.
ANGLIN J.M. & MILLER G.A., « The role of phrase structure in the recall of meaningful verbal material », *Psychonomic Science*, 1968, 10, 343-344.
AUSTIN J.L., *How to do things with words*, Oxford, 1962. Trad. franç. : Quand dire c'est faire. Paris, Ed. Seuil, 1970.
AUSUBEL D.P., *The psychology of meaningful verbal learning.* New York, Grune & Stratton, 1963.
BACRI N., *Fonctionnement de la négation: étude psycholinguistique d'un problème d'énonciation.* La Haye, Mouton, 1976.
BARDIN L., *L'analyse du contenu.* Paris, Presses Universitaires de France, 1977.
BATES E., *Language and context: the acquisition of pragmatics.* New York, Academic Press, 1976.
BEARE A.C., « Color name as a function of wavelenght », *American Journal of Psychology*, 1963, 76, 248-256.
BEAUVOIS J.L. & GHIGLIONE R., « Recherche sur les attitudes paradigmatique et syntagmatique », *Journal de Psychologie normale et pathologique*, 1970, 171-184.
BEECKMANS R., « L'étude de la perception des voyelles par la méthode d'échelle multidimentionnelle "Indscal" », *Psychologica Belgica*, 1978, 18, 125-150.
BEGG I., « Recognition memory for sentence meaning and wording ». *Journal of verbal Learning and verbal Behavior*, 1971, 10, 176-181.

BENZÉCRI J.P., *L'analyse des données* (2 vol.), Paris, Dunod, 1973.
BERLIN K. & KAY P., *Basic color terms: their universality and evolution*. Berkeley, Univ. of California Press, 1969.
BEVER T.G., « Serial position and response biases do not account for the effect of syntactic structure on the location of brief noises during sentences », *Journal of psycholinguistic Research*, 1973, 2, 287-288.
BIBEAU G., *Introduction à la phonologie générative du français*, Coll. Studia Phonetica, vol. 9, Montréal, Québec, Marcel Didier Canada, 1975.
BLANK G., « Brauchbarkeit optischer Reaktionsmessungen », *Indust. Psychotechnik*, 1934, 11, 140-150.
BLUMENTHAL A.L., « Prompted recall of sentences », *Journal of verbal Larning and verbal Behavior*, 1967, 6, 203-206.
BLUMENTHAL A.L., *Language and psychology. Historical aspects of psycholinguistics*. New York, Wiley, 1970.
BOOMER D.S., « Hesitation and grammatical encoding », *Language and Speech*, 1965, 8, 148-158.
BOWER G.H., « A multicomponent theory of memory trace ». In: Spence K.W. and Spence J.T. (Eds), *The psychology of learning and motivation*, vol. I, New York, Academic Press, 1967.
BOWER G.H., « Organizational factors in memory », *Cognitive Psychology*, 1970, 1, 18-46.
BOWER G.H., « Experiments on story understanding and recall », *Quarterly Journal of experimental Psychology*, 1976, 28, 511-534.
BRANSFORD J.D. & FRANKS J.J., « The abstraction of linguistic ideas », *Cognitive Psychology*, 1971, 2, 331-350.
BRANSFORD J.D. & FRANKS J.J. « The abstraction of linguistic ideas: a review. » Cognition, 1972, 1, 211-249.
BREGMAN A. & STRASBERG R., « Memory for the syntactic form of sentences », *Journal of verbal Learning and verbal Behavior*, 1968, 7, 396-403.
BROADBENT D., *Decision and stress*. London, Academic Press, 1971.
BRONCKART J.P., *Théories du langage*, Bruxelles, Mardaga, 1977.
BROWN R. & BERKO J., « Word association and the acquisition of grammar. » *Child Development*, 1960, 31, 1-14.
BROWN R.W. & LENNEBERG E.H., « A study in language and cognition », *Journal of abnormal and social Psychology*, 1954, 49, 454-462.
BROWN R. & McNEILL D., « The "tip of the tongue phenomenon" », *Journal of verbal Learning and verbal Behavior*, 1966, 5, 325-337.
CAIRNS H.S. & CAIRNS E.C., *Psycholinguistics, a cognitive view of language*, New York, Holt, 1976.
CHOMSKY N., *Syntactic Structures*, La Haye, Mouton, 1956. Trad. franç.: Structures syntaxiques. Paris, Seuil, 1969.
CHOMSKY N., « Riview of B.h. Skinner's "Verbal Behavior" « Language », 1959, 35, 26-58. Trad. franç. in : n° 16, 16-49.
CHOMSKY N., *Aspects of the theory of syntax*, Cambridge, M.I.T. Press, 1965. Trad. franç.: Aspects de la théorie syntaxique. Paris, Ed. du Seuil, 1971.
CHOMSKY N., *Cartesian linguistics*, New York, Harper & Row, 1966. Trad. franç.: La linguistique cartésienne, Paris, Ed. du Seuil, 1969.
CHOMSKY N., « Deep structure, surface structure, and semantic interpretation. » In: Sternberg D.D. & Jacobovitz L.A. (Eds) *Semantics*, Cambridge (Mass.), Cambridge Univ. Press, 1971.
CHOMSKY N., *Studies on semantics in generative grammar*. La Haye, Mouton 1973. Trad. franç: Questions de sémantique. Paris, Ed. du Seuil, 1975.
CHOMSKY N. & al., *Théorie générative étendue*. Paris, Hermann, 1977.
CHOMSKY N. & HALLE M., *The sound pattern of English*. New York, Harper & Row, 1968. Trad. franç.: Principes de phonologie générative, Paris, Seuil, 1973.
CITTA M. & HUPET M., *Absolute judgment in speeded tasks: anchoring effects on speed-accuracy tradeoff functions*. Univ. Louvain, Pellenberg Rep. n° 73-1, 1973.
CLARK H.H., « Bridging ». In: Schank R. & Nash-Weber B. (Eds), *Theoretical issues in natural language processing*, Cambridge (Mass.), M.I.T., 1975.

CLARK H.H., «Responding to indirect speech acts», *Cognitive Psychology*, 1979, 11, 430-477.
CLARK H.H. & CHASE W.G., «On the process of comparing sentences against pictures», *Cognitive Psychology*, 1972, 3, 472-517.
CLARK H.H. & CHASE W.G., «Perceptual coding strategies in the formation and verification of descriptions», *Memory and Cognition*, 1974, 2, 101-111.
CLARK H.H. & CLARK E.V., *Psychology and language: an introduction to psycholinguistics*, New York, Harcourt Brace Javonovich, 1977.
CLIFTON C., KURCZ I. & JENKINS J.J., «Grammatical relations as determinants of sentence similarity», *Journal of verbal Learning and verbal Behavior*, 1965, 4, 112-117.
CLIFTON C. & ODOM P., «Similarity relations among certain English sentence constructions», *Psychological Monographs*, 1966, 80, tout le n° 613.
COIRIER P., «Analyse componentielle du champ sémantique des verbes de déplacement», *Psychologica Belgica*, 1980, 20, (sous presse).
COLLINS A.M. & QUILLIAN M.R., «Retrieval from semantic memory», *Journal of verbal Learning and verbal Behavior*, 1969, 8, 240-247.
COLLINS A.M. & LOFTUS E.F., «A spreading-activation theory of semantic processing», *Psychological Review*, 1975, 82, 407-428.
CONRAD C., «Cognitive economy in semantic memory», *Journal of experimental Psychology*, 1972, 92, 149-154.
CORDIER F. & LE NY J.F., «L'influence de la différence de composition sémantique de phrases sur le temps d'étude dans une situation de transfert sémantique», *Journal de psychologie normale et pathologique*, 1975, 33-50.
CORNISH E.R., «Pragmatic aspects of negation in sentence evaluation and completion tasks», *British Journal of Psychology*, 1971, 62, 505-511.
COSTERMANS J., «L'exploration de la sémantique subjective des lexèmes et son intérêt pour l'enseignement des langues; illustration par une recherche sur les déterminants du nom». In: Spoelders M. (Ed) *Pedagogische Psycholinguistiek*. Lab. Pedag. Univ. Gand, 1978, pp. 137-153.
COSTERMANS J. (Ed.) *Structures cognitives et organisation du langage*, Cahiers de l'Institut de Linguistique. Louvain, Peeters, 1978.
COSTERMANS J., «Quand la psycholinguistique redevient une psychologie du langage...». In: Costermans J. (Ed.) *Structures cognitives et organisation du langage*. Louvain, Peeters, 1978.
COSTERMANS J., «Les structures subjectives du lexique, leur genèse et leur évolution: quelques voies d'approche empiriques», *Le Langage et l'Homme*, 1979, n° 41, 3-16.
COSTERMANS J. & de la VALLEE POUSSIN C., «Les effets des liaisons associatives sur le temps de dénomination verbale», *Année psychologique*, 1977, 77, 15-28.
COSTERMANS J. & HUPET M., «The other side of Johnson-Laird's interpretation of the passive voice», *British Journal of Psychology*, 1977, 68, 107-111.
COSTERMANS J. & PIERART B., «L'organisation subjective des adverbes indiquant une position sur l'axe du temps», *Journal de Psychologie normale et pathologique*, 1978, 321-346.
CRAIK F.I.M. & LOCKHART R.S., «Levels of processing: a framework for memory research», *Journal of verbal Learning and verbal Behavior*, 1972, 11, 671-684.
CRAIK F.I.M. & TULVING E., «Depth of processing and the retention of words in episodic memory», *Journal of experimental Psychology: General*, 1975, 104, 268-294.
CRAMER P.H., *Word association*, New York, Academic Press, 1968.
de BOYSSON-BARDIES B., *Négation et performance linguistique*, La Haye, Mouton, 1976.
DEESE J., *The structure of associations in language and thought*, Baltimore, Johns Hopkins Press, 1965.
DEESE J., *Psycholinguistics*, Boston, Allyn & Bacon, 1971.
DENHIÈRE G., «Mémoire sémantique, conceptuelle ou lexicale?», *Langages*, 1975, n° 40, 41-73.

DENIS M., *Les images mentales*, Paris, Presses universitaires de Frances, 1979.
DODWELL P.C., *Visual pattern recognition*, New York, Holt, 1970.
DUBOIS D. & KEKENBOSCH C., «Statut psychologique des inférences dans la compréhension et la mémorisation du langage». In: Costermans J. (Ed.), *Structures cognitives et organisation du langage*. Louvain, Peeters, 1978, pp. 99-129.
DUBOIS J., *Grammaire structurale du français: le verbe*. Paris, Larousse, 1966.
DUBOIS J. & DUBOIS-CHARLIER F., «Principes et méthodes de l'analyse distributionnelle», *Langages*, 1970, 20, 3-13.
DUBOIS-CHARLIER F., «Les premiers articles de Fillmore», *Langages*, 1975, n° 38.
DUBOIS-CHARLIER F. & GALMICHE M., *La sémantique générative, Langages*, tout le n° 27, 1972.
DUCROT O., *Dire et ne pas dire*, Paris, Hermann, 1972.
DUCROT O., *Les mots du discours*, Paris, Editions de Minuit, 1980.
EDWARDS E., *Information transmission*. Londres, Chapman & Hall, 1964.
EHRLICH M.F., «Recherches récentes sur la mémoire de textes». In: Costermans J. (Ed.), *Structures cognitives et organisation du langage*. Louvain, Peeters, 1978, pp. 159-184.
EHRLICH M.F. & LELUC C., «Mémoire inférentielle et niveau de compréhension d'un texte.» *Psychologie française*, 1978, 23, 119-211.
EHRLICH S., «Sructures sémantiques circonstancielles et permanentes», *Bulletin de Psychologie, n° spécial «La mémoire sémantique»*, 1976, 34-45.
EHRLICH S., «Semantic memory: a free-elements system». In: Puff C.R. (Ed.), *Memory organization and structure*. New York, Academic Press, 1979.
EKMAN G., «Contributions to the psychophysics of color vision», *Studium Generale*, 1963, 16, 54-64.
EPSTEIN W., «The influence of syntactical structure on learning», *American Journal of Psychology*, 1961, 74, 80-85.
ERWIN S.M., «Changes with age in the verbal determinant of word association», *American Journal of Psychology*, 1961, 74, 361-372.
EVERITT B., *Cluster analysis*. Londres, Heinemann, 1974.
FANO R., *The transmission of information*. M.I.T. Res. Lab. Electron. Tech. Rep., 1949, 65; 1950, 149.
FILLENBAUM S. & RAPAPORT A., *Structures in the subjective lexicon*. New York, Academic Press, 1971.
FILLMORE C.J., «The case for case». In: Bach E. & Harms R.T. (Eds), *Universals in linguistic theory*. New York, Holt, 1968.
FODOR J.A., BEVER T.G. & GARRETT M.F., *The psychology of language: an introduction to psycholinguistics and to generative grammar*. New York, McGraw Hill, 1974.
FODOR J.A. & GARRETT M.F., «Some syntactic determinants of sentential complexity», *Perception and Psychophysics*, 1967, 2, 289-296. Trad. franç., in: Mehler J. & Noizet G. (Ed.), Textes pour une psycholinguistique. La Haye, Mouton, 1974.
FOOS P.W., SMITH K.H., SABOL M.A. & MY NATT B.T., «Constructive processes in simple linear-order problems», *Journal of experimental Psychology; Human Learning and Memory*, 1976, 2, 759-766.
FOSS D.J., «Decision processes during sentence comprehension: effects of lexical item difficulty and position upon decision time», *Journal of verbal Learning and verbal Behavior*, 1969, 8, 457-462.
FREDERIKSEN C.H., «Effects of task-induced cognitive operations on comprehension and memory processes». In: Carroll J.B. & Freedle R.O. (Eds), *Language comprehension and the acquisition of knowledge*. New York, Wiley, 1972.
FREGE G. «Über Sinn und Bedeutung», *Zeitschrift für Philosophie und philosophische Kritik*, 1892, 100, 25-50.
GARNER W.R., «An informational analysis of absolute judgments of loudness», *Journal of experimental Psychology*, 1953, 46, 373-380.
GARRETT M.F., BEVER T.G. & FODOR J.A., «The active use of grammar in speech perception», *Perception and Psychophysics*, 1966, 1, 30-32.

GLUCKSBERG S. & DANKS J.H., *Experimental Psycholinguistics. An introduction*. Hillsdale N.J., Lawrence Erlbaum, 1975.
GODIN P., «Aspects syntaxiques et sémantiques de la grammaire casuelle appliquée au français», *Cahiers de l'Institut de Linguistique de Louvain*, 1976, 3 (2-3), 116-164.
GOLDMAN-EISLER F., *Psycholinguistics; experiments on spontaneous speech*. New York, Academic Press, 1968.
GOUGENHEIM G., RIVENC R., MICHEA R. & SAUVAGEOT A., *L'élaboration du français fondamental*. Paris, Didier, 1964.
GOUGH P.B., «The verification of sentences: the effect of delay evidence and sentence length», *Journal of verbal Learning and verbal Behavior*, 1966, 5, 492-496. Trad. franç. in: Mehler J. & Noizet G. (Eds), Textes pour une psycholinguistique, La Haye, Mouton, 1974.
GOVAERTS G., «Perceptuele strukturen van synthetische en natuurlijke klinkers», *Psychologica Belgica*, 1978, 18, 27-67.
GRAESSER A. & MANDLER G., «Recognition memory for the meaning and surface structure of sentences», *Journal of experimental Psychology: Human Learning and Memory*, 1975, 104, 238-248.
GRANGER-LEGRAND S., «Why the passive?». In: Van Roey J. (Ed.), *Contrastive analysis series 1°*, 2, Louvain, Acco, 1976, 23-57.
GREENE J.M., «The semantic function of negatives and passives», *British Journal of Psychology*, 1970, 61, 17-22.
GREENFIELD P.M. & SMITH J., *The structure of communication in early language development*, New York, Academic Press, 1976.
GREIMAS A.J., *Sémantique structurale*. Paris, Larousse, 1966.
GUIRAUD P., *Problèmes et méthodes de la statistique linguistique*. Paris, Presses universitaires de France, 1960.
HANSON G., «A factorial investigation of speech sound perception», *Scandinavian Journal of Psychology*, 1963, 4, 123-128.
HARRIS R.J., «Memory and comprehension of implications and inferences of complex sentences», *Journal of verbal Learning and verbal Behavior*, 1974, 13, 626-637.
HARRIS R.J. & MONACO G.E., «The psychology of pragmatic implication: Information processing between the lines», *Journal of experimental Psychology: General*, 1978, 5, 1-22.
HAVILAND S.E. & CLARK H.H., «What's new? Acquiring new information as a process in comprehension», *Journal of verbal Learning and verbal Behavior*, 1974, 13, 512-521.
HENMON V.A.C., *A French word-book based on a count of 400,000 running words*. Madison, Univ. Wisconsin, 1924.
HERAULT D. & MOREAU R., «La linguistique quantitative», *Revue de l'enseignement supérieur*, 1967 (1-2), 113-127.
HICK W.E., «On the rate of gain of information», *Quarterly Journal of experimental Psychology*, 1952, 4, 11-26.
HOCKETT C.F., *A course in modern linguistics*. New York, Mc Millan, 1958.
HONECK R.P., «A study of paraphrases», *Journal of verbal Learning and verbal Behavior*, 1971, 10, 367-381.
HORNBY P.A., «Surface structure and presupposition», *Journal of verbal Learning and verbal Behavior*, 1974, 13, 530-538.
HUNT E.B., *Concept learning; an information processing problem*. New York, Wiley, 1972.
HUPET M., «Information analysis of voice behavior in producing acoustical signals», *Journal of the acoustical Society of America*, 1972, 51 1357-1359.
HUPET M., «Quelques aspects sémantiques des formes syntaxiques dans la compréhension de phrases», *Le Langage et l'Homme*, 1972, 19, 1-6.
HUPET M., Absolute judgment method in categorical response - production tasks», *Perceptual and motor Skills*, 1973, 37, 535-538.
HUPET M., «Psycholinguistique et grammaire: De la négation du sens au sens de la négation», *La Linguistique*, 1974, 1, 53-70.

HUPET M., « Note à propos de la rétention de phrases actives et passives ». In : Costermans J. (Ed.), *Structures cognitives et organisation du langage*. Louvain, Peeters, 1978, pp. 131-138.
HUPET M., « L'intégration sémantique. Problèmes théoriques et méthodologiques ». In : Costermans J. (Ed.), *Structures cognitives et organisation du langage*. Louvain, Peeters, 1978, pp. 199-221.
HUPET M. & CITTA M., « Practice effects on categorical production of vocal duration », *Journal of experimental Psychology*, 1973, 100, 319-326.
HUPET M., CITTA M. & COSTERMANS J., « Identification capacities of 3- to 9-year old normal children », *Perceptual and motor Skills*, 1976, 43, 759-762.
HUPET M. & COSTERMANS J., « Un passif, pour quoi faire? », *La linguistique*, 1976, 12, 3-26.
HUPET M. & LE BOUEDEC B., « Definiteness and voice in the interpretation of active and passive sentences », *Quarterly Journal of experimental Psychology*, 1975, 27, 323-330.
HUPET M. & LE BOUEDEC B., « The given-knew contract and the constructive aspect of memory for ideas », *Journal of verbal Learning and verbal Behavior*, 1977, 16, 69-75.
HUTCHINS W.J., *The generation of syntactic structures from a semantic base*. Amsterdam, North-Holland Publ. Cy., 1971.
HUTTENLOCHER J. & WEINER S.L., « Comprehension of instructions in varying contexts », *Cognitive Psychology*, 1971, 2, 369-385.
HYMAN R., « Stimulus information as a determinant of reaction time », *Journal of experimental Psychology*, 1953, 45, 188-196.
JACKENDOFF R.S., *Semantic interpretation in generative grammar*. Cambridge (Mass.), M.I.T. Press, 1972.
JAKOBSON R., *Fundamentals of language*. La Haye, Mouton, 1956.
JAKOBSON R., *Essais de linguistique générale*. Paris, Editions de Minuit, 1963.
JAKOBSON R., FANT G. & HALLE M., *Preliminaries to speech analysis*, Cambridge (Mass.), M.I.T. Press, 1957. Trad. franç., in : Jakobson R. Essais de linguistique générale. Paris, Editions de Minuit, 1963.
JAKUBOWICZ C., « Recherches récentes en psycholinguistique », *Année Psychologique*, 1970, 70, 247-293.
JENKINS J.J. & COFER C.N., « Associative indices as measures of word relatedness », *Journal of verbal Learning and verbal Behavior*, 1963, 1, 408-421.
JOHNSON N.F., « Linguistic models and functional units of language behavior ». In : Rosenberg S. (Ed.), *Directions in Psycholinguistics*. New York, McMillan, 1965.
JOHNSON S.C., « Hierarchical clustering schemes », *Psychometrika*, 1967, 32, 241-254.
JOHNSON-LAIRD P.N., « The passive paradox : a reply to Costermans and Hupet », *British Journal of Psychology*, 1977, 68, 113-116.
JUST M.A. & CLARK H.H., « Drawing inferences from the presuppositions and implications of affirmative and negative sentences », *Journal of verbal Learning and verbal Behavior*, 1973, 12, 21-31.
KATZ J.J., *Propositional structure and illocutionary force*. Hassocks, Harvester, 1977.
KATZ J.J. & FODOR J.J., « The structure of a semantic theory », *Language*, 1963, 39.
KATZ J.J. & POSTAL P.M., *An integrated theory of linguistic descriptions*. Cambridge (Mass.), M.I.T. Press, 1964.
KIMBALL J.P., « Seven principles of surface structure parsing in natural language », *Cognition*, 1973, 2, 15-47.
KINTSCH W., *The representation of meaning in memory*. Hillsdale N.J., Lawrence Erlbaum, 1974.
KINTSCH W., « Memory for prose ». In : Cofer C.N. (Ed.), *The structure of human memory*. San Francisco, Freeman, 1976.
KINTSCH W., « Bases conceptuelles et mémoire de texte », *Bulletin de Psychologie*, n° spécial « La mémoire sémantique », 1976, 327-334.

KINTSCH W. & VAN DIJK T.A., «Comment on se rappelle et on résume des histoires», *Langages*, n° 40, 1975, 98-116.
KLENBORT I. & ANISFELD M., «Markedness and perspective in the interpretation of the active and passive voice», *Quartely Journal of experimental Psychology*, 1974, 26, 186-195.
KOPLIN J.H. & DAVIS J., «Grammatical transformation and recognition memory of sentences», *Psychonomic Science*, 1966, 6, 257-258.
KRAMER E., «Psychologically oriented research: paralanguage». In: Markel N.N. (Ed.), *Psycholinguistics*, Homewood (Ill.), Dorsey, 1969, pp. 353-372.
KRUSKAL J.B., «Multidimensional scaling by optimizing goodness of fit to a nonmetric hypothesis», *Psychometrika*, 1964, 29, 1-27.
LADEFOGED P. & BROADBENT D.A., «Perception of sequence in auditory events», *Quarterly Journal of experimental Psychology*, 1960, 13, 162-170.
LAFON J.C., *Message et phonétique*, Paris, Presses universitaires de France, 1961.
LAKOFF G., «Instrumental adverbs and the concept of deep structure», *Foundations of Language*, 1968, 4, 4-29.
LAKOFF G., «On generative semantics». In: Sternberg D.D. & Jakobovitz L.A. (Eds). *Semantics*. Cambridge (Mass.), Cambridge Univ. Press, 1971.
LANE H., «The motor theory of speech perception: a critical review», *Psychological Review*, 1965, 72, 275-309.
LANE H., «Production et perception de la parole: rapports et différences». In: *Nouvelles perspectives en phonétique*. Bruxelles, Presses Universitaires, 1970.
LE NY J.F., *Le conditionnement*. Paris, Presses universitaires de France, 1969.
LE NY J.F., *La sémantique psychologique*. Paris, Presses universitaires de France, 1979.
LE NY J.F., DENHIÈRE G. & LE TAILLANTER D., «Study time of sentences as a function of their specificity and of semantic exploration», *Acta Psychologica*, 1973, 37, 43-53.
LEVELT W.J.M., «Hierarchical chunking in sentence processing», *Perception and Psychophysics*, 1970, 8, 99-103.
LEVINE M., *A cognitive theory of learning*. Hillsdale (N.J.), Erlbaum, 1975.
LINDE C. & LABOV W., «Spatial networks as a site for the study of language and thought», *Language*, 1975, 51, 924-939.
LOFTUS E., «Organisation et récupération de l'information sur les attributs et les noms», *Bulletin de Psychologie*, n° spécial «La mémoire sémantique», 1976, 69-75.
LOFTUS E.F. & SCHEFF R.W., «Categorization norms for 50 representative instances», *Journal of experimental Psychology*, 1971, 91, 355-364.
LYONS J., *Noam Chomsky*, New York, Viking Press, 1970. Trad. franç.: Chomsky. Paris, Seghers, 1970.
MACLAY H. & OSGOOD C.E., «Hesitation phenomena in spontaneous English speech», *Word*, 1959, 15, 19-44.
MANDELBROT B., «Structure formelle des textes et communication», *Word*, 1954, 10, 1-27.
MANDELBROT B., «Linguistique statistique macroscopique». In: Apostel L., Mandelbrot B. & Morf A. *Logique, langage et théorie de l'information*. Paris, Presses Universitaires de France, 1957.
MARKOFF A.A., «Essai d'une recherche statistique sur le texte du roman "Eugène Onegin"», *Bulletin de l'Académie impériale des Sciences*, St-Pétersbourg, VII, 1913.
MARSHALL J.C., «Behavioral concomitants of linguistic complexity», *M.R.C. Psycholinguistic Research Unit*, P.L.U., 1964, 64, 17.
MARTIN E., «Toward an analysis of subjective phrase structure», *Psychological Bulletin*, 1970, 74, 153-166.
MARTIN E. & ROBERTS K.H., «Grammatical factors in sentence retention». *Journal of verbal Learning and verbal Behavior*, 1966, 5, 211-218.
MARTINET A., *La linguistique synchronique*, Paris, Presses Universitaires de France, 1965.

MATTHEWS W.A., «Association and categorization effects on free recall», *Acta Psychologica*, 1973, 37, 65-77.
McCAWLEY J.D., «Lexical insertion in a transformational grammar without deep structure». In: Bailey C.J. & al. *Papers from the 4th regional meeting of Chicago Linguistic Society*. Dept. of Linguistics, Univ. of Chicago, 1968.
McCOY A.M.B.C., *A case grammar classification of Spanish verbs*, Ann Arbor, Univ. Michigan, 1969.
MEHLER J., «Some effects of grammatical transformations on the recall of English sentences», *Journal of verbal Learning and verbal Behavior*, 1963, 2, 346-351.
MEHLER J. & CAREY P., «Role of surface and base structure in the perception of sentences.» *Journal of verbal Learning and verbal Behavior*, 1967, 6, 335-338.
MEHLER J. & de BOYSSON-BARDIES B., «Psycholinguistique; messages et codage verbal. II. Etudes sur le rappel de phrases», *Année psychologique*, 1971, 71, 547-581.
MEHLER J. & NOIZET G. (Eds), *Textes pour une psycholinguistique*. La Haye, Mouton, 1974.
MERKEL J., «Die Zeitlichen Verhältnisse der Willenstätigkeit», *Philosophische Studien*, 1885, 2, 73-127.
MEYER D.E., «On the representation and retrieval of stored semantic information», *Cognitive Psychology*, 1970, 1, 242-299.
MILLER G.A., *Language and communication*. New York, McGraw Hill, 1951. Trad. franç.: Langage et communication. Paris, Presses Universitaires de France, 1956.
MILLER G.A., «The magical number seven, plus or minus two: some limits or our capacity for processing information», *Psychological Review*, 1956, 63, 81-97.
MILLER G.A., «Some psychological studies of grammar», *American Psychologist*, 1962, 17, 748-762. Trad. franç. in: Mehler J. & Noizet G. (Eds).
MILLER G.A., «Construction and selection in the mental representation of text», In: Costermans J. (Ed), *Structures cognitives et organisation du langage*. Louvain, Peeters, 1978, pp. 185-197.
MILLER G.A. «A psychological method to investigate verbal concepts», *Journal of mathematical Psychology*, 1969, 6, 169-191. Trad. franç. in: Mehler J. & Noizet G. (Eds), Textes pour une psycholinguistique. La Haye, Mouton, 1974.
MILLER G.A. & FRIEDMAN E.A., «The reconstruction of mutilated English texts», *Information and Control*, 1957, 1, 38-55.
MILLER G.A., GALANTER E. & PRIBRAM K.H., *Plans and the structure of behavior*. New York, Holt, 1960.
MILLER G.A. & JOHNSON-LAIRD P.N., *Language and perception*. Cambridge (Mass.), Harvard University Press, 1976.
MILLER G.A. & McKEAN K.A., «A chronometric study of some relations between sentences», *Quarterly Journal of experimental Psychology*, 1964, 16, 297-308.
MILLER M., *The logic of language development in early childhood*. Berlin, Springer-Verlag, 1979.
MINSKY M., «A framework for representing knowledge», In: Winston P.H. (Ed.), *The psychology of computer vision*. New York, McGraw Hill, 1975.
MONACO G.E. & HARRIS R.J., «The influence of narrative structure on memory», *Bulletin of the Psychonomic Society*, 1978, 11, 393-396.
MOWRER D.H., *Learning theory and the symbolic processes*. New York, Wiley, 1960.
MURPHY L.E., «Absolute judgments of duration», *Journal of experimental Psychology*, 1966, 71, 260-263.
NIQUE C., *Initiation méthodique à la grammaire générative*. Paris, Armand Colin, 1974.
NOIZET G. & PICHEVIN C., «Organisation paradigmatique et organisation syntagmatique du discours: une approche comparative», *Année psychologique*, 1966, 66, 91-110.
NORMAN D.A., *Memory and attention: an introduction to human information processing*. New York, Wiley, 1974.
OFFIR C.E., «Recognition memory for presupposition of relative clause sentences», *Journal of verbal Learning and verbal Behavior*, 1973, 12, 636-643.

OLDFIELD R.C. & WINGFIELD A., «The time it takes to name an object», *Nature*, 1964, 202, 1031-1032.
OLERON P., «Reconstitution de textes français ayant divers taux de mutilation», *Psychologie française*, 1960, 5, 161-174.
OLERON P., *Langage et développement mental*, Bruxelles, Dessart-Mardaga, 1972.
OSGOOD C.E., «From *Yang* and *Yin* to *and* or *but*, in cross cultural perspective». In: Costermans J. (Ed.), *Structures cognitives et organisation du langage*, Louvain, Peeters, 1978, pp. 81-97.
OSGOOD C.E. & SEBEOK T.A. (Eds), *Psycholinguistics. A survey of theory and research problems*. Baltimore, Waverley Press, 1954.
OSGOOD C.E., SUCI G.J. & TANNENBAUM P.H., *The measurement of meaning*. Urbana, Univ. of Illinois Press, 1957.
PAIVIO A., *Imagery and verbal processes*. New York, Holt, 1971.
PAIVIO A., YUILLE J.C. & MADIGAN S.A., «Concreteness, imagery, and meaningfulness for 925 nouns», *Journal of experimental Psychology, Monograph Suppl.* 76, n° 1, part 2, 1968, 1-25.
PERFETTI C.A. & GOODMAN, D., «Memory for sentences and noun phrases of extreme depth.», *Quarterly Journal of experimental Psychology*, 1971, 23, 22-23.
PETERS R., «Dimensions of perception for consonants», *Journal of the acoustical Society of America*, 1963, 35, 1985-1989.
PLAS R., SEGUI J. & KAIL M., «Reconnaissance de phrases appartenant à un texte: aspects formels et sémantiques». In: Oleron G. (Ed.), *Psychologie expérimentale et comparée. Hommage à Paul Fraisse*. Paris, Presses Universitaires de France, 1979.
POLLACK I., «The information of elementary auditory displays», *Journal of the acoustical Society of America*, 1952, 24, 745-749.
POLLACK I. & FICKS L., «Information of elementary multidimensional auditory displays», *Journal of the acoustical Society of America*, 1953, 26, 155-158.
POLLOCK S.L., *Decision tables: theory and practice*, New York, Wiley, 1971.
POSTAL P.M., «On the surface verb "Remind"», *Linguistic Inquiry*, 1970, 1, 37-120.
QUENEAU R., *Exercices de style*. Paris, Gallimard, 1947, nouvelle édition 1979.
QUILLIAN M.R., «Word concepts: a theory and simulation of some basic semantic capabilities», *Behavioral Science*, 1967, 12, 410-443. Trad. franç. in: Mehler J. & Noizet G. (Eds), Textes pour une psycholinguistique. La Haye, Mouton, 1974.
QUILLIAN M.R., «The teachable language comprehender», *Communication of the Association for Computer Machinery*, 1969, 12, 459-476.
REBER A.S. & ANDERSON J.R., «The perception of clicks in linguistic and non linguistic messages», *Perception and Psychophysics*, 1970, 8, 81-89.
RÉCANATI F., *La transparence et l'énonciation. Pour introduire à la pragmatique*. Paris, Seuil, 1979.
RICHELLE M., *Le conditionnement operant*, Neuchatel, Delachaux-Niestlé, 1966.
RICHELLE M., *L'acquisition du langage*, Bruxelles, Dessart-Mardaga, 1971.
RIPS L.J., SHOBEN E.J. & SMITH E.E., «Semantic distance and the verification of semantic relations», *Journal of verbal Learning and verbal Behavior*, 1973, 12, 1-20.
RONDAL J., *Langage et éducation*. Bruxelles, Mardaga, 1978.
ROSCH E., «Cognitive representations of semantic categories», *Journal of experimental Psychology: General*, 1975a, 104, 192-233.
ROSCH E., «Cognitive reference points», *Cognitive Psychology*, 1975b, 7, 532-547.
ROSCH E. & LLOYD B.B. (Eds), *Cognition and categorization*. Hillsdale, Erlbaum, 1978.
RUMELHART D.E., «Notes on a scheme for stories». In: Bobrow D. & Collins A., *Representation and understanding*, New York, Academic Press, 1975.
RUMELHART D.E., LINDSAY P.H. & NORMAN D.A., «A process model for long-term memory». In: Tulving E. & Donaldson W. (Eds). *Organization of memory*. New York, Academic Press, 1972.
RUWET N., *Introduction à la grammaire générative*. Paris, Plon, 1967.

SACHS H. SCHLEGLOFF E.A. & JEFFERSON G., «A simplest systematics for the organization of turntaking for conversation», *Language*, 1974, 50, 696-735.
SACHS J.S., «Recognition memory for syntactic and semantic aspects of connected discourse», *Perception and Psychophysics*, 1967, 2, 437-442.
SAUSSURE F. de, *Cours de linguistique générale*, Paris, Payot, 1915.
SAVIN H. & PERCHONOCK E., «Grammatical structure and the recall of English sentences», *Journal of verbal Learning and verbal Behavior*, 1965, 4, 348-353.
SCHANK R.C., «Conceptual dependency: a theory of natural language understanding», *Cognitive Psychology*, 1972, 3, 552-631.
SEARLE J.R., *Speech acts*, Cambridge, 1969. Trad. franç.: Les actes de langage. Paris, Hermann, 1972.
SEARLE J.R., «Indirect speech acts». In: Cole P. & Morgan J.L. (Eds). *Syntax and semantics*. Vol.3: Speech Acts. New York, Semina Press, 1975, 59-82.
SEGUI J. & KAIL M., «Rôle des caractéristiques syntaxiques du contexte sur la production verbale», *Année psychologique*, 1971, 71, 429-438.
SELFRIDGE O., «Pandemonium: a paradigm for learning». In: *Symposium on the mechanization of thought processes*. London, H.M. Stationery Office, 1959.
SHANNON C.E., «Prediction and entropy of printed English», *Bell System technical Journal*, 1951, 30, 50-64.
SHANNON C.E. & WEAVER W., *The mathematical theory of communication*. Urbana, Univ. of Illinois Press, 1949.
SINGER M., «Processes of inference during sentence encoding», *Memory and Cognition*, 1979, 7, 192-200.
SINGER M., «Thematic structure and the integration of linguistic information», *Journal of verbal Learning and verbal Behavior*, 1976, 15, 549-558.
SINGH S. & WOODS D., «Perceptual structure of 12 American vowels», *Journal of the acoustical Society of America*, 1970, 49, 1861-1866.
SINGH S., WOODS D.R. & BECKER G.M., «Perceptual structure of 22 prevocalic English consonants», *Journal of the acoustical Society of America*, 1972, 52, 1698-1713.
SKINNER B.F., *Verbal behavior*, New York, Appleton Century Crofts, 1957.
SMITH E.E., «Choice reaction time: an analysis of the major theoretical positions», *Psychological Bulletin*, 1968, 69, 77-110.
SMITH E.E., SHOBEN E.J. & RIPS L.J., «Structure and process in semantic memory: a featural model for semantic decisions», *Psychological Review*, 1974, 81, 214-241.
SMITH F., «Reversal of meaning as a variable in the transformation of grammatical sentences», *Journal of verbal Learning and verbal Behavior*, 1965, 4, 39-43.
STAATS A.W., *Learning, language and cognition*, New York, Holt, 1968.
STEWART C. & GOUGH P., «Constituent search in immediate memory for sentences», *Proceedings of the Midwestern Psychological Association*, 1967.
STOLZ W., «A study of the ability to decode grammatically novel sentences», *Journal of verbal Learning and verbal Behavior*, 1967, 6, 867-873.
STRAIGHT H.S., «Comprehension versus production in linguistic theory», *Foundations of Language*, 1976, 14, 525-540.
SUCI G., «The validity of pause as an index of units in language», *Journal of verbal Learning and verbal Behavior*, 1967, 6, 26-32.
SUCI G., AMMON P. & GAMLIN P., «The validity of the probe-latency technique for assessing structure in language», *Language and Speech*, 1967, 10, 69-80.
TANNENBAUM P.H. & WILLIAMS F., «Generation of active and passive sentences as a function of subject or object focus», *Journal of verbal Learning and verbal Behavior*, 1968, 7, 246-250.
TAYLOR W.L., «"Cloze-procedure": a new tool for measuring readability», *Journalism Quarterly*, 1953, 30, 415-433.
THORNDIKE E.L., *The teacher's word book*. New York, 1921.
THORNDYKE P.W., «The role of inferences in discourse comprehension», *Journal of verbal Learning and verbal Behavior*, 1976, 15, 437-446.
THORNDYKE P.W., «Cognitive structures in comprehension and memory for narrative discourse», *Cognitive Psychology*, 1977, 9, 77-110.

TREISMAN A., « Strategies and models of selective attention », *Psychological Review*, 1969, 76, 282-299.
TROUBETSKOY N., *Principes de phonologie*, Paris, Klincksieck, 1949.
TULVING E., « Episodic and semantic memory ». In: Tulving E. & Donaldson W. (Eds), *Organization of memory*. New York, Academic Press, 1972.
VANDER BEKE G.E., *French word book*. New York, McMillan, 1935.
VEZIN L., « Les paraphrases: étude sémantique, leur rôle dans l'apprentissage », *Année Psychologique*, 1976, 76, 177-197.
WASON P.C., « The contexts of plausible denial », *Journal of verbal Learning and verbal Behavior*, 1965, 4, 7-11.
WATT W.C., « On two hypotheses concerning psycholinguistics ». In: Hayes J.R. (Ed.), *Cognition and the development of language*. New York, Wiley, 1970.
WEINREICH U., *Explorations in semantic theory*. La Haye, Mouton, 1972.
WHORF B.L., *Language, thought and reality*. New York, Wiley, 1956. Trad. franç.: Linguistique et anthropologie. Paris, Denoël, 1969.
WILKINS A.J., « Conjoint frequency, category size, and categorization time », *Journal of verbal Learning and verbal Behavior*, 1971, 10, 382-385.
WINOGRAD T., « Procedures as a representation of data in a computer program for understanding natural language », Cambridge, *M.I.T., Artificial Intelligence Report TR-17*, 1971.
WINOGRAD T., « Understanding natural language », *Cognitive Psychology*, 1972, 3, 1-191.
WOOD G., « Organizational factors in free recall ». In: Tulving E. & Donaldson W. (Eds), *Organization of memory*, New York, Academic Press, 1972.
WOODS W.A., « Transition network grammars for natural language analysis », *Communications of the A.C.M.,* 1970, 13, 591-606.
WUNDT W., « Die Sprache ». In: *Völkerpsychologie, I*, Leipzig, Engelman, 1900.
XXX, *Théories du langage. Théories de l'apprentissage. Le débat entre J. Piaget et N. Chomsky*. Paris, Editions du Seuil, 1979.
YNGVE V.H.A., « A model and an hypothesis for language structure », *Proceedings of the American philosophical Society*, 1960, 104, 444-446. Tad. franç., in: Mehler J. & Noizet G. (Eds), Textes pour une psycholinguistique. La Haye, Mouton, 1974.
ZIPF J.K., *Human behavior and the principle of least effort*. Cambridge (Mass.), Adison-Wesley, 1949.

Index des concepts

Abréviations, 102
Accentuation, 84
Advance organizers, 223
Allophones, 79
Alphabet phonétique international, 80
Analyse par synthèse, 50, 85
Anaphore, 97, 102, 153, 154, 182
Apprentissage (conceptions behavioristes de l'—), 6, 8, 10, 14, 26, 105, 108
Approximations du langage, 106, 108
Arguments (d'une proposition), 29, 172, 188, 200, v. cas
Articulations du langage, 94, 95
Asserté, foyer assertif, v. posé
Associationnisme, 7, 19, 75
Associations verbales, 6, 17-35, 56, 65, 73
 classification des —, 26, 35
 force et stabilité des —, 20, 40
 intersection des —, 24-26
 normes d'—, 19
 réseaux d'— 21-22, 30-31, 185
 transitivité et réversibilité des —, 23-24
Attribution (relation d'—), 75, 189, 197
Augmented transition network, 111-112

Balayage sériel (processus de —), 39
Base de texte, v. discours (microstructure du —)
Binaires (oppositions, opérations —), 40, 67, 81, 87-89
Bridging (processus de —), 208

Cas, 29, 172-180, 188, 189-193
 cadre casuel du prédicat, 174, 212
 traits casuels, 174-177
Cloze-procedure, 99-101

Cluster-analysis, v. grappes (analyse des —),
Codabilité, 91
Codage (hypothèse de —), 137, 167, 169
Cognitif
 psychologie cognitive, 10-12, 227
 schèmes, structures cognitifs, 28, 70, 90-91, 185, 208, 218, 221
Combinatoires (possibilités, restrictions, règles —), 12, 17, 93-102, 108, 111, 132, 146
Commentaire, v. thème
Communication, 6, 141, 158, 163
 théorie de la —, 8, 13, 14
Compétence linguistique, 9, 94, 111
Componentiel,
 analyse componentielle, 56-70, 151, 172, 199-200
 conceptions, modèles componentiels, 15, 70-76, 77, 89, 132, 226-227
Compréhension (processus de —), 160-163, 199, 203-206, 212, 221
Concepts, 30, 50-51, 89-91
Conditionnement (processus de —), 7, 8, 10, 38, 103-107, 108
Connecteurs, 195-196, 197, 216
Connexionnisme, v. S-R (conceptions —),
Constatifs (énoncés —), 158
Contenu (analyse du —), 6, 217
Contexte, 18, 139
 — phonémique, 79
 effets pragmatiques du —, 142, 154
 prédictibilité par le —, 61, 76, 97-102, 106, 108, 121
Coordonnées (propositions —), 193-196
Coût, 46, 101, v. économie

Débit de la parole, 101
Decision tables, 52-53, 62, 67-68
Déclaratives (phrases —), 84, 142, 144, 147-158, 159-160, 191
Défini, indéfini (syntagme), 155-157, 194
Dénomination, 37-53, 71
Dérivationnelles (règles —), 178-180, 183, 188, 227, v. transformations
Désambiguïsation
— par le contexte, 99, v. contexte (prédictibilité par le —)
— en G.G.T., 131
— par la prosodie, 84
Développement verbal, 6, 9, 90, 108
Discours
analyse du —, 187-198, 217-224
articulation, organisation du —, 14, 97, 141, 187-198, 227
macro-structure du —, 217-224
micro-structure du —, 187-198, 200-201
Disponibilité du vocabulaire, 21, 56, 78

Echantillonnage (processus d'—), 13
Economie
— dans la communication, 8
— dans la sélection lexicale, 41-49, 100-101
— dans le stockage des concepts, 32, 34-35
— dans les structures phonémiques, 80-81, 95
Emphatique (forme, transformation —), 131, 147-148, 167, 182-183, 190
Enchâssement (structure, opération d'—), 96, 123, 130, 131, 178, 180-181
Enonciation
actes d'—, 144, 158-164
conditions d'—, 141, 147-158

Facilitation (effet de —), 20, 22, 72, 139, 152, 156-157
Formelle et fonctionnelle (analyse —), 138, 141, 163
Fréquences
— des mots, 45
— des phonèmes, 94

Génératives (règles —), 9, 104, 110, 111-112, 126-127, 178, 218-219, 226
grammaire générative, v. grammaire
Grammaire
— à états finis, 103-105
— casuelle, 172-180, 188
— générative et transformationnelle, 8-9, 13, 84, 103, 109-110, 124-132, 150, 166-167, 178, 226
— syntagmatique, 103, 110-115, 119, 123, 126

Graphes (méthode des —), 21-23, 29
Grappes (analyse des —), 58-62, 63-64, 86, 100-101, 119, 180-181

Hiérarchie
— des attributs phonémiques, 87
— des attributs sémantiques, 39-41, 53, 63, 100, v. triage (processus de —)
— du discours, 218-223
— des concepts, 26, 30-35, 185, v. hyponymie
— des constituants de la phrase, 108-110, 180-181
— des propositions, 192-198
Hyponymie, 26, 30-35, 73, 75-75, v. inclusion

Illocutoire (force —), 158-164
Images mentales, 70-71, 75
Impérative (forme —), 159, 162
Implication, 142, v. inférence
Implicite (proposition, contenu —), 143, 159, 207, 214
Inclusion (relation d'—), 73, 189, 197, 209, v. hyponymie
Inférence (processus d'—), 32, 34, 207-214, 219-221
Infra-lexicales (unités —), 37, 41, 55, 71, 75-76, 172
Information
— ancienne, nouvelle, 142, 144, 160, 203
quantité d'—, 42, 47, 100-101
théorie de l'—, 8, 42-44
traitement d'—, 11, 13
Intelligence artificielle, 11-12, 15, 28, 34, 111, 184, 213, 227
Interrogative (forme, transformation —), 84, 131, 133-138, 144, 159, 162, 174, 183
Intersection partielle (relation d'—), 73
Intonation, 78, 84

Jugement catégoriel (processus de —), 87-89

Langue
évolution de la —, 9, 51, 90-91, 98, 99
structures de la —, 12, 93-97, 203, v. discours, grammaire, lexique, phonologie
Lexique
accession au —, 13, 18-19, 20, 62, 70, 72, 78
catégories lexicales, 26, 55, 90, 109-110, 121, 127, 132, 166, 189
formes, unités lexicales, lexèmes, 18, 55, 139, 170, 178, 183, 188, 226-227
insertion lexicale (règles d'—), 113, 126, 132, 172-173

organisation, structure du —, 13, 18-19, 21-40, 55-76, 89-91
sélection lexicale (processus de —), 13, 18-19, 40-41, 44-53, 55, 108, 132, 146-147, 185
Linéarisation (processus de —), 184, 203, 206-207
inguistique, 8, 9, 10, 15
Logique, 29, 141, 144, 196, 197
inférences logiques, 208, 209-212
Loi de Hick-Hyman, 38-40
Loi de Zipf-Mandelbrot, 47-49

Marque, marqueur
marque morphologique, 121, 190
marque phonologique, 81
marque sémantique, 189, 195
marqueur casuel, 174, 178, 183
marqueur de transformation, 129, 131, 136, 138, 150, 167
Mémoire
réorganisation de la —, 34, 108, 160, 203, 208
— sémantique et épisodique, 72
— à court terme, 108, 113-115, 117, 138, 169, 203
Métaphore, 28, 75, 132
Modèles (méthode des —), 11-12
Modes, cas modaux, 174, 178, 189-191
Monèmes, 77, 79, 95, 104
Mots
— de liaison, 120-121
— et lexèmes, 18
Morphologie, 77, 95
Morphophonologie
composante morphophonologique de la G.G.T., 125, 129
règles morphophonologiques, 184
Multidimensionnelle (analyse —), 57, 63-69, 87, 136

Négation, 190, v. négative
Négative (forme, transformation —), 129, 132-139, 144, 149-150, 161, 167, 174, 282-283

Paradigme, 56
associations paradigmatiques, 26-28
Paraphrases, 18, 139, 180-185, 188, 190, 194, 203, 216-217
Parenthétisation, 109, 116, 166, 180
Passive (forme, transformation —), 102, 128, 132-139, 150-158, 167, 168-169, 182-183
Pauses, 101, 117
Performance linguistique, 9, 94, 111, 113, 132
Performatifs, 158-159
Perlocutoire, 158

Phonation, 5, 79, 84-85, 101
Phonèmes, 17, 78-84, 94-95, 98, 104
attributs phonémiques, 55
distances, parentés phonémiques, 77-84
structures phonémiques, 77-91, 94-95, 111
Phonétique, 5, 79
réalisation phonétique, 90, 128, 129
Phonologie, 78
traits phonologiques, v. phonèmes (attributs phonémiques)
Phrase, 14, 17, 96-97, 187-188, 202
— clivée, 147-148, 156, 184, v. emphatique (forme)
— noyau, 129, 133-134, 150, 167, 182
Polysémie, 60-61, 99
Posé, présupposé, présupposition, 141-147, 148, 150, 153, 156, 159, 161, 182-183, 203, 221
inférences présuppositionnelles, 207-209, 212, 214
Pragmatique, variables pragmatiques, 5, 10, 141-164, 182, 183, 185, 190, 203, 217
fonctions pragmatiques des formes syntaxiques, 139, 141, 148-158, 162-163
inférences pragmatiques, 208, 212-213
Prédicat (logique), 29, 171, 172, 188, 197, 200
Présélection (processus de —), 97-102
Présupposition, v. posé
Profondeur de phrase, 113-115, 120, 123-124, 203
Pronominalisation, v. anaphore
Proposition (logique), 29, 31, 51-53, 71, 142, 160-161, 171, 178, 187-188, 200-207
Prosodie, v. accentuation, intonation, pauses, rythme
traits prosodiques, 84, 116, 147

Questions, 158-159, 160, 162, 163, 191, v. interrogatives (formes)

Rappel (épreuves de —), 22-23, 75-76, 117-118, 122, 136-137, 157-158, 204-206, 215-216, 222-223
Récit, 215-216, 218-224
Reconnaissance (épreuves de —), 139, 145, 168, 169, 183, 202, 210
Récursives (règles —), 96, 219
Redondance, 97-102
Réécriture (règles de —), 110, 123, 126-128, 129, 131, 165, 171, 178, 184, 226
Régressives (structures syntaxiques —), 115
Requêtes, 158, 159, 160, 161-162, 191, v. impératives (formes)
Ruptures syntaxiques, 120
Rythme, 84

Segmentation de l'énoncé, 17-18, 78, 98, 116-121, 124, 180-181
Sémantique, 10, 14, 15, 142
   attributs sémantiques, sèmes, 41, 50-53, 55-76, 77, 89, 132, 184-185, 188, 199-200, 226-227
   composante sémantique de la G.G.T., 125, 129, 167, 170
   différentiateur sémantique, 6
   distances, parentés sémantiques, 25-26, 30, 35, 56-57, 58, 63-64, 69, 72, 139, 167, 169
   intégration sémantique, 199-224
   rôles sémantiques, 151-152, 172, v. cas
   — générative, 170-173
   structures sémantiques, 5, 31, 73, 169-170, 188-198, 199, 212
Sémèmes, 70, 184
   formule sémémique, 184
Signe linguistique, 17, 90
   signifié, signifiant, 35, 51, 77-78, 89-91
Sous-catégorisation (règles de —), 132
S-R (conceptions, modèles —), 19, 103-107, 107-108, 110, 226
   liaisons S-R, 7, 38-39, 107-108, 226
Stochastique (processus —), 103-107, 111, 119-120
Structure de surface, 124, 129, 131, 133, 143, 165, 166-167, 190, 195, 226-227, v. structure profonde
Structure profonde
   — sémantique, 167-170, 178, 181, 183-185, 187-198, 221, 226-227
   — syntaxique, 124-125, 129, 131, 133, 136, 137, 150, 165-167, 172, 226
Subordonnées (propositions —), 121, 192-196, 215-216
Suffixation, 95-96
Suite préterminale, 126, 132
Suite terminale, v. structure profonde syntaxique
Superordination (relation de —), 26, 30-35, 73-74, 75-76, 221, v. hyponymie
Syllabe (structure de la —), 95
Syntagmes, 109, 120-122, 142, 151, 174, 226
   associations syntagmatiques, 26-28
   césures syntagmatiques, 116, v. segmentation de l'énoncé
   grammaire syntagmatique, v. grammaire
   indicateur syntagmatique, 109-110, 116, 119, 126, 128, 171, 178-179, 180-181
   sous-composante syntagmatique de la G.G.T., 125-128, 131, 150
Syntaxe, 12, 13, 96, 108, 141-142
   attributs syntaxiques, 55, 152-153
   composante syntaxique de la G.G.T., 125, v. réécriture, transformations
   distances, parentés syntaxiques, 131, 136-137, 139, 167
   fonctions syntaxiques, 172-174
   formes syntaxiques, 5, 162, 167, 169-170, 183, 226
   structures syntaxiques, 10, 90

Testing d'hypothèses (processus de —), 51, 85, 112, 121-122, 204
Texte, v. discours
Thème, 142
Tip of the tongue phenomenon, 78
transformations, 123-139
   conception transformationnelle, 10, 15, 136, 167
   grammaire transformationnelle, 8-10, 125-132, 165, v. grammaire
   opérations transformationnelles, 132-139, 165, 227
   règles transformationnelles, 124, 128-130, 165, 166, 172, v. dérivationnelles (règles —)
   sous-composante transformationnelle de la G.G.T., 125, 131
   — généralisées, 129-130
Transitionnelles (probabilités —), 104-105, 119-120
Triage (épreuves de —), 57, 101, 119, 180
Triage hiérarchique (processus de —), 39-44, 49, 67, 88-89, 100, 132, 227

Valeur de vérité d'une proposition, 144, 150, 208
   évaluation de la —, 32-33, 74-75, 148-150, 160-161, 211-212, 213

Index des auteurs

Abelson R.P., 218
Allport G.W., 90
Ammon P., 118
Anderson J., 174
Anderson J.R., 28, 112, 117
Anderson R.C., 223
Anglin J.M., 117
Anisfeld M., 155
Austin J.L., 158
Ausubel D.P., 223

Bacri N., 148
Bardin L., 6, 217
Bates E., 6
Beare A.C., 91
Beauvois J.L., 28
Becker G.M., 87
Beeckmans R., 87
Begg I., 169
Benzécri J.P., 65
Berko J., 26
Berlin K., 91
Bever T.G., 6, 116, 117, 120, 133
Bibeau G., 81, 82, 83
Biddle W.B., 223
Blank G., 38
Blumenthal A.L., 7, 121
Boomer D.S., 117
Bower G.H., 15, 22, 28, 70, 112, 218-223
Bransford J.D., 202-204
Bregman A., 183
Broadbent D., 50, 116

Bronckart J.P., 15
Brown R., 26, 78, 91

Cairns E.C., 6
Cairns H.S., 6
Carey P., 166
Carroll J.B., 7
Chase W.G., 160-161
Chomsky N., 8-9, 81, 84, 87, 94, 96, 103, 107, 108, 110, 123, 124-125, 129, 147, 152, 167, 170, 172, 226
Citta M., 88, 89
Clark E.V., 10, 121, 160-161
Clark H.H., 10, 121, 160, 161, 163, 203, 206, 208
Clifton C., 15, 136-137, 139, 183
Cofer C.N., 24
Coirier P., 69, 74
Collins A.M., 30, 32-33, 35, 74
Conrad C., 34, 75
Cordier F., 75
Cornish E.R., 150
Costermans J., 8, 20, 21, 57, 59-60, 89, 145, 152
Craik F.I.M., 6, 212
Cramer P.H., 19

Danks J.H., 6
Davis J., 139, 168
de Boysson-Bardies B., 133, 148
Deese J., 24, 26, 56, 65
de la Vallée Poussin C., 20

Denhière G., 28, 75
Denis M., 70
Dodwell P.C., 50
Dubois D., 144, 147, 207
Dubois J., 108, 152
Dubois-Charlier F., 108, 170, 172
Ducrot O., 144, 159, 196, 214

Edwards E., 42
Ehrlich M.F., 210-211, 223
Ehrlich S., 72, 185
Ekman G., 91
Epstein W., 120
Erwin S.M., 26
Everitt B., 59

Fano R., 42
Fant G., 81
Ficks L., 89
Fillenbaum S., 57
Fillmore C.J., 29, 172, 174
Fodor J.A., 6, 56, 116, 120, 121, 126, 133
Foos P.W., 206
Foss D.J., 99
Franks J.J., 202-204
Frederiksen C.H., 223
Frege G., 29
Friedman E.A., 98

Galanter E., 11, 108
Galmiche M., 170
Gamlin P., 118
Garner W.R., 88
Garrett M.F., 6, 116, 120, 121, 133
Ghiglione R., 28
Glucksberg S., 6
Godin P., 174-175
Goldman-Eisler F., 101-117
Goodman D., 120
Gougenheim G., 33, 45
Gough P.B., 118, 149, 161
Govaerts G., 87
Graesser A., 169
Granger-Legrand S., 152
Greenberg J.H., 8
Greene J.M., 149, 161
Greenfield P.M., 6
Greimas A.J., 56
Guiraud P., 46-47

Halle M., 81, 87, 94
Hanson G., 87
Harris R.J., 208, 213, 224
Haviland S.E., 203, 206, 208
Henmon V.A.C., 45, 47
Hérault D., 84
Hick W.E., 38-40, 67, 88
Hockett C.F., 108
Honeck R.P., 169

Hornby P.A., 154, 160
Hupet M., 15, 16, 88, 89, 145, 149, 152, 155, 157, 161, 199, 202, 204-206
Hunt E.B., 50
Hutchins W.J., 183-185
Huttenlocher J., 161
Hyman R., 38-40, 44, 67, 88

Jackendoff R.S., 190
Jakobson R., 28, 81, 94
Jakubowicz C., 133
Jefferson G., 224
Jenkins J.J., 7, 24, 26, 183
Johnson N.F., 117-118
Johnson S.C., 59, 85
Johnson-Laird P.N., 51, 62, 146
Just M.A., 208

Kail M., 166, 169
Katz J.J., 56, 125, 126, 136-137, 159
Kay P., 91
Kekenbosch C., 144, 147, 207
Kimball J.P., 120
Kintsch W., 28, 71, 188, 190, 215-216, 217, 218, 221, 224
Klenbort I, 155
Koplin J.H., 139, 168
Kramer E., 80
Kruskal J.B., 65, 87
Kurcz I., 183

Labov W., 224
Ladefoged P., 116
Lafon J.C., 94-95
Lakoff G., 170
Lane H., 85
Le Bouédec B., 155, 204-206, 209-210
Leluc C., 210-211
Lenneberg E.H., 91
Le Ny J.F., 71, 74, 75, 99, 107, 188
Le Taillanter D., 75
Levelt W.J.M., 119
Levine M., 108
Linde C., 224
Lindsay P.H., 28
Lloyd B.B., 34
Lockart R.S., 50
Loftus E.F., 30, 33, 35, 75
Lories G., 15
Lounsbury F.G., 8
Lyons J., 9, 125

Maclay H., 101
Madigan S.A., 70
Mandelbrot B., 48-49
Mandler G., 169
Markov A.A., 104-105
Marshall J.C., 135-136, 138
Martin E., 119, 120

Martinet A., 77, 94-95
Matthews W.A., 22
McCawley J.D., 71, 132, 170, 172-173
McCoy A.M.B.C., 174
McKean K.A., 134, 138
McNeill D., 78
Mehler J., 10, 57, 133, 136-137, 138, 157, 166
Merkel J., 37
Meyer D.E., 26
Michaux H., 120
Michéa R., 33, 45
Miller G.A., 7, 8, 51, 57, 58, 62, 63, 88, 98, 101, 108, 115, 117, 119, 133, 134, 137, 138, 203, 226
Miller M., 6
Minsky M., 28, 213, 218
Monaco G.E., 213, 224
Moreau R., 84
Mowrer D.H., 106
Murphy L.E., 88
Mynatt B.T., 206

Nique C., 96, 125, 132
Noizet G., 10, 28, 57
Norman D.A., 28, 50

Odom P., 136-137, 139
Offir C.E., 145
Oldfield R.C., 45-46
Oléron P., 6, 98
Osgood C.E., 6, 26, 95, 101, 196

Paivio A., 70, 71
Perchonock E., 137, 138
Perfetti C.A., 120
Peters R., 87
Pettigrew T.F., 90
Piaget J., 9
Pichevin C., 28
Piérart B., 57
Plas R., 169
Pollack I., 88, 89
Pollock S.L., 52
Postal P.M., 125
Pribram K.H., 11, 108

Queneau R., 16, 197-198, 200-201, 207, 215, 217-218
Quillian M.R., 28, 30, 32-34, 73, 74

Rapaport A., 57
Reber A.S., 117
Récanati F., 144, 158
Richelle M., 6, 107, 138
Rips L.J., 32, 74
Rivenc R., 33, 45
Roberts K.H., 120
Rondal J., 6

Rosch E., 33, 34, 35, 75
Rumelhart D.E., 28, 218
Ruwet N., 125

Sabol M.A., 206
Sachs H., 224
Sachs J.S., 168
Saussure F. de, 51
Sauvageot A., 33, 45
Savin H., 137, 138
Schank R.C., 28
Scheff R.W., 33
Schlegloff E.A., 224
Searle J.R., 158, 162
Sebeok T.A., 8, 26, 95
Segui J., 166, 169
Selfridge O., 50
Shannon C.E., 8, 106
Shoben E.J., 32, 74
Singer M., 145, 213-214
Singh S., 87
Skinner B.F., 8, 106, 107, 164
Slobin D.I., 134
Smith E.E., 32, 39, 74
Smith F., 149, 161
Smith J., 6
Smith K.H., 206
Staats A.W., 106
Stewart C., 118
Stolz W., 121
Straight H.S., 12
Strasberg R., 183
Suci G., 6, 117, 118

Tannenbaum P.H., 6, 154
Taylor W.L., 99
Thorndike E.L., 45
Thorndyke P.W., 213, 218-223
Treisman A., 50
Troubetskoy N., 80
Tulving E., 72, 212

Vander Beke G.E., 45, 47
Van Dijk T.A., 217, 218, 221, 224
Vezin L., 182

Wason P.C., 149
Watt W.C., 138
Weaver W., 8
Weiner S.L., 161
Weinreich U., 55
Whorf B.L., 90
Wilkins A.J., 34
Williams F., 154
Wingfield A., 45-46
Winograd T., 70, 112, 213
Wood G., 22
Woods D.R., 87
Woods W.A., 111-112

Wundt W., 7

Yngve V.H.A., 113-115, 120, 123, 203

Yuille J.C., 70

Zipf J.K., 47-49

Table des matières

LA PSYCHOLINGUISTIQUE, HIER ET AUJOURD'HUI	5
Une psycholinguistique avant la lettre	7
Trente années bien remplies	8
Linguistique, psychologie cognitive et intelligence artificielle	10
Comprendre et parler	12
Ce que ce livre veut être	13
Remerciements	15
CHAPITRE I. LES ASSOCIATIONS VERBALES	17
Les épreuves classiques d'association verbale	19
Les réseaux associatifs	21
Les liaisons étiquetées	26
Les organisations hiérarchiques	30
CHAPITRE II. PERCEPTION ET DENOMINATION	37
Le temps de dénomination et l'étendue du répertoire	37
Principes d'économie dans le triage	41
L'économie à l'œuvre dans les sélections lexicales	44
Décisions lexicales et jugements perceptifs	50
CHAPITRE III. LES ATTRIBUTS SEMANTIQUES	55
Méthodes empiriques d'analyse componentielle	56
L'analyse des grappes	58
L'analyse multi-dimensionnelle	63
Quelques implications d'une conception componentielle	70
CHAPITRE IV. LES STRUCTURES PHONEMIQUES	77
Les phonèmes et leurs traits distinctifs	78
Les phonèmes comme catégories de référence	84
Les relations entre signifiants et signifiés	89

CHAPITRE V. LES COMBINAISONS 93

Les restrictions combinatoires 93
Présélection et prédictibilité 97

CHAPITRE VI. L'ORGANISATION SYNTAGMATIQUE DE LA
PHRASE 103

L'énoncé comme chaîne stochastique 103
La phrase comme structure syntagmatique 107
Modèles syntagmatiques de la production des phrases 110
Travaux expérimentaux sur les structures syntagmatiques 116

CHAPITRE VII. LE DEBAT SUR LES TRANSFORMATIONS 123

Principes de la grammaire transformationnelle 124
Les transformations en tant qu'opérations mentales 132

CHAPITRE VIII. LES VARIABLES PRAGMATIQUES 141

Le posé et le présupposé 142
Les fonctions propres des formes déclaratives 147
Locutoire et illocutoire : les actes de parole 158

CHAPITRE IX. VERS DES STRUCTURES PROFONDES SEMANTIQUES 165

Structures de surface et structures profondes 166
Quelle est la profondeur de la structure profonde? 170
La grammaire casuelle 172
Les paraphrases 180

CHAPITRE X. L'ARTICULATION DU DISCOURS 187

La micro-structure du texte 188
La proposition : cas propositionnels, cas modaux, cas adverbiaux 189
Relations entre propositions 193
Une illustration 196

CHAPITRE XI. L'INTEGRATION SEMANTIQUE 199

L'intégration des propositions 200
Les inférences 207
Les macro-structures du discours 215

LA PSYCHOLOGIE DU LANGAGE, AUJOURD'HUI ET DEMAIN 225

Références bibliographiques 229

Index des concepts 241

Index des auteurs 245

PSYCHOLOGIE ET SCIENCES HUMAINES
collection publiée sous la direction de MARC RICHELLE

1 Dr Paul Chauchard
LA MAITRISE DE SOI, 9ᵉ éd.
5 François Duyckaerts
LA FORMATION DU LIEN SEXUEL, 9ᵉ éd.
7 Paul-A. Osterrieth
FAIRE DES ADULTES, 15ᵉ éd.
9 Daniel Widlöcher
L'INTERPRETATION DES DESSINS D'ENFANTS, 9ᵉ éd.
11 Berthe Reymond-Rivier
LE DEVELOPPEMENT SOCIAL DE L'ENFANT ET DE L'ADOLESCENT, 8ᵉ éd.
12 Maurice Dongier
NEVROSES ET TROUBLES PSYCHOSOMATIQUES, 7ᵉ éd.
15 Roger Mucchielli
INTRODUCTION A LA PSYCHOLOGIE STRUCTURALE, 3ᵉ éd.
16 Claude Köhler
JEUNES DEFICIENTS MENTAUX, 4ᵉ éd.
21 Dr P. Geissmann et Dr R. Durand
LES METHODES DE RELAXATION, 4ᵉ éd.
22 H. T. Klinkhamer-Steketée
PSYCHOTHERAPIE PAR LE JEU, 3ᵉ éd.
23 Louis Corman
L'EXAMEN PSYCHOLOGIQUE D'UN ENFANT, 3ᵉ éd.
24 Marc Richelle
POURQUOI LES PSYCHOLOGUES?, 6ᵉ éd.
25 Lucien Israel
LE MEDECIN FACE AU MALADE, 5ᵉ éd.
26 Francine Robaye-Geelen
L'ENFANT AU CERVEAU BLESSE, 2ᵉ éd.
27 B.F. Skinner
LA REVOLUTION SCIENTIFIQUE DE L'ENSEIGNEMENT, 3ᵉ éd.
28 Colette Durieu
LA REEDUCATION DES APHASIQUES
29 J.C. Ruwet
ETHOLOGIE : BIOLOGIE DU COMPORTEMENT, 3ᵉ éd.
30 Eugénie De Keyser
ART ET MESURE DE L'ESPACE
32 Ernest Natalis
CARREFOURS PSYCHOPEDAGOGIQUES
33 E. Hartmann
BIOLOGIE DU REVE
34 Georges Bastin
DICTIONNAIRE DE LA PSYCHOLOGIE SEXUELLE
35 Louis Corman
PSYCHO-PATHOLOGIE DE LA RIVALITE FRATERNELLE
36 Dr G. Varenne
L'ABUS DES DROGUES
37 Christian Debuyst, Julienne Joos
L'ENFANT ET L'ADOLESCENT VOLEURS
38 B.-F. Skinner
L'ANALYSE EXPERIMENTALE DU COMPORTEMENT, 2ᵉ éd.
39 D.J. West
HOMOSEXUALITE
40 R. Droz et M. Rahmy
LIRE PIAGET, 3ᵉ éd.
41 José M.R. Delgado
LE CONDITIONNEMENT DU CERVEAU ET LA LIBERTE DE L'ESPRIT
42 Denis Szabo, Denis Gagné, Alice Parizeau
L'ADOLESCENT ET LA SOCIETE, 2ᵉ éd.
43 Pierre Oléron
LANGAGE ET DEVELOPPEMENT MENTAL, 2ᵉ éd.
44 Roger Mucchielli
ANALYSE EXISTENTIELLE ET PSYCHOTHERAPIE PHENOMENO-STRUCTURALE
45 Gertrud L. Wyatt
LA RELATION MERE-ENFANT ET L'ACQUISITION DU LANGAGE, 2ᵉ éd.
46 Dr. Etienne De Greeff
AMOUR ET CRIMES D'AMOUR
47 Louis Corman
L'EDUCATION ECLAIREE PAR LA PSYCHANALYSE
48 Jean-Claude Benoit et Mario Berta
L'ACTIVATION PSYCHOTHERAPIQUE
49 T. Ayllon et N. Azrin
TRAITEMENT COMPORTEMENTAL EN INSTITUTION PSYCHIATRIQUE
50 G. Rucquoy
LA CONSULTATION CONJUGALE
51 R. Titone
LE BILINGUISME PRECOCE
52 G. Kellens
BANQUEROUTE ET BANQUEROUTIERS

53 François Duyckaerts
CONSCIENCE ET PRISE DE CONSCIENCE
54 Jacques Launay, Jacques Levine et Gilbert Maurey
LE REVE EVEILLE-DIRIGE ET L'INCONSCIENT
55 Alain Lieury
LA MEMOIRE
56 Louis Corman
NARCISSISME ET FRUSTRATION D'AMOUR
57 E. Hartmann
LES FONCTIONS DU SOMMEIL
58 Jean-Marie Paisse
L'UNIVERS SYMBOLIQUE DE L'ENFANT ARRIERE MENTAL
59 Jacques Van Rillaer
L'AGRESSIVITE HUMAINE
60 Georges Mounin
LINGUISTIQUE ET TRADUCTION
61 Jérôme Kagan
COMPRENDRE L'ENFANT
62 Michael S. Gazzaniga
LE CERVEAU DEDOUBLE
63 Paul Cazayus
L'APHASIE
64 X. Seron, J.L. Lambert, M. Van der Linden
LA MODIFICATION DU COMPORTEMENT
65 W. Huber
INTRODUCTION A LA PSYCHOLOGIE DE LA PERSONNALITE
66 Emile Meurice
PSYCHIATRIE ET VIE SOCIALE
67 J. Château, H. Gratiot-Alphandéry, R. Doron et P. Cazayus
LES GRANDES PSYCHOLOGIES MODERNES
68 P. Sifnéos
PSYCHOTHERAPIE BREVE ET CRISE EMOTIONNELLE
69 Marc Richelle
B.F. SKINNER OU LE PERIL BEHAVIORISTE
70 J.P. Bronckart
THEORIES DU LANGAGE
71 Anika Lemaire
JACQUES LACAN, 2ᵉ éd. revue et augmentée
72 J.L. Lambert
INTRODUCTION A L'ARRIERATION MENTALE
73 T.G.R. Bower
DEVELOPPEMENT PSYCHOLOGIQUE DE LA PREMIERE ENFANCE
74 J. Rondal
LANGAGE ET EDUCATION
75 Sheila Kitzinger
PREPARER A L'ACCOUCHEMENT
76 Ovide Fontaine
INTRODUCTION AUX THERAPIES COMPORTEMENTALES
77 Jacques-Philippe Leyens
PSYCHOLOGIE SOCIALE
78 Jean Rondal
VOTRE ENFANT APPREND A PARLER
79 Michel Legrand
LE TEST DE SZONDI
80 H.J. Eysenck
LA NEVROSE ET VOUS
81 Albert Demaret
ETHOLOGIE ET PSYCHIATRIE
82 Jean-Luc Lambert et Jean A. Rondal
LE MONGOLISME
83 Albert Bandura
L'APPRENTISSAGE SOCIAL
84 Xavier Seron
APHASIE ET NEUROPSYCHOLOGIE
85 Roger Rondeau
LES GROUPES EN CRISE ?
86 J. Danset-Léger
L'ENFANT ET LES IMAGES DE LA LITTERATURE ENFANTINE
87 Herbert S. Terrace
NIM, UN CHIMPANZE QUI A APPRIS LE LANGAGE GESTUEL
88 Roger Gilbert
BON POUR ENSEIGNER ?
89 Wing, Cooper et Santorius
GUIDE POUR UN EXAMEN PSYCHIATRIQUE
90 Jean Costermans
PSYCHOLOGIE DU LANGAGE
91 Françoise Macar
LE TEMPS EN PSYCHOLOGIE
92 Jacques Van Rillaer
ILLUSIONS EN PSYCHANALYSE